大学の地理学
ADVANCED COURSE

モダニティの歴史地理　上巻

ブライアン・グレアム／キャサリン・ナッシュ編

米家　泰作
山村　亜希　訳
上杉　和央

古今書院

MODERN HISTORICAL GEOGRAPHIES, First Edition
by Brian Graham and Catherine Nash
Copyright © Pearson Education Limited 2000

This translation of MODERN HISTORICAL GEOGRAPHIES 01 Edition is published by arrangement with Pearson Education Limited, Harlow, Essex, U.K. through Tuttle-Mori Agency, Inc., Tokyo.
Japanese translation copyright ©2005 by Kokon Shoin Co., Ltd.

は し が き

　歴史地理学の手法やテーマ，理論は，ここ20年の間にすさまじい変化を見せた。その背景の1つに，文化地理学と歴史地理学の境界が曖昧になってきたことがある。文化地理学が成長してきたのと同時に，文化・経済・政治の地理が持つ歴史的側面を考える学問もまた成長してきたのである。

　また，現在の歴史地理学は，人文・社会科学で生じた理論的転回，つまり実証主義的で禁欲的な研究と知の生産というモデルに対して距離を置く傾向からも，影響を受けている。近年とみに，多くの研究が，調査の持つ状況依存的な性質を認め，そして解釈の持つ政治的な性質を公然と検討するようになった。

　さらに，歴史地理学は，階層的社会関係をめぐる物質的および象徴的な地理を考慮するという長い伝統も持っており，現在では，たとえば人種やジェンダーといった支配関係やアイデンティティにかかわる分野にも，関心を伸ばしている。

　本書では，グローバリゼーションのパターンや国家形成の過程，帝国主義のシステム，環境の改変といった，中世以後の近代世界を形作る主要な問題とその過程についての問題を主題別に取り上げ，過去20年間の歴史地理学研究における基本的な領域をわかりやすく説明している。さらに本書が目指しているのは，場所間の相互の結びつきを例証することである。というのも，これらを明らかにすることで，近代化が世界中で多様な形で経験されてきたこと，そして結果的にモダニティの歴史地理とはとても複雑であることが理解されるからである。このことは，現代に向けても明白な示唆を投げ返してくる。本書では，現代における過去の記憶のされ方，表現のされ方についても関心を向け，それらを公的ないし公式な感覚，および大衆的な形態の両者からとらえている。

　私たちは，寄稿者の協力と知的かかわり合いに非常に感謝している。おかげで，このようにたいへん刺激的で，従来の知を挑発するような経験をもたらす書を編纂することができた。また，アルスター大学のキリアン・マクダイドやナイジェル・マクドウェルには多くの図を作成してもらい，ルーシャナ・デ・リーマ・マルテンには念入りな索引を作ってもらった。とても感謝している。

そして，この計画が成功するように熱心に励ましながら支えてくれたマシュー・スミス（彼が本書を作ることを最初に勧めてくれた）と，彼のアディソン・ウェスリー・ロングマンでの同僚，とくにケイト・ヘンダーソンには，心から謝意を述べたい。

ブライアン・グレアム，キャサリン・ナッシュ
ベルファストおよびロンドンにて
1998 年 10 月

上巻目次

はしがき i

序章 モダンな歴史地理ができあがるまで──C・ナッシュ，B・グレアム 1
 1. 近代世界の歴史地理 1
 2. 近年の歴史地理学 3
 3. 本書の位置づけと構成 6

第1部 コンテクスト ─────────── 13

第1章 モダニティの歴史地理 ─────── C・ナッシュ 15
 1. はじめに 15
 2. モダニティの歴史地理 20
 3. 現在における過去のポリティクス 35
 4. おわりに 48

第2部 モダニティとその帰結 ───────── 49

第2章 グローバリゼーションの歴史地理
 ──1500年頃から1800年頃まで── ─── M・オグボーン 51
 1. はじめに 51
 2. 近代世界システム──資本主義とグローバルな変化── 52
 3. 近代世界システムを疑う 56
 4. ネットワーク化──世界を束ねる── 63
 5. グローバルな方向に反する労働と動き 73
 6. おわりに 82

第3章　アイデンティティの歴史地理——記憶の場所——　——B・グレアム　85
　1．はじめに　85
　2．相互に結びつくもの——ナショナリズム，エスニシティ，
　　　アイデンティティ，場所——　87
　3．多様な経験　105
　4．おわりに　120

第4章　帝国主義の歴史地理　——A・レスター　123
　1．はじめに——地理学者と帝国主義——　123
　2．植民地的／帝国的言説　125
　3．ケープ植民地とイギリス——官僚・人道主義者・入植者——　128
　4．植民地的言説を構築する　137
　5．帝国的言説とコーサ人　142
　6．おわりに　143

第5章　地理と帝国の歴史　——T・パシャウスカ　145
　1．はじめに　145
　2．地理と帝国主義　146
　3．教科書研究——教科書が作り出す世界の区別？——　154
　4．世界を描くということ　160
　5．おわりに　172

第6章　植民地化される側の歴史地理　——B・S・A・ヨウ　175
　1．はじめに　175
　2．「コロニアリズムの歴史地理学」vs「植民地化される側の歴史地理」　175
　3．日常の世界　178
　4．シンガポールにおける植民地事業　183
　5．植民地空間の歴史地理とポリティクス　195

原著において章ごとに示されていた文献は下巻末尾に一括してまとめた。
簡潔な訳注は本文［　］で挿入した。

下巻目次

第3部　空間的コンテクスト

第7章　環境の歴史地理 ──────── J・M・パウエル
1. はじめに
2. 地球表面の変化
3. 変化を直視する
4. 今後の展望

第8章　風景の歴史地理 ──────── S・シーモア
1. 争いの領野──風景とその表象──
2. 風景という「まなざし」?
3. 風景の表象──1660年頃から1850年頃まで──
4. 囲い込まれた視覚
5. 植民地での改良
6. おわりに

第9章　アーバニズムの歴史地理 ──────── R・デニス
1. はじめに
2. 「モダニティ」と都市歴史地理学
3. 近代都市における合理主義と多元主義
4. 空間とアイデンティティ
5. 新しい居住空間
6. 都市を地図化する
7. 都市の統合，表象の統一

第4部　過去と現在

第10章　現在の歴史地理 ──────── N・C・ジョンソン
1. はじめに
2. 戦争と公共の記憶
3. 遺産，そして歴史の作成
4. おわりに

文献
訳者あとがき
索引

序章　モダンな歴史地理ができあがるまで

キャサリン・ナッシュ，ブライアン・グレアム (Catherine Nash and Brian Graham)

I. 近代世界の歴史地理

　本書のタイトル［原題は *Modern Historical Geographies*］にある「モダン」という語には，2つの意味が込められている。1つは，21世紀を間近に迎えるなかで［原著は2000年に刊行された］，私たちの関心が歴史地理学の中にある近年の新しいアプローチや視角，テーマにある，ということを意味している。もう1つは，本書が焦点を当てる過去の特定の時代を意味している。歴史地理学者は中世やそれ以前の過去を探究し，調査を継続してきたが，このタイトルは「近代」という時代を対象としていることをほのめかすのである。一般的に「近代」は，16・17世紀がアーリー・モダン［近代初期］，18・19世紀がモダン［（狭義の）近代］，そして20世紀がポストモダン［ポスト近代］というように区分されている。本書のテーマは，これまでの歴史地理学研究を総点検するというものではなく，歴史地理学やその関心の中で「モダニティ」研究に分かち難く結びついた重要な側面に関わるものである (Harris, 1991; Ogborn, 1998)。本書は，近代世界を形成してきた諸々の過程や発展の歴史地理に関する序説なのである。

　歴史地理学は伝統的に，農業の変化や都市化，工業化，輸送によって説明される物質的な地理，そして人口統計に見える生死や移動などを研究対象にしてきた。この伝統と学際的な視角の両者を追求し，そのような地理に伴う実践や制度，イデオロギーを探究することが本書の中心的な目的となる。物質的な変化や，文化および権力の問題を一緒に取り上げ，「近代」の意味や含意，物質的な地理を検討していく，というわけである。それに際して，3つの主要なテーマを設定した。「相互に結びついた歴史地理」，「多様なモダニティの歴史地理」，そして「現在における過去のポリティクス」である。

(1) 相互に結びついた歴史地理

　歴史地理学には，広い空間スケールで起こるさまざまな過程の中にローカルな研究を位置づけ，経済的・文化的・政治的過程や制度的構造の特異性について，ローカルなスケールとより広範囲なスケールの両方から注意を払う，という長い伝統がある。このような場所と場所との相互の結びつきは，たとえば，ヨーロッパとその影響の及んだ帝国圏域を結びつけた近代の通信や輸送，貿易のネットワークの中に見られるものであろう。

　本書では，場所と場所との結びつきを考慮するこの伝統を，種々の地理的言説や実践を分析することで展開していく。そこで構築されるものを通して，場所や地域間の関係を理解することができるからである。これらには，たとえば，国民国家の観念や，帝国主義によって規定された相互の結びつきの複雑な網が含まれている。

　さらに，場所と場所との相互の結びつきを考慮することは，植民地国家の歴史地理それ自体がコロニアリズムによって形成されてきたことを強調することになる。影響や権力のネットワークが階層的かつ相互的である点を意識するならば，西洋の事例のみに焦点を当てることや，モダニティや発展に関する西洋型モデルの正当化は，拒否されるのである。したがって本書では，過去の世界と結びつき，また現在にも反響している情報や資本，人々，文化，植物，動物，そして物質のネットワークやフローを探究していく。

(2) 多様なモダニティの歴史地理

　このように相互に結びついた歴史地理を重視する一方で，社会集団や場所によって，近代化の広範な過程の経験はさまざまであり，それぞれが多様なコンテクストの中で局地的に形作られてきたのだ，という点も強調しておきたい。モダニティを問うことは，その過程が持つ空間的・社会的に差異化された特徴に注目することを意味する。よって，私たちの記述は人類史の物語からある人々や場所を取り残すようなことを繰り返すものではない。

　たとえば，これまでの近代の歴史地理に関する研究の多くは，ロンドンやパリ，ニューヨークといった宗主国側の中心都市に焦点を当ててきた。今では，ジェンダーや人種，階級に基づいた階層的社会関係を通じて，近代が多様に経験されてきた点についての関心が高まっている。しかし，その一方で，帝国の中心から離れた場所の歴史地理，すなわちヨーロッパの周縁や非ヨーロッパ世

界における多様なモダニティの歴史地理については，注意が向けられることが少なかったのである。

　繰り返しになるが，多様な近代の地理に焦点を当てることは，発展や開発の物語において西洋を——あるいは別のスケールにおいては国家の中心を——脱中心化する試みでもある。

(3) 現在における過去のポリティクス

　また歴史地理学は，公的ないし公式な意識や大衆的な形態の中で，過去がどのように記憶され，表象されているのか，またこれらが現在とどのように関係を持っているのか，という点にも次第に関心を向けるようになってきた。

　現在の遺産（ヘリテッジ）の物語やその場所は，しばしば現在における過去のポリティクスがもっとも明白に示される事例となるが，その他の形態の歴史記述——歴史地理学の叙述も含めて——においても，過去が形を変えて語られる際に含まれる意味を考察する必要がある。英米における歴史学の実践に対するこの種の批判的省察を盛り上げている研究の多くは，ローカル，ナショナル，グローバルといったスケールを問わず，女性や労働者階級，エスニック・マイノリティの集団，先住民の人々，そして非西洋世界の歴史や文化を排除し，周縁化してきた歴史物語に対して挑戦している。

　それゆえ歴史的な研究は，ただ過去の地理の解明ないし復原を試みるだけではすまされない。歴史研究において解釈がいかにその時どきの文脈に縛られ，さまざまな力に左右されるものなのかを理解することをも伴うものなのである。結果的に，たとえばナショナリズムやコロニアリズム，もしくは大西洋世界の歴史地理を記述する際，そこには社会関係や文化的アイデンティティに関するその時点の認識が決定的に含意されていることになる。

2．近年の歴史地理学

　本書のタイトルにある「モダン」の1つ目の意味は，さらなる探求を行う価値がある。なぜなら，それは現在の歴史地理学のある特定の手法のみならず，学問領域内での新しい「モダン」な出発をも提示しているからである。

　歴史地理学は，ヨーロッパないし英米の大学においては1つの特定の学問的視角となっており，自然地理学で行われてきた古環境復原や景観変化の過程の

解明といった研究とともに発展してきた。学術雑誌「ジャーナル・オブ・ヒストリカル・ジオグラフィ」に掲載された論文や，最近開かれた学会（Holdsworth and Kobayashi, 1996; Bowen, 1997），展望論文（Ogborn, 1996, 1997, 1999）をもとに近年の動向を見てみると，歴史地理学の調査が長きにわたって実証的伝統に支えられてきたことや，工業化や農村の土地所有制，農業およびその変化，移民や人口分布，都市化，交通網などに焦点が当てられていることがわかる。

しかしながら，近年の研究は同時に新しい方向にも動いている。今日の多くの歴史地理学者は，フェミニズムやポスト構造主義，反人種主義，ポストコロニアリズムの視座から示唆を受けており，権力や意味についての問題関心を，経済地理学や文化地理学，政治地理学，そして社会地理学といった地理学の伝統的な下位領域に位置する研究者たちと共有している。また，地理学以外にあっても，世界を歴史的かつ地理的に，物質的かつ文化的に切り取ることへの関心を共有する者にとって，このような関心事は一般的となっている。

これらの主要テーマが，近年の研究の中に内包されているのは明らかであり，さまざまな対象の物質的・政治的・象徴的局面について，より明白に理論化された探求がなされている。たとえば，旅行と探検，帝国主義とコロニアリズム，国民という意識と国家の形成，自然と環境変化についての観念，といったものがあげられるであろう。これらに関して，現在の歴史地理学では，階層的社会関係の物質的・象徴的地理を考慮する長い伝統に基づいて論じていると同時に，階層や資本の問題についての関心を，支配やアイデンティティといった別の軸——たとえば人種やジェンダー——に拡張して論じてもいる。

また，歴史地理学者は，地図化や測量のシステムから物事・動物・人間の分類に至る表象をめぐる——公的なものであれ，そうでないものであれ——知や実践，形態についての関心を共有している。この関心をもとに，世界やその中にある自分たちの場所を理解しようと試みてきているのである。このことは，地理学史を1つの学問分野として検討する必要を意味すると同時に，さまざまな場面で——記念や追悼の行事を通じて，映画・演劇・文筆の中で，そして博物館や遺産の場所の中で——なされている過去の大衆的表象や記憶化を検討する必要をも意味している。

歴史地理学の本質やその哲学の探求，および歴史地理学に特有な視角の構築をめぐっては，すでにかなりの労力が費やされてきた（Langton, 1988;

Meinig, 1989; Butlin, 1993; Philo, 1994; Earle, 1995; Wishart, 1997)。時には不安に満ち，時には自信にあふれたこの内省は，長い歴史を持っている（たとえば，Darby, 1953, 1983; Harris, 1971, 1978; Baker, 1972; Guelke, 1997）。しかしながら，私たちのここでの関心は，地理学と歴史学との間，ないし歴史地理学と地理学の他の下位領域との間に正確な境界線を作り上げることにあるのではない。そうではなく，より興味深くて実り多いと言えるような仕事，すなわち地理的でもあり歴史的でもある研究，そして地理学の内外で生み出されつつある研究に関心があるのだ。

現在，歴史地理学の主題が地理学の他の下位領域によって侵食されているとか，歴史地理学から他の学問分野への影響が希薄化しているといった嘆きがささやかれている。しかしこのような考えは，ある面で歴史地理学が常に学際的発展を遂げてきたという事実と矛盾する。以前から歴史地理学は経済史や社会史，生態学，社会理論を利用してきた。そして今日ではフェミニズム，環境歴史学，ポストコロニアリズム，そして文化史を利用している。それゆえ，他の理論的枠組みによる歴史地理学への「植民地化」を非難する人は，過去の歴史地位理学が常に高度に異種混淆的で学際的であったことを忘れているのである。歴史地理学が他の学問からの影響によって形作られていたことは驚くべきことではなく，ただその影響が今日のそれとは単に異なるだけなのである。

「ジャーナル・オブ・ヒストリカル・ジオグラフィ」の前編集長アラン・ベイカーは，歴史地理学は「折衷的で自由であるべきである。歴史地理学の特徴についての特定のドグマは想定されるべきではなく」，また「歴史地理学の限界を明確に定義したり厳格に維持したりすること」に本誌は関心を持つべきではない，と述べた（Baker, 1987:1-2）。そして，1997年に新しい編集長となったマイケル・ヘファナンは，前任者の主張をさらに強力に推し進めている。

> 折衷主義が概念的カオスを引き起こし，学問としての歴史地理学の知的高潔を脅かすことを危惧している人に対し，私は未来についてのもう1つの，そしてより楽観的な見通しを示したい。歴史地理学は何にもまして異種混淆的な学問分野である。それゆえ，北アメリカでもヨーロッパでも等しく認められるとおり，広範な潮流から得るものを得て，近代世界の解釈と概念化に用いられてきた因習的な知的枠組みを問題とすることができるのだ（Heffernan, 1997:2）。

3. 本書の位置づけと構成

(1) 本書の位置

　それゆえ，他の研究分野の侵犯に対して歴史地理学の境界を定義しようと試みるものでない以上，本書は「新しい歴史地理学」をドラマチックに提唱しようとするものでは決してない。このようなラベルは，歴史地理学が何であり，何であったかという問題を先細りにしてしまう。

　1990年代初頭に「新しい文化地理学」という言葉が一般的になったが，この動きには限界があった。ここからは1つの教訓が得られる。「新しい文化地理学」には出発と新しい方向の感覚が示される一方で，「古い」性質を過度に単純化することで成り立ったものであり，伝統からつながる連続性を見過ごしてしまった。「父祖たち」に死亡宣告することで，学史上の大人物や組織，それらの学問的末裔を排除した系譜が補強され，さらにその過程では，別の道を辿った影響や異なる伝統（たとえば，Que, 1995; Kinda, 1997）が削除される。偉大な学者やアプローチを取り残されたものとして布置することは，排他的で階層的な学史を創造することになってしまうのだ。

　本書は，「新しい歴史地理学」の行動計画や研究計画の宣言を意図するものではなく，むしろ歴史地理学内部にすでに存在している関心や新たな発展，あるいはその連続性を反映している。この点を踏まえたうえで，先の3つのテーマの重要性を主張しているのである。

　また，歴史地理学は歴史学とも関連しながら関心を拡大させてきた。歴史学者は，過去の文化的史料だけでなく，今日の大衆的な形態の歴史についても次第に探究するようになっているが，歴史地理学者も心象としての歴史地理を調査できる資料にまで手を広げるようになっている。これらには過去それ自体ばかりでなく，大衆文化の対象やその実践，言説も含まれている。

　しかし，もしこのことが歴史地理学をより文化地理学的にするとしても，場所や空間，景観，そして生活を形作る現実への関心が減じることにはならない。両者の近年の交差は，文化地理学と歴史地理学が現在において重なり合っているのと同じように，過去においても——たとえば景観の研究の中で——重なり合う，ということを反映しているのであり，それは研究者たちがそれぞれの研究の関心を定義するために，いかなるラベルを選択しようとも避けることはでき

ないものである。実証的な基盤を持つ歴史地理学と純粋に質的な文化地理学の間の対立は、明らかに削減され、余剰なものとなっている。同様に、現代的な観点では、現在の中で過去がどんな役割を果たしているか、という点が強調されるが、だからといって、私たちの研究の中で歴史の出来事への関心が減じる、ということにはならない。むしろ歴史地理学は、過去と現在の間、象徴的世界と物質的世界の間の相互作用について探究する学問なのである。

(2) 本書の構成

本書は、明らかに特定の時間と場所の所産であり、執筆者たちの興味と専門的な知識を反映したものとなっている。従来の歴史地理学の書籍と同じく、本書は学部生を対象にすると同時に、歴史地理学内外の研究者に現在の研究動向を示すショーケースという役割を果たすように企画されている。しかしながら、他の講座本とは異なる点もある。それらは、たいてい時代や地域単位に組み立てられており、テーマと時期によってまとめられ、また明らかに対象となる地域・国・諸国を限定としている（たとえば、アイルランドについては Graham and Proudfoot, 1993。イングランドとウェールズについては Dodgshon and Butlin, 1990）。

それに対し、本書の場合、空間的・時間的な焦点で位置づけることは困難である。「近代」という概念によってテーマを組み立てることは、その時間スケールや地域的焦点を簡単に、また厳密に定めることができない、ということを必然的に意味するのである。本書では、近代が成立した日時や規範となった空間を正確に定義しない。その代わりに、「モダニティ」という概念の歴史と地理のみならず、空間的・社会的・歴史的に多様な近代化の過程についてもたどっていく。このような作業を行うため、本書は4つのパートに分けられている。そして、それらは上記で概略した3つのテーマ——相互に結びつく特性を帯びた歴史地理、多様なモダニティの経験、そして現在における過去のポリティクス——によって、目的の連続性及び一貫性が与えられている。

第1部：コンテクスト

第1部は1つの章からなり、キャサリン・ナッシュが本書の概念的コンテクストを提示している。彼女は、モダニティの概念をヨーロッパ的な言説として捉えている。つまり、モダニティと文明化、そしてヨーロッパ本国の地理を同

一視しつつ，一定の場所や人々を他よりも上位に位置づけてきた言説として，探究しているのである。彼女は，モダニティ概念に全体として1つのまとまりだという含意を持たせないために，近代は空間的・社会的に多様化される必要があると論じており，「ヨーロッパの地方化」を行い，多様なモダニティを識別するために有益な2つの論点を提示している。そのひとつは，場所と場所の間にある非対称的な権力関係や互恵的な相互の結びつきであり，もうひとつは，ジェンダーが近代という考え方の象徴的中心でありながら，モダニティ研究の中では相対的に無視されてきたということである。

第2部：モダニティとその帰結

第2部の各章ではモダニティとその帰結を扱う。それは，人々・権力・事物・文化・資本・商品のネットワークと経路——世界中の場所を結びつけ，その現状況の構築に寄与したもの——によって創出された場所どうしの複雑な相互の結びつきを検討するなかで明らかにされていく。

最初の分析は，第2章のマイルズ・オグボーンによるグローバリゼーションの歴史地理研究である。そこで空間的な枠組みとされるのは，貿易・奴隷制・探検によって結びつけられた近代初期（アーリー・モダン）の大西洋世界である。必然的に，彼の議論は，イギリスないしヨーロッパと他の場所を結びつけたある種の結びつきとネットワークに焦点が当てられる。しかし，イギリスないしヨーロッパの歴史が中心に置かれるわけではない。オグボーンはむしろ，現代の政治地理と文化地理を形作ってきた権力の非対称性および互恵的な交易の両者を，批判的に検討している。

第3章では，アイデンティティの歴史地理に焦点が移される。とくにそれらが近代化の衝撃によって，どのようにして形成されたのかが検討される。ブライアン・グレアムはヨーロッパの視点を広く取り上げながら，ナショナリズム的なアイデンティティの本質は偶発的で状況依存的なものであることを強調している。アイデンティティは，過去が特定の解釈で捉えられ，排他的な修辞が用いられるなかで付与されていくが，歴史的環境が変化していくなかで常に突きつけられる再交渉の過程に，必然的に従属するのである。グレアムは，ナショナリズム的なアイデンティティの修辞が今なお重要だという評価は，それらの議論と同じ方向性を持っている領域国家の重要性についての議論とひとくくりにされており，このような結びつきこそが，過去の表象と現在の権力の中枢

とを結びつける直線的な物語から，領域国家の正当性——これ自身モダニズム的な観念であるが——を導き出しているのだ，と論じている。

このような近代のナショナリズムをめぐる多様な経験に関心を向けることは，過去をめぐるポリティクスがいかに現代の政治地理や文化地理の形成に寄与しているかを強調することにつながる。第4章から第6章では，帝国主義やコロニアリズム，および植民地化された世界の歴史地理，そして帝国主義と地理学の歴史との関連性について，異なりながらも相補的なアプローチを取る。それぞれのスケールは異なるが，いずれも上記の視座を反映したものである。

第4章においてアラン・レスターは，帝国主義に関する英語圏の歴史地理学が，ヨーロッパ本国において帝国主義がどのように理解されていたかに専ら焦点を当ててきたことを指摘したうえで，他の「人種」や気候，景観に関するある種の知識が，たとえばヨーロッパの地理学者によって生み出されていただけではなく，公的でない知識や大衆の知識が循環する際にも，生産されていたことを検討している。19世紀南アフリカの東ケープ植民地に焦点を当てたレスターは，ヨーロッパ・アフリカ・極東・カリブ諸島・対蹠地［オーストラリアやニュージーランド］の間で生じた人・商品・情報の移動を追跡し，さらにこのようなコンテクストにおいて，そして帝国の「中心地」において，帝国主義の言説や実践を条件づけていた実質的闘争の地域的条件をとらえている。

同様に第5章では，テリーサ・パシャウスカが帝国主義と地理学の歴史の交差という研究に参入すると同時に，それを拡張している。彼女は，イギリスの学校の地理教育の教科書やその実践の中で伝達され，生み出されたある種の知を検討している。ここでは，19世紀後半から20世紀初頭の教科書に見えるオーストラリアやオーストラリア人の描写のされ方が分析され，とりわけ，帝国主義と地理学の相互に結びついた歴史が複雑かつ可変的で多様であったこと，そして現在におけるその遺産もまた同様であることが示される。それゆえ，帝国主義者による「人種としての他者」の言説は，単にヨーロッパ本国内で構築され，探検家・植民者・旅行者とともに輸出されたのではなく，レスターとパシャウスカが論じているように，情報と知，そしてその表象の循環を通じて生み出されるものであった。この循環が相異なる植民地のコンテクストを相互に結びつけ，またヨーロッパ本国へと結びつけたのである。

第6章において，ブレンダ・ヨウは，コロニアリズムの歴史地理学がとるべき「第三の道」とは，コロニアリズムのイデオロギーや実践から焦点をずらし，

植民地化された側の思想と行動，そして空間を考察することだと提案している。コロニアリズムに批判的なアプローチでさえ，植民地化と帝国に従属した者たちを歴史から消去しかねず，ただ無力で均質な被害者として提示してしまう，と彼女は述べる。19世紀シンガポールにおける中国人社会で生じた3つの抵抗の事例に焦点を当てることで，ヨウはコロニアリズムの歴史地理学には植民地化された人々が欠落していたことを問題視し，植民地における権威と支配による抑圧的世界の中での抵抗の空間を理論化している。

第3部：空間的コンテクスト

第3部では，本書の3つのテーマをさらに探究するために，特定の地理的コンテクストが取り上げられる。

第7章において，ジョー・パウエルは，先史や前近代社会の活動と植生の変化との関係をめぐる初期の研究から，現代のグローバルで大規模な環境変化の検討に至るまでの，地理学内部における環境への関心の歴史をたどる。パウエルはこれらの関心を，歴史地理学と環境歴史学の複雑で一定しなかった相互作用の中に位置づけている。彼の議論によれば，環境の歴史地理は，そのコンテクストや，環境に関して啓発的で影響力があり，挑戦的な想像力，あるいは実践，管理政策，制度などに常に深く結びついていたのである。

第8章では，スーザン・シーモアが，農村風景の美学やポリティクス，イデオロギーの考察を，イギリスを越えたコンテクストに展開していく。それは，イギリスとカリブ諸島の間における美的範疇や資本および造景活動の移動と循環，そしてその結果として18・19世紀に生み出された社会的諸関係を追跡することによってなされる。彼女の分析には，イギリスおよびヨーロッパと他の場所とのある種の結びつきという次元がさらに加えられており，これらが経済的・政治的側面のみでは分析できないことを強調する。

美学をめぐる強調は，都市化の歴史地理というまったく異なる環境の中でも引き続きなされる。第9章において，リチャード・デニスは，19世紀における都市の近代化が「現場」と同時に「心の中」でも行われたことを議論している。近代化によって，隔離化と特定化をもたらす新たな空間，新しいスケール，新たなパターンが生み出され，また新たな形態の技術が生み出された。その一方で，近代化は「都市の語られ方や，可視化，地図化，描画や撮影の仕方」をも変化させたのである。彼の章は，歴史地理学者たちが資料と手法をますます

折衷的に取捨選択するようになった好例となっており，用いられた質的資料と量的資料が互いに他を活かすものとなっている。

第4部：過去と現在

　最後の第4部は1つの章からなり，ヌアラ・ジョンソンが現在の中に過去を持ち込む際に生起する明白な理論的・倫理的・実践的問題を提起している。第一次世界大戦直後の追悼のための景観の創造と，遺産(ヘリテッジ)ツーリズムにおける景観の創造という対照的な事例を検証するなかで，彼女は，現在の歴史地理とは基本的に現在時制における活用形なのであって，その物差しとなっているのは流れる砂のごとく移ろいゆく解釈なのだ，ということを示唆する。だからこそ，過去と私たち自身の関係を読み解く際には，多様な反応が喚起あるいは刺激されることになるわけである。

　ヘファナンが下記のように評した時代にあって，本書は，作成方針からも，またそのテーマからも「モダンな歴史地理」の鼓動と今日性を十分に例証しようとしているわけだが，その結びとして，第10章での彼女の見解は効果的である。

> 伝統的な政治イデオロギーや経済的構造に対する旧来の学問的系統は，再公式化・再配置・脱構築といった流動的な（そして潜在的には解放的な）万華鏡の中で崩壊している。このような状況において，空間・場所・環境・景観が——古物蒐集という営みとしてではなく，現代という場に直接関わっていく批評活動として——歴史的に考察・分析される異種混淆的な(ハイブリッド)学問領域の知的必要性は，より急を要するものとなっている（Heffernan, 1997: 2）。

　このような知の緊急性こそが，本書のテーマ選定や，必然的に異種混淆的・折衷的となる内容を特色づけている。しかし，これらを学問内のゲームで終わらせてはならない。本書が論じるような相互に結びついた多様な経験は，場所にまつわる隠喩を創出するが，それこそが，日常生活の具体的な空間の中に（Lefevbre, 1991），そして利益と不利益の地理，生と死の地理の中に基礎づけられなければならない。それが再び場所の隠喩に反映していくのだから。

（上杉和央訳）

第1部　コンテクスト

第1章　モダニティの歴史地理

キャサリン・ナッシュ（Catherine Nash）

1. はじめに

　モダニティは，人文・社会科学において鍵となる概念であり，かつ論争の多い概念である。この用語の示す意味やその時代区分について議論がなされる一方，モダニティに取り組む論者の多くが探求しているのは，空間や生活，制度，経験，そして主体が，相互に結びついた全体の過程の中で，広範かつ多大に変容する状況である。資本主義経済の発展や拡大，および生産・分配・消費の新しい様式といった事柄が，モダニティをめぐる議論の中心的な関心となってきた。しかし，この近代化の展開には，都市化やコロニアリズム，国家形成，それらに伴う新しい生産や通信，交通の技術や官僚組織，そして合理的な知をめぐる新たな概念も含まれている。ごく最近では，モダニティから生まれると同時にモダニティを形成している階級的アイデンティティやジェンダー的アイデンティティ，ナショナル・アイデンティティや性的なアイデンティティ，あるいは人種化されたアイデンティティに，研究者の注目が集まるようになった。また，公共の慣習や宗教に支配された伝統社会から，自律した個人によって構成される非宗教的な国家への変化を感覚的に表現した，「新しさ」（ニューネス）にまつわる言説についても，関心が集まっている。

　モダニティとは，どうやらさまざまな過程や意味に関わる問題であるようだ。中世ヨーロッパにおいても，こういった変化の過程は多くの面でみられたが，近代は通常，その変化の割合が大きいという点と，さまざまなスケールで場所と場所とがより深くより広範にわたって結びつくという2つの点で，中世とは区別される。このような空間の統合は，たとえば，地方的・地域的な政体が中央集権国家に従属し，地方経済が統合されたときに起こった。また，通信・貿易・影響力のネットワークが深化して，世界規模に拡大したときにも起こった。

それは,「日常生活の身近な地理を変化させ,一国規模,あるいは世界規模での大きな変化に活気を与えた」(Ogborn, 1998：19) のである。モダニティの歴史地理学とは,こういった具体的な地理をたどるだけでなく,「近代」という概念全体の歴史と地理をも探求するものである。

　本章では,モダニティの再検討から浮かび上がる歴史地理とはどんなものかを考察しながら,その複雑さを解いていきたい。ここでは次の2つの方法を用いる。モダニティは考えようによっては排他的なまでに一般化されがちであるものだが,近代化の経験が空間によって,また階級やジェンダー,人種といった社会的区分によって,いかに多様であったかを考察することで,そのような見方を乗り越えることが,第1のやり方である。第2のアプローチは,モダニティによって形成され,そしてモダニティを形成する,場所と場所との相互の結びつきを検討することである。これら2つのテーマを,19世紀のカリブ諸島とインドとイングランドを結びつけた,市民権や人種,およびジェンダーの織りなす地理を考察するなかで検討する。

　このような本章の2つの視座が立脚しているのは,過去の世界,とりわけモダニティを,形式的・公的・学術的な知識の中のみでなく,大衆文化の「生きた歴史」(Samuel, 1994) の中においても理解するという方法にそれとなくこめられた批判的な感覚である。そこで,モダニティに関する議論を展開するにあたり,都市のイメージとアイデンティティの形成のために特定の歴史を用いた,近年のイングランド西部の催しの事例を,枠組みとして用いることにした。そのため,本章で用いる事例の多くは必然的にイギリスやヨーロッパ,北アメリカを文脈とするものとなってしまったが,その目的は,そういった地域の歴史をこれまで通りのやり方で語ることにあるのではない。むしろ,それを再考することにある。

　港の物語——海と近代の歴史地理——

　1996年5月の法定銀行休日の週末に,国際海洋フェスティバルがブリストルで開かれた。4日間に約35,000人が港湾地区を巡り歩き,海に関する数百の展示物を見て,イベントに参加した。そこには,ニューファンドランドの海難救助犬から,模型船,魚の薫製小屋,積み込み用コンテナ,運河用ボート,そしてチューダー朝の海兵の弓矢までが展示された。そして約1,000人のスタッフは,空気で膨らませることのできるはしけ船から,17世紀海軍船の複製に

至る,あらゆる大きさの800もの船の乗組員に紛していた。

　このフェスティバルは,ある大西洋横断航海の500周年記念にあわせて開催されたもので,ブリストルの海の遺産を宣伝するために,また町の古い波止場地区を活性化するために,この航海の歴史と地理が利用されたのである（Atkinson and Laurier, 1998）。

　1496年,イングランド国王の後援と「新しい世界の発見と領有」という王室の勅令,さらにブリストルの商人の投資を得て,イタリア人探検家ジョン・カボットは,東インドとの新しい貿易ルートを発見すべくブリストルを出航した。彼は西方へ航海を進め,1497年にニューファンドランド諸島に上陸した。今回のフェスティバルのイベントの目玉は,カボットの船の忠実な複製,マシュー号の除幕式であった。マシュー号はその後,1997年5月に,ニューファンドランド島に向けてブリストルを出航し,「カボット500周年」を記念する祝典の山場として,本当のマシュー号の到着からちょうど500年目にあたる日に到着した。カボットの冒険は,近代初期におけるヨーロッパ人の旅行・貿易・探検の進展の1つであった。近代初期は,それまでヨーロッパ人に知られていなかった土地が「発見」され,「新世界」と名づけられ,そして徐々に権力と文化のネットワークの拡張に飲み込まれていった時代である。このような近代初期におけるヨーロッパ世界の拡張過程は,国民国家システム,帝国主義,資本主義,産業発展,そして都市化の進展と結びついていた。

　近代世界を形成してきた地理的過程と,過去を現在の中で解釈して文化的に表現する方法について,歴史地理学は大きな関心を寄せている。上の例が示すように,モダニティを探求することは,過去を理解することで終わるものではない。公式ないし学術的な見解だけでなく,たとえば映画や遺産（ヘリテッジ）巡り,展覧会といった大衆文化の中に現れる歴史地理を通じて,現在と過去とに関する見解がいかに形成されるのかを考察することでもあるのだ。ブリストルの歴史地理について考えることは,また一般に歴史地理について考えることは,具体的な景観の変容を検討するだけでなく,意味や権力,あるいはアイデンティティの問題を考えることでもある。

　ヨーロッパ人の探検や旅行,貿易は,経済的であると同時に,文化的・政治的な過程でもあった。それは,「新」世界と「旧」世界というヨーロッパ人の心象地理——人々がどのように自分を認識したのか,そしてどのように他者によって認識されたのか——によって形作られるとともに,逆にそれを形作るも

のであった。そしてこのことは，ヨーロッパにおける人々や集団の間の，またヨーロッパとその他の地域との間の，不均等な権力関係とも密接に関わっていた。ヨーロッパ資本主義の進展と海外への拡張という2つの過程に伴い，人間や植物，動物，思想，文化，原材料，日用品，そして資本の一連の移動が生じた。そういった移動は社会関係を変容させ，環境を劇的に変えることとなった。

環境歴史学の観点からは，北アメリカや「新世界」において，白人開拓移民が資本主義的な居留地を建設し，農業体系を導入した結果，大規模な環境改変が生じたことが詳細に論じられている（第7章参照）。また，資本主義的農業と，それがもたらす「土地の商品化や，生態系の極端な単純化，危険で失敗しやすいモノカルチャーへの偏向，そして長期にわたる分業の促進は，自然界に対しても，人間社会に対しても，大きなダメージを与える」として強く批判されている（Cronon, 1990：1, 129）。こういった新しい形の農業資本主義やプランテーション農業は，植物と人間のグローバルな循環に依存していた。19世紀半ばまでに，こういった過程は高度に組織化され，植民地の首都には，商品作物の栽培を促進する目的で，一連の大英帝国植物園が設置された。

たとえばゴムの種は，1876年にイギリスの植物収集家によってブラジルから密輸されたが，それはロンドンの王立キュー植物園で繁殖させるためであった。その結果繁殖した1900のゴムの苗木がスリランカの植物園へ，22の苗木がシンガポールの植物園へ送られた。シンガポールへ送られたものはマレーシアに分配され，そこでは中国人の年季労働者がゴムプランテーションを開墾してゴムを植えた（Hoyles, 1991）。しかしさらに，もっと文化的な理由によって導入された種からも生態系は影響を受けた。海外の植物種がイギリスの温室や庭園に導入されると同時に，「イギリス」種が植民地の環境の中で，「本国（ホーム）」という感覚を養うものとして「帰化」させられたのである（Wynn, 1997）。

国際海洋フェスティバルが示しているように，ブリストルの歴史を港を中心にして作り直すことは，ブリストルと他の地域を結びつける歴史地理をたどることでもある。ヨーロッパ本国とアフリカやカリブ諸島との貿易，またニューファンドランド，カリブ諸島，アメリカ南部諸州への入植，もしくはブリストル郊外の後背地と西インドの農園における農業生産力の「改良（インプルーヴメント）」（第8章参照）には，空間を超えた複雑な結合がみてとれる。これらが示す相互に結びついた歴史地理は，本書のテーマの1つである。

こういったネットワークの歴史や，場所と場所の間のフローによってそれぞ

れの場所が変容して生じた地理を概念化する1つの方法が，グローバリゼーションの概念である。グローバリゼーションとは，かつては相対的に分離していた世界の各地域が，互いに結びつくようになる経済，文化，政治の過程のことである。グローバリゼーションについての研究は多岐にわたるが，その多くが20世紀後半における情報，金融，文化的媒体の急速なフローと複雑なネットワークに注目し，こういったグローバルな結合の目新しさを強調している（Allen, 1995）。20世紀後半に，統合の程度や変化のスピードがかつてないほどに増したことは確かであるが，今日の貿易や通信・交通，移民のパターンは，何世紀にもわたる歴史的経過の中で形成されてきたものである。少なくとも15世紀以降，グローバルな結びつきは近代ヨーロッパの産業及び都市の成長と軌を一にして拡大し，深化してきた。

第2章でみるように，このようなヨーロッパのネットワークは，既存の貿易と旅行の循環を，さまざまに置き換え，変化させ，またその中で融合してきた。ホールによれば（Hall, S., 1995: 190），グローバリゼーションの歴史地理には，以下のようなものが含まれる。

> （ヨーロッパにとって）「未知の」地域に対する西洋による探検。世界貿易の拡張と，「世界市場」形成の初期段階。資本投資の移動と，本国と周辺との間の利益と原料の移動。どこか他の地域の産業と市場のための，原材料・食料・鉱物・日用品の大規模な生産。従属した文化に対して，支配のシステムや異なる文化規範・実践を強要するという，征服と植民地化の過程。移民の開始と入植地や居留地の確定。直接の植民地ではない場所にも及ぶ，強大な帝国の影響圏の確定——すなわち，中東や極東におけるイギリス・フランス・オランダ・ポルトガル，ラテンアメリカにおけるイギリス・スペイン・ポルトガル・オランダ，太平洋におけるオランダ・イギリス・フランス，そしてアフリカにおける各国の争奪戦——。

こういったきわめて地理的な過程は，新しい方法で場所や空間，および景観を形成し，「新世界」のみならず「旧世界」においても，新たな社会関係を形成するとともに，それらによって形成されてきた。一方でその過程は，空間の測量および分類という形態（Withers, 1995a），「進歩」や「発展」というメタファー，そして世界を「新」・「旧」に分ける概念など，世界を理解し，表象し，秩序づけ，想像するための新しい方法を伴っていた。ドリーン・マッシー

(Massey, 1994, 1995) が論じていることであるが，とくにヨーロッパの場合，このように長期的に歴史をとらえる視座は，過去の古き「良き」安全な世界が，他の場所の人々や文化の「侵攻」によって破壊されるという恐怖を吹き飛ばす特効薬となりうる。

一方，近年の研究は，現代のグローバリゼーションが社会的・空間的に多様な性質を持っていることを明らかにしているが，これらの研究は，過去における相互に結びついた歴史地理を考える際にも，ヒントを与えてくれる。瞬時に届く通信や文化の均質化といった，「小さく」移動しやすくなった世界というイメージが強まっているが，多くの研究者は，こういったイメージによって，人々が資本や情報のフローと結びつき，またそこから排除される多様なあり様だけでなく，グローバルな経済的ないし政治的ネットワークの特定のパターンまでもが覆い隠されていると指摘している。グローバリゼーションとは，現在におけるきわめて不均等で不公平な過程であり，多様な場所や人々が多様な方法でこの過程に結びついているのである（Allen, 1995）。そして，このことは過去にもあてはまる。

以下，本章では，ブリストルと海洋を通じて紹介したテーマと問題を取り上げていく。最初に，近代の歴史地理を探求し，次に，海洋フェスティバルの事例に戻って，現在における歴史的表象のポリティクスを考察する。

2．モダニティの歴史地理

マイルズ・オグボーン（Ogborn, 1998：2）が述べるように，「モダニティに関する文献は，逆説的なことに，多義性にも統一性にも満ちあふれている」。モダニティの壮大な物語は，強大な力で変化を一掃する全体史であり，そこに描かれた劇的な変容の本質や経験には，社会的・空間的・歴史的な差異があることを見落としてしまう。また同時に，モダニティについて説明することは，矛盾するもの同士が結びついている点を強調することにもなる。それは，ダイナミックな変化と労働の作業工程の固定化とが表裏一体の関係にあることであり，伝統の制約からの解放感を持つと同時に，国家という新たな権力の規律に組み込まれることである。モダニティの理論とその全体的な方向に包含された諸過程は多様であるが，オグボーンは，もっと注意深くその複雑な地理を理解しながら精緻化するのであれば，モダニティという概念はなお有効な枠組みに

なりうると論じている。

　この考えは，単一で全体化されたモダニティという概念を，その妥当な部分を否定することなく解体し，断片化するのに役立つ。オグボーンによれば，モダニティの地理を文脈的に，そして歴史的にとらえることは，広範囲に及ぶ大きな変化というモダニティの特徴を認めつつも，その多様性を許容することになるのである。グローバリゼーションが空間的にも社会的にも異なった過程をたどってきたように，異なる場所には異なるモダニティが存在してきた。しかも，モダニティの地理が単一でないとしたら，「近代」という概念は，近代的や伝統的，原始的といった概念を，広大な世界や国，地域，そして人々の間に差異を設けるために使ってきた，ヨーロッパの言説の内にしか存在し得ないことになる。つまり，近代について考えることは，近代世界を形作ってきた実質的な変化や，その変化によって差異化された地理，そして近代世界という特定の西洋型モデルの含意するものを検討することなのである。このことは，世界史の物語の中でヨーロッパという場所を批判的にとらえることを意味する。

　ポストコロニアリズムの理論やアプローチは，モダニティの歴史地理を描くという試みに，少なくとも2つの重要な課題を提示してくれる。1つは，ヨーロッパの暴力的で，強制的，狡猾な文化的実践におけるコロニアリズムの破壊的な影響力を明らかにすることである。こういった文化的実践の結果は，貧困と死という現代のグローバルな地理の中でいまだに息づいている。2つ目は，ヨーロッパ中心史観に疑問を呈することである。19世紀に明確化し，確固たるものとなった近代化と発展の西洋型モデルは，「中心」と「周辺」という心象地理のうえに，社会発展の階層を描いていた。そこでは，劣っていて，発展性に欠け，原始的な性格を持った「周縁」に対し，ヨーロッパは優越性とモダニティ，文明，中心性を持っているものと定義された。形の上で帝国主義が失墜しても，このヨーロッパ中心主義は残っている。それは，ヨーロッパにおける資本主義・民主主義・国民国家の発生と発展を説明し，それが世界の他の地域に親切にも，しかしとくに計画もなく広がったと考えさえすれば，世界の歴史を要約したことになるとの根強い仮定の中に残っているのだ。

　エラ・ショハトとロバート・スタン（Shohat and Stam, 1994：2）が論じたように，

　　ヨーロッパ中心主義的な言説は，歴史を，（「純粋」で「西洋的」で「民主

的」に作られた）古代ギリシャからローマ帝国，そして帝国主義の母国であるヨーロッパからアメリカへと一直線に並べる。……どの場合もヨーロッパは，助力なくとも独立しているもので，歴史的変化を促す「原動機」だとみなされている。その「原動機」が，階級社会や封建主義，資本主義や産業革命を作り出すのである。

　近代的になるということは，ヨーロッパ人になるということであり，ヨーロッパ人になるということは，文化的達成や社会発展の頂点に立つということである。ヨーロッパにも複雑な地域的・文化的差異があり，その複雑な交流によってヨーロッパ文化が形成されてきた。しかしヨーロッパ中心主義は，「中心」としての純粋さ，孤高さ，権威そして優越性という理想化された認識を支持してきた。モダニティと進歩と発展という，均質でグローバルなモデルは，他のあらゆる歴史は時代遅れで従属的であるという文化帝国主義の形をとる。このような歴史地理を考えるポストコロニアリズム研究は，一方ではヨーロッパ的モダニティが問題の多い影響をヨーロッパ以外に与えてきたことに注意を払い，またもう一方では，西洋の歴史的な営みに特有のヨーロッパ中心主義に疑問を呈するという2つの視座の緊張関係を，調停しなくてはならない。

　モダニティの批判的理解とは，ヨーロッパ中心主義的な近代理解を強化することなく，強大な影響力を持ったヨーロッパの拡張のインパクトを理解することでもある。そのためには，ヨーロッパのモダニティについて，さらに空間的・社会的差異を探求したり，ヨーロッパにおける経済的・社会的・文化的・政治的変化が，ヨーロッパと植民地世界との間の複雑な出会いや文化・資本・物資・人の相互交流と切っても切れない関係にあることを，検討していく必要がある。「中心」と「周縁」という言葉には悩まされるが，多様かつ相互に結びついたモダニティの歴史地理は，「周辺」と「中心」という偏見の混じった言説を破壊するのに役立つであろう。「ヨーロッパとそれ以外の他者」の間には，非対称的でありながら双方向的な関係があるが，これを批判的に，しかし前向きに受け止めることによって，モダニティや発展，そしてヨーロッパという概念それ自体にとって重要であった，単純な空間的二元論に疑問を呈するのである。

　ここで筆者が考察したいのは，「近代」に関する2つの視座である。その1つは多様なモダニティの歴史地理，もう1つは相互に結びつけられたモダニテ

ィの歴史地理であり，両者は現実には分かちがたく関連している。市民権や女性の権利をめぐって，あるいは社会改革を求めて，19世紀のイギリスやインド，および西インド諸島を結びつけた組織的な活動の地理を跡づけながら，これらのアプローチを示していこう。

(1) モダニティを差異化する

　近代に関する論考の多くは，とくに20世紀への転換期の「ハイ・モダニズム」の10年において，ヨーロッパ本国の中枢，とりわけパリやロンドン，ベルリン，ストックホルム，そしてウィーンなどで，空間と社会の関係が劇的に変化したことに注目している（Berman, 1982, Kern, 1983, Pred, 1995）。この時期は，社会理論とカルチュラル・スタディーズにおいても，近代を象徴する時期とされてきた。しかし，近代都市で起こった大きな変化に留意するのはもっともながら，常に都市のモダニティに注目が集まるならば，大都市以外はたいして重要でないと見過ごされ，とるにたらないものとして，歴史の周縁へ追いやられてしまう。

　その一方，モダニティの歴史地理を，空間的にも社会的にも差異化する研究がある。大都市を越えた場所や空間，とくに農村のモダニティを考察することで，モダニティを空間的に差異化し，さらに，階級やジェンダー，「人種」といった社会区分を検討することで，モダニティを社会的に差異化するのである。中心か周縁かというモデルは，「中心」と「周辺」をより差異化して理解することによって，引き裂かれることになるのだ。つまり，より大きなスケールにおいては，権力と特権が作り出す非対称性が外側にあるとしても，ジェンダー・人種・階級に基づいた内なる階層的な社会関係が，そこを横断しているのである。文化や権力を問う歴史地理学の最近の転回を考慮するだけでなく，歴史地理学の古い伝統にも立ち戻りながら，2つの例で簡単にこのことを説明しよう。農村変容の歴史地理と都市の歴史地理である。

　19世紀後半のヨーロッパの都市化は，確かに劇的なものであった。しかし，近代化の起源は，15世紀から16世紀のイングランドで生じた封建主義から資本主義的な様式や生産関係への移行という根本的な変化に対しても，求めることができる。そこには，新しい形態の賃金労働への移行や，エンクロージャー[囲い込み]による農地所有権の統合が含まれていた。エンクロージャーは15～16世紀に始まり，後の18世紀後期から19世紀前期には議会エンクロー

ジャー［第2次エンクロージャー］として，政府が後援するようになった（Walton, 1990; Yelling, 1990）。穀物の新しい輪作が行われ，湿地が灌漑されるなか——これらは古典的な村落歴史地理学の研究対象であるが——，農地と家畜の改良計画に沿って，それ以前の共同で作業を行っていた開放耕地制が，個人労働に基づくばらばらの小区画地に転換していった。これによって農作業が一変したとともに，景観も変化した。モダニティの農村景観は，新しく秩序づけられ，生産性が高く，資本主義化され，商品化されたものとなった。

　エンクロージャーについての一般的理解は，地域的にも時間的にもより多様な歴史地理が存在したという理解によって修正されつつあり，また農村社会の階級構造に対するエンクロージャーの影響が農村社会史における中心的な議論となっている。しかし，やはりエンクロージャーも，農村貧困層の家計や女性の生産活動に独特の影響を与えた農業資本主義の大きな過程の一部であったことは間違いない。ジェーン・ハンフリーズ（Humphries, 1990）は，共有地のエンクロージャーとパターナリズム［父性的温情主義］という「モラル・エコノミー」［道徳に基づく経済活動］の崩壊に伴って，放牧や落ち穂拾い，薪や泥炭拾いについての伝統的な権利が喪失し，それがとりわけ女性に影響を与えたと論じる。彼女たちの非賃金労働は，ますます賃金とその稼ぎ手に依存しつつあった貧しい農業労働者の収入にとって，不可欠のものであったためである。それに加えて，賃金労働の「増大や労働力の集約化，勤務日と勤務場所の定型化」（Humphries, 1990: 36）に伴う規律的で規則的な新しい労働様式は，妊娠や授乳，育児と，農業や工場における賃金労働との両立を困難にした。

　こうして新しい生産の資本主義的様式は，ジェンダー間の分業や女性の財産権利，賃金労働における女性の活動の地域差といった点において，ローカルな地理に重大な転換を引き起こした（Burt and Archer, 1994）。さらに，モダニティの劇的な状況は，都市の大規模な変化と時を同じくするだけでなく，コールブルックデール［シュロップシャー州，製鉄業発祥の地］などの新しく農業と工業が混在するようになった地域においても，たどることができる（Daniels, 1992）。また資本と近代国家の取り締まり装置は，農村貧困層の移動と活動を統制するために定められた，浮浪生活と密漁に対する無慈悲なまでに厳しい法の中にも見て取れる。このような農村のモダニティは，農村景観や土地所有のパターン，生産関係に変化を引き起こしたが，同時に，新たな近代的主体の表出をももたらした。

歴史地理学者や文化史研究者が示したように，18世紀から19世紀初頭のイングランドにおいて，風景美は農業資本主義がもたらした社会関係や物的な変化と分かちがたいものであった。風景美はまた，理想的に文明化された近代的個人の資格をめぐる論争にも絡んでいた。近代的個人とは，自律的な「自己」であり，伝統のしがらみから自由で，抽象的で合理的な考えができ，自然と分離しているとされる。フェミニズム歴史学者が論じたように，またジョン・バレル（Barrell, 1988, 1990）がピクチャレスクな風景美の持つ政治的な言説との関連で論じたように，この近代的主体の考え方の根底には，女性や他の「人種」，労働者階級を，前近代的で原始的で未だに自然という内的な世界にとどまっているとし，それゆえに劣っていて異なるものとする認識があった。

バレル（Barrell, 1988:117-118）が論じるように，「文明化の進展を『教化』のプロセスとして表現するメタファーが，近代的主体の構築を助けていた。なぜならそれは，自然と訣別し，それを支配するという，『人間の発達』の正常で適切なプロセスを表現したからである」。この排他的な個人主義は，「商業資本主義の発展一般にとって重要であり，とりわけ農業革命にとって重要であった」。そして，18・19世紀イングランドでは，農村の農業資本主義の経済と景観がますます海外での経済活動と結びつくにつれ（第8章参照），風景美は，内なる差異と外なる「他者」という思考によって定義される近代的主体の構築と密接に結びつくようになった。

モダニティはヨーロッパの大都市の事例を通じて定義されることがほとんどだったが，近代をさらに多様にとらえるためには，このような階級やジェンダーによって分裂した農村のモダニティに着目するといい。また，都市に立ち戻り，その物的な変化や，都市の「近代」的状況についての考え方から，権力や差異の地理を明らかにしてもいいだろう（第9章参照）。近代都市の物的な地理や，心象地理，社会構造（スラムや郊外，新たな商業中心，労働と空間の新たな区分，新たな社会関係）はいずれも，ジェンダーと階級によって形成され，またそれらを通じて経験された。グリセルダ・ポロック（Pollock, 1988）が19世紀後半のパリの視覚的文化に目を向けて分析したように，消費やスペクタクル，興奮という近代都市の文化は，都市の中心にありながら無視されていた空間に出現した。その空間では，中産階級の男性と労働者階級の女性との間で，階級を超えて商業的かつ性的な交換がなされ，男性とも労働者階級の女性とも異なる，ブルジョワ的で私物化された女性性が構築された。町を自由にぶ

らぶら歩き，そのスペクタルを観察するフラヌール［遊歩者］という古典的な人物像は，男性で中産階級で，そしてもちろん白人の人物像でしかなかったとして，徹底的に脱構築されつつある。外で働いたり，買い物をしたり，歩いたりする女性が街路に存在したにもかかわらず，自由や移動，公共をめぐっての，フラヌールを縮図とするようなジェンダー化された発想はいまだに根強い。しかしながら，ジェンダーと階級を通じて近代のアイデンティティと地理が構築されただけではなかった。ジェンダーそれ自体も，「近代」に意味を与えようとする言説の中心にあったのだ。

　リタ・フェルスキ（Felski, 1994）は，両義的で矛盾をはらむモダニティの言説における，ジェンダー化されたメタファーを研究した。それは，自由であると同時に喪失であり，個人主義であると同時に疎外されるものであり，好機であると同時に不安定なものであって，資本主義的で工業化された都市社会の文化の中に存在したものである。彼女の論ずるところによると，19世紀ヨーロッパの文化においては，モダニティに対する2つのジェンダー的な見解が循環していたという。1つは「近代を合理性や客観性，発展的進歩といった男性指向的な論理と同一視するものであり，もう1つは，人工的なものや退廃，非合理性，欲望を『女性的』な特性として強調するものである」（Felski, 1994：149）。

　「男性的」な進歩と「女性的」な軽薄さという2つの考え方とは対照的に，救済的で真正で前近代的な女性らしさというロマンティックなイメージが，近代的生活が持つ明白な疎外と分裂に対する代替物として構築された。フェルスキは，「産業化以前の社会にあった有機的なプロセスや自然なリズムを，女性たちがしっかりと維持していたことを証明しようとして」，歴史学・科学・人類学の書物が増加していたと論じる。この前近代的「女性」は，「男性と比べ，専門化や差異化がなされていないものとみなされ，家事と家族関係という親密な網目の内に位置づけられ，再生産能力を通して，自然とより密接に関連するものとされた」（Felski, 1994：146）。

　こういった見方の女性らしさは，限定的な価値しか持たず，進歩を妨げるものとして中傷され，その一方で，表面的で無意味な近代的生活に対するロマンティックな解毒剤として歓迎された。そして，喜びと欲望，非合理性の象徴としての女性らしさは，過剰で傲慢な女性の消費主義の源として非難されるか，もしくは，活気づけの幻想やスペクタクル，伝統からの自由の象徴として盲目

的に崇拝された。男性の芸術家たちが，19世紀終わりから20世紀初頭にかけて，前近代的なものを探しにパリからブルターニュへ旅行したとき，中産階級の女性の理想化された純粋さとも，都市の「モダニティの空間」において彼らが楽しんでいる商品化されたセクシュアリティとも異なるものを，農村の女性の中に見出そうとした。しかし彼らは，そこがすでに近代の農業経済によって形作られており，都市やその周辺と強い結びつきを持つ地域になってしまったことを知るのである（Orton and Pollock, 1980）。

　こういったヨーロッパの周縁部での真正性の探求は，ヨーロッパにおける急進的で性的に意味づけられた「文化的原始主義（カルチュラル・プリミティビズム）」言説の先駆けであった（Foster, 1985; Varnedoe, 1990; Hiller, 1991; Perry, 1993）。ヨーロッパの民族博物館において，あるいは時にエロチックで異国風のものを求めて旅行する芸術家によって，非ヨーロッパの文化は無断で利用されたのである（Pollock, 1992）。「原始的（プリミティブ）」な文化やその自然とはっきりと直接つながった真正な関係は，あきあきする近代文化を再生させるための活路とみなされ，その中で，世界発展の階層的モデルが確認された。いわゆる「前近代」の非ヨーロッパの文化は，「原始的」なものとして希求されると同時に，けがらわしいものともみなされた。ヨーロッパの言説におけるジェンダーと「原始的」なるものは，複雑に絡み合っていた。ジェンダーは一方で，原始主義という非対称な権力関係と心象地理を作り出し，他方では，ヨーロッパの優越性を補強するために使われたのである。

　近代的でジェンダー化された家庭生活についてのヨーロッパの言説は，ヨーロッパ人が自らを，非ヨーロッパ人の「原始主義」とは対照的に「近代的」だとして定義するための装置として，中心的な役割を担った。またその言説は，ブルジョワ層の私物化された家父長制的核家族や，理性，個人の自由，市民，国民国家といった特定の文化的概念をもって，世界全体に通用する近代の登録簿と定め，発展という全世界の目標として，「進歩」の物語を設定したのである（Chakrabarty, 1992）。

(2) 相互に結びついたモダニティの地理

　モダニティの歴史地理は，場所と場所との間に，また異なる過程と過程との間にある，個別の複雑な相互の結びつきを描き出す。しかし，モダニティの歴史地理において相互の結びつきを考察することは，これらの場所間の結合がい

かに理解されているかに注意を払うことでもある。

　ある意味で，ヨーロッパの影響と努力の足跡をたどることは，歴史学の分野になじみ深い研究である。ヨーロッパは，ヨーロッパ人の貿易・入植・コロニアリズムによってグローバル化した世界の中心にいる。その中では，他者との接触の軌跡は，「発見」と入植の物語に支配されている。しかし本章で相互の結びつきをテーマとするのは，ヨーロッパの影響というモデルを補強するためではなく，階層的でありつつ双方向的でもあった影響と権力のネットワークを強調するためである。ヨーロッパの文化が直線的で一方向的に流出したのではなく，人と文化が国際的に循環した長い歴史が，植民地化された国々ばかりかヨーロッパをも形成してきたのである。オグボーン（Ogborn, 1998：19）が論じたように，

> モダニティの地理は，いかなる意味においても，ある場所だけに特有のものではない。こういった差異化された地理は，場所と場所の間の，そして空間を交差する関係の中でつくられる。さらに言えば，母国から帝国全体へ，そして都市から農村へといったように，中心から周辺へとモダニティが「輸出」されたと考えられる傾向がある。しかし，このような概念化によって，重要な点が無視されている。それは，このように結びついた地理こそが，モダニティの波及や押しつけといった問題というよりも，むしろモダニティそのものの形成の契機となるということである。

　ローカルなものとグローバルなものとの相互の結びつきを物語ることは，ヨーロッパのモダニティに関する整った見解，つまり，自らの特殊性を隠して全世界をヨーロッパの物語に組み込もうとする見解に，疑義をはさむことである。反ヨーロッパ中心主義的な視座を採ることによって，ヨーロッパに関するあらゆる研究を終わらせる必要があるわけではない。ヨーロッパやイギリス，あるいはブリストルの歴史地理に関する新たな考え方が必要となるのである。批判的な歴史地理学が目を向けるのは，多様ではあるが，相補的な方向である。それはたとえば，モダニズム的なナショナリズムの再検討（第3章参照）であり，また，植民地権力やコロニアルな言説のネットワーク（第4章参照）や植民地化された世界の歴史地理（第6章参照）の検討による，反ヨーロッパ中心主義的な挑戦である。反ヨーロッパ中心主義は，ヨーロッパ自身を「中心」とみなす感覚がどのように構築されたかを検討し，そうすることで，それが「自然」

だとする状況を脱構築する。

「中心」や「白人であること」、「イングランド人意識」、そして「男性性」に関する新しい批判的研究は、差異という考え方を通じて、従来優越かつ不変の存在として正当化されてきたカテゴリーの構築について考察している。19世紀のイングランド人意識の場合は、「トラブルの絶えない連合王国の周縁部や、社会から追放されて表象されない人々、帝国に従属している人々や外部世界」との対比の中で、アイデンティティが構築された（Hall, C., 1993：216）。キャサリン・ホール（Hall, C., 1994）は、1867年のイギリス選挙制度改革法にまつわる主体や市民権についての、人種的あるいはジェンダー的、国民的、そして階級的な言説を取り上げ、バーミンガムとイングランド、ジャマイカの複雑な結びつきについて研究を行った。それは、「中心」の歴史を書き直す過程の中で、「中心」を脱中心化するものであり、批判的な解釈の好例である。

本節後半部においても、19世紀後半に西インド諸島、インド、バーミンガムとロンドンの間を行き来した個人や思想を通して、市民権・フェミニズム・社会改革の地理をみていくことにしよう。

男性に投票権を、女性に投票権を——市民権・フェミニズム・社会改革——
参政権の拡大を通じた民主主義政治の発展は、近代化を示す古典的な指標の1つである。1867年のイギリスにおいて、大部分の男性成人労働者へ投票権が拡大されたことは、この過程の一段階であろう。しかしホールが論じたように、彼らに投票権を与えるという法令は、イギリス内部やその植民地における差異の言説に基づいたものであった。それは、ある者を国家の市民というよりも国家の臣民と位置づけ、「文明人（シビライズド）」と「野蛮人（バーバラス）」という差異を設ける言説である。

バーミンガムにおける1820年代以来の奴隷制反対運動と1860年代の改革運動という急進的な伝統に注目したホールは、選挙法改正をめぐる議論のなされ方は、人種や階級、ジェンダーといった考え方を通じて明確にされたのであり、入植地の政治組織や植民地の社会的特徴に対する姿勢に影響されていたと述べる。イギリスの政治改革についての議論は、帝国を枠組みとするものであり、オーストラリアやニュージーランド、カナダ、アイルランド、そして独立後のアメリカにおいて、心象の他者を構築するなかで進んだ。さらに、ジャマイカにおいて1865年のモラント湾の黒人の蜂起と集団処刑の事件が起こると、ますます他者の構築が進んだ。

ホールが詳述したように，選挙法改正に反対した者も支持した者も，帝国で選挙権拡大がもたらす有益な，ないしは有害な結果に基づいて論じていた。家長で永住権をもったイギリス人男性に選挙権を拡大することは，市民権を求める黒人やイギリス人女性を不適格とみなし，それに対して工業に従事する男性労働者を立派で独立した存在とするモデルを構築することになった。このモデルに基づいて，ジャマイカに一定程度認められていた自治は直轄支配へと変えられ，男性と同じ程度にイギリス女性に選挙権を与えるようにとの請願書は却下された。ホールによれば，選挙法改正を導いた論争の中では，女性の地位への疑問とイギリス男性の選挙権，ジャマイカにおける植民地支配システムと奴隷制の廃止は，分かちがたい関係にあったのである。続く 1867 年には，選挙権はもはや財産に基づくのではなく，「『人種』やジェンダー，労働，文明化のレベルに基づいて，誰が政治国家に含まれ，誰が排除されるのかが決定された」(Hall, C., 1994：29)。

　相互に結びついた多様な近代は，イギリスのフェミニズムの歴史地理にも刻み込まれている。1860 年代のイギリスのフェミニズム運動家にとって，法的権利や教育，雇用は，選挙よりも重要であった。フェミニストとしての自覚の芽生えや，フェミニズムの「男性ブルジョワ社会への継続した攻撃」(Pollock, 1995：14) は，見過ごされがちであるが，近代的主体の発達という重要な側面を示すものであった。それは，近代的な男性的主体と連係すると同時にその対極にあるものとして，形成されたのである。フェミニズムの歴史地理は，ヨーロッパの近代を差異化するものである。そして同時に，似ているのに異なるという矛盾に満ちた不平等な関係のなかで，植民地空間を超えて女性たちを結びつけることになる。

　帝国の歴史学は，探検家や政治家，兵士としての男性の活動や業績を跡づけ，あるいはより批判的には，発見と統制，支配をめぐるジェンダー化された言説を検討してきた。しかし，宣教師や教育者，改革者，看護婦，そして植民地の兵士や行政官の妻，旅行者や永住移民としての帝国における女性の役割に本腰を入れるようになったのは最近である (Chaudhuri and Strobel, 1992; Bush, 1994)。女性たちは帝国主義に積極的に関わり，たとえばインドから家庭にショールとレシピを持ち帰るなど，イギリス文化を形成するための文化的交換に中心的な役割を果たしただけではない (Chaudhuri, 1992)。白人で純粋，貞淑で高貴なイングランド人女性と，その対極にある植民地女性という対照的な

構図を通じて，イングランド人意識が構築されたのである。

　フェミニストは女性の状況と奴隷の状況を類似したものとして利用したが，イギリスの女性と植民地の女性にとっての解放の言説は，白人的・ヨーロッパ的・ブルジョワ的・男性的な権力構造との共犯でもあり，それに対する抵抗でもあった。ヴロン・ウェア（Ware, 1992）やキャサリン・ホール（Hall, C., 1992）が論じたように，イギリスのフェミニズムは帝国主義によって形作られたのである。イングランドのフェミニストは，1830年代には奴隷制と市民権の語彙に立脚しており，19世紀後半には大衆化した帝国主義の文脈の中で，中産階級の女性として自らの関心事を明確にするようになった。

　1860年代には，きわめて多くの上流・中流階級のイングランド人女性が，次第にインド人女性の境遇に関心を抱くようになった。インド人女性に教育と医療援助を与えるために，改革者ないし宣教師としてインドへ旅行する者も多かった。それは，女性としての主体を共有するという意識に動機づけられたものであったが，多くの女性は，自らを「母性的帝国主義者（マターナル・インペリアリスト）」，つまり情け深いが権威あるインドとインド人の母としての役割を担っていると考えていた（Ramusack, 1992）。彼女らは，インド人女性のおかれている境遇——とりわけ，サティー［夫の火葬の火に妻が投身する慣習］やパルダー［女性を幕で隔離する慣習］や童婚——が，「専制的」で「土着」の慣習から生じたものだと信じていた。ジェンダーを同じくする者同士の同盟という彼女たちの意識は，西洋の女性にはイギリスおよび「異教徒」の土地の文明化されていない人々に文明をもたらす義務があるという，人種優越性のモデルに基づいていたのである。

　ヴィクトリア時代の理想的な女性像と女性の道徳的優越性に立脚して，中産階級のリベラルなフェミニストは，植民地の女性，とりわけインド人女性の「境遇」を，公的領域における彼女たち自身の役割を正当化するために用いた。つまり，自分たちの従属的地位に異議を唱え，自らの進歩性や人種的優越性，文明化された地位を判定する際の比較の対象として，インド人女性の「境遇」を利用したのである（Burton, 1992）。バートン（Burton, 1992: 150）によれば，東洋の女性は，

　　女性の解放のための議論の重要な参照例であり，衰退した文明の中で，個人的にも，社会的にも，政治的にも隷属する具体例を体現したものとされ

るようになった。端的に言うならば，イギリスのフェミニストたちが，自分たち自身の解放を求める戦いにおいて，進歩のために逃れ出ようとして闘ったものの象徴であった。

一方，イングランド人男性の「不自然」な専制は，イングランド人女性の道徳的影響を通じて彼らを西洋化することで，改良されうるとされた。この「オリエンタリズム的なフェミニズム」は家父長制の権力に立ち向かうものであったが，それは専制的な東洋の男性という人種主義的表現に依拠していたのである（Meyer, 1990; Zonana, 1993）。たとえば1880年代にインドのイギリス人女性は，比較的進歩的であったイベール法案に激しく抗議した。この法案は，ヨーロッパ人の関わった法的事件を，インド人の判事が裁くことを許したからである。彼女らは，現地の司法が女性に対して「野蛮な」見方をしているがゆえに，威厳と自由が失われることを怖れたのである（Ware, 1992: 122）。このように，ヨーロッパにおけるジェンダー化された近代的な主体が支配の形と抵抗の形を併せ持つことは，「人種」と帝国主義の構造と深く関係していた。

19世紀後半を通じてイギリスのフェミニズムは，「野蛮な」植民地男性に従属するインド人女性の苦痛という帝国主義的言説に，かなり歩み寄った。その改革への努力は，インドでは女性ばかりでなく男性からも支持を得た。これは，裕福なボンベイ［ムンバイ］のパルシー教徒［インドのゾロアスター教徒］のように，女性の自由というヨーロッパ的な概念を採用し，またイギリスが主導権を持つ改革を支援することで，自らを「あまり文明化していない」ヒンズー教徒と区別した人々に，とくにあてはまることであった。

このような緊迫した同盟関係をたどっていくと，ロンドンに行き着くことになる。1890年に，ボンベイのパルシー教徒で，ジャーナリストで改革者でもあるベイラームジ・マラバーリは，インドにおける「童婚」と未亡人の再婚禁止の反対運動の支援先を探すために，ロンドンを訪れた。アントワネット・バートン（Burton, 1996: 190）が鋭く指摘したように，マラバーリのヨーロッパ本国への旅行は，「マハトマ・ガンジーやメアリー・プリンス［バミューダ出身の元奴隷。ロンドンで自伝を出版］，フレデリック・ダグラス［アメリカ合衆国の奴隷廃止論者］，メアリー・シーコル［ジャマイカ出身。先駆的な看護婦として活躍］，パンディター・ラマバーイー［インドの社会改革者］，C・L・R・ジェイムズ［トリニダード出身の批評家］といった著名な有色人種の

人々」と同様に，

> 思想や商品，人々の流れが，必ずしも西洋から東洋へばかりではないことを教えてくれる。1945年まで，さまざまな植民地の「他者」が大英帝国の中心部を動き回っていた。それは，これらの人々がイギリス諸島の長い歴史と伝統を持った永久的な共同体の一部を構成していたためであり，あるいは，連合王国のさまざまな都市や地域へ旅行や一時滞在をしていたためである（Burton, 1996：176）。

　マラバーリの旅行記である『インド人が見たイギリス生活』は，「1820年代のラムモホン・ライ［ベンガル出身の思想家］から，1870年代のラビンドラナート・タゴール［近代インドを代表する詩人］，1880年代のガンジーに至る国民的な改革者たち」による記述と同じように，「他者」に関するヨーロッパの民族誌の伝統に逆行するものであったとバートンは言う（Burton, 1996：188）。しかしバートンが示したように，マラバーリの旅行記は，インド人紳士フラヌール［遊歩者］としての地位や男性性を，ぎこちない形でしか保てなかったことをも物語っている。彼はイングランド社会の特質，とりわけイングランド人女性を批判的に観察する一方で，インドの娘たちの「母」を自任する者として，インド人女性の改良のために，イングランド人男性の支援を期待していた。しかし彼は街路でさまざまな人種差別的な体験をしたために，彼の旅行記には，フラヌールの特徴である，「所有の感覚，ないし自信に満ちた親交関係の感覚」（Burton, 1996：188）が記されなかったのである。

　バートンが示唆するように，マラバーリの記述は，イングランドの世俗的な物質主義を嘆き，文明やイングランド人意識と近代とを同一視することに疑問を呈するものであったが，その一方で，女性の「解放」を支持するといういささか矛盾したものでもあった。それは，文化や階級，人種によって，男性性が常に調整されたことをも示しているとバートンは論じる。

> イギリス帝国主義というコンテクストの中で，インド人男性は，領土や正当性，そして植民地女性への権威をかけて，イギリス人男性と争った。植民地において男性性を実行することは非常に不安定であり，帝国の覇権とそれに対するナショナリストないし在地からの抵抗といった，そのときどきの状況に左右されるものであった（Burton, 1996：177）。

こういったジェンダー化された地理は，ヨーロッパのモダニティに関して，より差異化された，そして相互に結びついた理解を与えてくれる。これは，ディペシュ・チャクラバルティ（Chakrabarty, 1992:21）のいう「『ヨーロ
・　・
ッパ』の地方化」プロジェクトの一部だとみなすことができる。つまり，均質で地理的に孤立したまとまりというイメージを脱構築し，「ヨーロッパが近代という形容詞を獲得したのは，帝国主義の物語を不可欠の構成要素とするグローバルな歴史の一片にすぎない」ことを認識し，さらに，たとえ反帝国主義的な方向であっても，第三世界のナショナリズムの中では，近代的なものとヨーロッパ的なものの同一視が再生産されていることを認識することである。チャクラバルティによると，「ヨーロッパの地方化」とは，

> 近代を避けがたい闘争の対象とみなすこと。つまり，モダニティの歴史の中に，両義性や矛盾，軍事力の行使，そしてそれに伴う悲劇や皮肉などを書き入れることである（Chakrabarty, 1992:21）。

批判的な歴史地理学は，脱中心化され，相互に依存し，差異化され，また権力を背負ったものとしてモダニティの歴史を書き直すことによって，この「地方化」の作業を行うことになる。これは，ポストコロニアルな視座の中心となるものである。というのもこの視座は，植民地の「搾取の歴史と抵抗戦略の進化」に関心を向け，ホミ・バーバが言うように「モダニティとは別のやり方」で，「南半球でも北半球でも，都市でも農村でも，国々や共同体が構成されていることを証明する」ものであるからだ。

> 　　　　　　　　　　　・・　　　・・・・・・
> このようなポストコロニアルな反モダニティの文化は，モダニティに付随するものかもしれないが，それとは連続しないもの，あるいは反駁するものなのかもしれない。もしくは，その圧政的な同化政策の技法に抵抗するものかもしれない。しかし，それらはまた，母国とモダニティの両者をめぐる社会的虚構を「解釈」し，それを再び刻みつけるために，境界線的な状況にある異種混淆的な文化を布陣させている（Bhabha, 1994:6）。

キャサリン・ホールが提起した新しい帰属の方法は，地方化されたポストコロニアルなイギリスにおいて，歴史や地理やアイデンティティとはいかなるものかを再考するというものである。それは，均質性の神話を拒否し，国家への包摂と排除という，権力を背負い痛みを伴った言説を認識することを意味し，

さらにジェンダーと人種によって差異化された，相互の結びつきや相互依存関係，権力関係を理解することを意味しているのである。

> 過去を再び想像し，帝国における諸関係を再評価するなかで，「私たち」は，権力を介して取り結ばれてきた結合の網の中に，現在のイギリスのさまざまな人々が結びつけられていることを理解し始めるだろう。その権力とは，植民者が植民地に及ぼしたものではあるが，決して「中心」から「周辺」へのみ移動したのではなく，むしろ地球を縦横自在に移動してきたものなのである（Hall, C., 1996 a : 76）。

3．現在における過去のポリティクス

　コロニアリズムや大西洋世界の歴史地理がいかに記述されるかは，現在の社会関係や文化的アイデンティティを理解するうえで，重要な意味を持っている。過去の表象は，集合的アイデンティティの構築をめぐる現在の軋轢と深く結びついているのである（第10章参照）。共同体や都市，地域，国民国家の特質は，過去の物語，つまり学術的な形や大衆的な形で語られる歴史理解を通じて構築される。そして，どのように過去を理解するか――過去に何を含め，何を排除するのか，歴史をどのように意味づけるのか――は，個人や集団が，国家や民族，地域，家族，共同体の歴史の中に居場所を与えられたり，重要性を認められたり，あるいはその一員から締め出される方法に深く関わっているのである。単に，過去が近代的な変化を遂げて現在を形成しているからではない。一見自然で不変的に見える今日の社会や経済，政治の構造，そして，現在と未来に対する保守的な理解の強化に利用されているロマン主義的な過去の理解，これらに対して疑問を呈するあらゆる試みにおいても，歴史的な視座は重要なのである。歴史地理学は，国家や人種，ジェンダー，そしてセクシュアリティという概念の歴史的・文化的・地理的可変性，およびそれらの社会的構築物に光を照らし，それらを当然視する本質主義的な見解の土台を侵食することができる。

　過去の表象は，権力とアイデンティティの問題に深く結びついているため，何を過去とするか，どういった種類の歴史が評価されるかは，時として激しい争いの対象となる。フェミニズム歴史学者やポストコロニアルな歴史学者が示してきたように，見過ごされてきた歴史と向き合うことは，支配的な語りの中

にそれらを組み込むことを意味するのではなく，歴史というものそれ自体をめぐる慣習的な考え方に挑戦することなのである。ここ 30 年の間に，王や女王，政治家で構成された伝統的な国家史は，労働者階級や女性，先住民たちの無視されてきた歴史，あるいは別の形の歴史を探究する社会史的・フェミニズム的・ポストコロニアリズム的な歴史学者から，多岐にわたる挑戦を受け続けてきた。博物館に展示された過去をめぐる権威的で公的な説明が疑問視されるときに生じる論争や，女性や奴隷，ホロコーストの集合的記憶やその記念追悼の行為をめぐるきわめて扱いにくくて物議をかもす論争（Young, 1983）は，歴史のポリティクスを強く思い知らせてくれる。

よく知られているように博物館には歴史的な側面があるが，博物館とは，館内の展示物がつくる地理が，グローバルスケールにおける共同体や地域，国家，人類の歴史についての心象地理と結びついている施設でもある。博物館の伝統的な権威が，エリート的で人種差別的で帝国主義的な知の生産に結びついてきたということが知られるにつれて，「新しい博物館学」（Vergo, 1989）とその批判的な視角が広がり，革新的な実践をする学芸員が増えつつある。展示という行為と今日における過去の表象の持つ歴史地理を考えるうえで，博物館は，歴史の表象のポリティクスを探求したり，先住民や国家，共同体，過去と現在という争いの多い概念の構築を探求する際の重要な場所となっている（Karp and Lavine, 1991; Karp *et al.*, 1992; Pointon, 1994）。キャロル・ダンカン（Duncan, C., 1995:3）が気づいたように，

> 西洋の博物館が，自らの社会の中にあるマイノリティの文化などの他文化をどのように扱うのかという問題は，ポストコロニアルな国家が自らの文化的アイデンティティを定義・再定義するにつれて，また西洋のマイノリティの文化が文化的認識を模索するにつれて，とりわけ緊急の課題となった。

多くの論者が，博物館という「陳列物の複合体」（Bennett, 1996）や，西洋の収集という行為（Breckenridge, 1989），過去における他の場所や人々の陳列や展示（Greenhalgh, 1988, 1993; Mitchell, 1989），現在におけるその遺産（Lidchi, 1997）といった，問題の多い歴史を検討してきた。民族博物館とその分類様式は，ヨーロッパ社会が，ヨーロッパ以外に対するあからさまな「原始主義」を通じて，自らを定義する有力な方法であると解釈されてきた

(Chapman, 1985; Dias, 1994)。ヨーロッパ以外の器物は，芸術と言うよりむしろ工芸品として分類され（Clifford, 1988），多くは進化論的枠組みの中に秩序づけられた。収集品は，権威的，学術的で，教養ある保護者的な立場の組織や個人からなる「中心」と，工芸品や「エキゾチック」なものを供給する「周辺」という心象地理を展示するものであったのである。

　しかし近年，博物館のイデオロギーと実践を再検討する試みの中には，場所と共同体の歴史地理において，進歩的で包括的，対話的な理解を生産しようと努力する積極的な事例もみられる。ここでは3つの例を簡単に紹介したい。カナダにおける先住民博物館，ニューヨークにおけるチャイナタウンの歴史プロジェクト，そしてバーミンガムにおける民族展示である。これらは，フェリックス・ドライバーとラファエル・サミュエルが提起した問題，つまり「場所の本質や精神といった，内向的な（そして究極的には排他的な）理解にとらわれることなく」，現在の中で，共同体やローカルな場所の歴史を理解し表現する方法について，いくつかの解答を提示している。

　　場所についてのありきたりな見解が動揺しつつあるのだとすれば，何がその代替物となりうるのだろうか。私たちは，よりとらわれず，より自由な方法で，場所のアイデンティティを認識することができるのであろうか。場所は，1つの地点というよりもむしろ集合体なのであって，ある特定の場を多様な方法で横断しているあらゆる社会関係から生み出されたものであることがわかるような形で，私たちは地域史を書くことができるだろうか。このような視座に適するような形で場所の物語を語るには，どうすればよいのだろうか。多様な場所の意味と根本的に折り合いをつけるために，私たちはどうすればよいのだろうか。こういった質問は，単に地域史の取り組みから生じるだけではなく，場所とそこでの過去に関連する，ありとあらゆる記述から発せられるのである（Driver and Samuel, 1995: vi）。

　1992年に，カナダ博物館協会（Canadian Museum Association）と先住民会議（Assembly of First Nations）の協力のもとで組織されたカナダ政府特別委員会が，「博物館と先住民^(ファースト・ピープル)」についての報告書を作成した（Hurle, 1994）。この委員会は，カルガリーのグレンボウ博物館での「精霊は歌う」展をめぐる反対と論争が引き金となって設置された。「ネイティヴ」の文化を扱ったこの展示は，1988年の冬季オリンピックに合わせて企画されたものであ

ったが，ルビコン・クリー人［アルバータ州の先住民］のボイコットにあった。その理由の1つは，シェル石油が展示のスポンサーとなっていたことにあった。クリー人は，シェル石油がクリー人の主張する土地から石油を奪っていると批判したのである。その結果つくられた倫理的な枠組みでは，不平等な歴史や，さらにまた先住民にとっての「ネイティヴ」なものへの宗教的・儀式的な重要性が今も継続している点に光が当てられ，自分たちの歴史を主流の博物館と協同して表現できる権限が先住民の人々に与えられる必要性が強調された。

　このような従来とは異なる自己決定的な権限を持つ博物館展示の形態を課題の中心としたのが，ジェームス・クリフォード（Clifford, 1991）であった。クリフォードは，カナダの北西海岸において主流をなす2つの「マジョリティ」の博物館と，2つの共同体的で「部族的（トライバル）」な博物館を分析した。これらの博物館ではみな，儀式用の仮面や音響器具，衣服，彫刻を展示していた。マジョリティの博物館には，大まかにいって以下のような特徴があった。

　　(1)「最高」の芸術ないし，最も「真正な（オーセンティック）」文化形態の探求，(2) 典型的なモノや代表的なモノへの関心，(3) 都市や国家財産，人類にとっての宝物を収集しているという感覚，(4)（高級）芸術と（民族誌的）文化を分ける傾向（Clifford, 1991：225）。

　それとは対照的に，部族的な博物館は，異なる目的によって特徴づけられている。クリフォード（Clifford, 1991：225-226）によれば，

　　(1) 排除された経験や植民地支配を受けた過去，現在の闘争を反映した展示を行うことで，ある程度批判的な姿勢を取り，(2) 芸術と文化の区別を不適当とし，あるいは積極的に解体し，(3) 統一された単線的な歴史（国家の歴史であれ，人類の歴史であれ，芸術の歴史であれ）という見解に，地域や共同体の複数の歴史から異議を唱え，(4) その収集品を（国民の財産，あるいは偉大なる芸術的財産といった類の）財産としようとする熱意は持たず，国民的な財産や世界的な財産とは無関係な多様な伝統や実践の中に収集品を刻印することを望む。

　つまり，部族的な博物館は，ローカルな意味や記憶，そして収集品が使われていたときの生きた文化や儀式的な伝統を記念して後世に伝えるのである。

　しかし同時に，マジョリティの博物館がネイティヴの人々を民族的に表象す

ることで，またネイティヴの芸術家や職人が参入して自分たちの文化の展示方法を変えることで，マジョリティの博物館と部族的な博物館の区別は壊れていく。また，部族的な博物館が国の民族学コレクションを活用するだけでなく，都市の博物館の展示の実践を取り入れることで，部族によって差はあるものの先住民が共有できる歴史感覚を回復すれば，やはりこの区別はあいまいなものとなっていく。クリフォード（Clifford, 1997：192）が示すように，大都市の博物館もマイノリティの文化博物館も，グローバルで国際的な展示から身近な博物館や文化センターに至るさまざまなスケールでの「コンタクト・ゾーン」であると考えることができる。つまり博物館は，不均等な権力関係があるものの，その中で文化の相互作用や交換，利用が行われる場なのである。この文化の特殊性，そして文化の相互の結びつきという2つの感覚は，別の共同体の歴史プロジェクトにもみられるものである。

　ニューヨークにおけるチャイナタウン歴史博物館体験（China Town History Museum Experiment）の場合，その目的は今まで無視されてきたアメリカ最古の華人集落の歴史を再構築し，チャイナタウンの過去の意味をお互いに探求することであった。その目指すところは，周縁化された歴史の再生であり，制度化された人種主義による数十年もの文化的ダメージに対抗することにあった。歴史の意味や記憶を探求すると同時に，共同体のデータの集積所をも創造しようとするこの近年の試みにおいて，主催者は正統的な歴史調査の作法と大衆の歴史的実践とを結びつけた。メディアの制作物や公共の催し，そしてボランティアの計画を利用し，同窓会や学校の事業，家族の歴史や家系図の講習会を通して，共同体の歴史を目覚めさせ，あるいはゴミ箱から不要とされた資料を救い出したのである。集められた物語や写真，文書，その他の物は，身近な記憶や文化的表象，生活のための戦略を継続して探求する手助けとして利用されている。

　そこでは，こういった共同体の歴史を再構築すると同時に，純粋でステレオタイプ的な中国文化が孤立して息づく飛び地，という固定的で狭くて均質なチャイナタウンの理解に抵抗することが意図されていた（Tchen, 1992：294）。ここでの目的は，中国系の「特質は本質的なもので遺伝するも同然」といったような，あるいはユニークな「地方史（ローカル・ヒストリー）」として，中国らしさを過剰に強調するのではなく，中国系ニューヨーカーや非中国系ニューヨーカー，そして旅行者たちがニューヨークのチャイナタウンの創造に果たした役割を検討するこ

とであった。こういった人々の歴史は，ロウアー・イーストサイドやニューヨーク，ひいてはアメリカ全体の発展とアイデンティティに無関係どころか，その一部を構成している。このように，「地方」史の事業とは，国の歴史を探究することでもある。さらに，分散的で動態的な古記録の保管所を創出するにあたり，収蔵品を固定してしまう画一的なやり方を拒否するような，地域社会史の取り組みもある（Fuller, 1992）。さらに，既存のコレクションの形成を促したイデオロギーを問うために，それらを展示する学芸員や博物館員もいるのだ。

　バーミンガム市美術博物館（Birmingham City Museum and Art Gallery）における民族コレクションは，20世紀初頭のバーミンガムの裕福な事業家や植民地の兵士，宣教師，行政官といった人物たちによって収集されたものである。近年このコレクションを，現在と関連づけることを目的として，民族コレクションの歴史地理を批判的に探求する視点から再編成する事業が行われている（Peirson Jones, 1992）。イギリスでは多くの博物館と美術館が19世紀半ば以降に建てられたが，バーミンガムの美術博物館も同様に1885年に，市民の誇りと文化の象徴として，「知識を拡大し，趣味を洗練し，判断を説き，バーミンガムの産業に従事する人々の能力を強化するために」開設された（Peirson Jones, 1992：222-223の引用による）。バーミンガムでは，まっとうな労働者階級の男性に，1867年に選挙権が与えられたばかりであった。このような博物館は，国や世界を帝国の心象地理を通じて展示するものであり，あらゆる国の病理を治療し繁栄を維持するのは，本国の根本的な改革ではなく，帝国主義への継続的支持であると労働者階級に信じさせることを目的とした，「社会帝国主義」事業の一翼を担っていた（Coombes, 1991）。

　こういった歴史に対抗し，1990年に「ギャラリー33──文化の出会う場所──」という展示が開かれた。その文脈となったのは，第二次世界大戦以降にインドやカリブ諸島，アフリカ，パキスタン，バングラデシュやアイルランドといったイギリスの旧植民地から移民が流入し，多民族都市を形成するに至っているという，現在のバーミンガムの状況であった。この展示は，博物館の民族コレクションを用いて，過去における収蔵のプロセスを批判的に探り，20世紀後半の文化とアイデンティティと歴史の意味を問うものであった。学芸員のジェーン・ピアソン・ジョーンズが述べているように，明確なテーマ設定によってモノとイメージが一緒に集められたが，それは通常ならば，「外国」文

化に由来した民族的なモノと西洋芸術という伝統的な区分によって，別々に置かれるはずのものであった。「身体の装飾」のセクションであれば，イギリスのシーク教徒のターバンやアフリカのヘアスタイル，イタリアの整形手術や，日本，マオリ，イギリスの入れ墨などが展示された。

ギャラリー 33 は，従来の分類法とは対照的に，分類を壊し，「よく知られた物とそうでないもの，過去と現在，マジョリティとマイノリティ」を混ぜて並置することで，来館者の「秩序の意識，『他者』の意識，さらには自分たち自身の意識」（Peirson Jones, 1992：227-228）に疑問を感じさせるようにした。双方向的な展示を見ていくにつれ，来館者は獲得の場から展示の場へと移動するとともに，1920 年代に活動した収集者の歴史地理や，収集者たちの生活や動機，あるいは目的をたどることができる。地理的立地，収集者の名前ないし主題といった 22 のカテゴリーから選択すれば，来館者は対象物を理解するさまざまな方法を自分たち自身で探すこともできる。こういった民族誌的展示の実践や解釈の様式，前提となる権威を再検討することが，コロニアル的かつポストコロニアル的な文化のポリティクスの文脈に，対象物と収蔵物を位置づけることになる。すなわち，「コロニアリズムを脱構築し，20 世紀の移民を再文脈化し，白人のイギリス人の歴史と少数民族の歴史を統合させる」のである（Peirson Jones, 1992：240）。

このような相互依存のあり方に取り組む批判的な歴史地理学は，学問的形態においても大衆的形態においても，西洋が近代の「中心」であり母国であるというモデルを脱構築することになる。バーミンガムの「建都の父」像が都市の「白人男性の血統」（Hall, C., 1994：6）を示しているように，都市民の記念碑として形作られた遺産は，「現代のバーミンガムにおける包含と排除の境界線を引き直す」ものである。そしてその一方で博物館の遺産（ヘリテッジ）は，これらの境界線と歴史に対して疑問をつきつける態勢をとっているのである。博物館は，ある面ではしばしば社会の中の保守主義だとして批判の的となってきた公共の施設であるが，他の面では進歩的発展に寄与することもあるのだ。

本節では，とくに関連する事例として博物館に焦点を絞って論じてきたが，他の文化的形態を通じても，権力や記憶，アイデンティティ，そして過去という問題を検討できるだろう。人々が「生きた歴史」を形作る文化的形態には，法律の改定，歴史小説，テレビドラマ，映画，祭りや追悼行事などがあげられる。国際海洋フェスティバルにおけるブリストルの海の遺産についての論争も

また，その顕著な一例なのである。

　もうひとつの海の歴史地理

　ブリストル美術博物館には，カボットの出発の瞬間を描いた絵が掲げられている（図1.1）。カボットの物語を賛美するこの絵は，カボットの航海に続く，その後のエリザベス時代［1558～1603年］の探検の安全祈願について語っている。この絵画がつくられた1907年とは，海外の帝国での脅威や本国社会の安定性に対するエドワード時代［1901～10年］の不安に対して，拡大と商業，農村生活というエリザベス時代のモデルが理想を与え，19世紀の極度の工業化や商業化に解毒剤をもたらした時期であった（Howkins, 1986）。帝国が拡大し世界が発見されるとともに，社会に変動がなく，共同体と調和があり，宗教と市民の力によって自然な社会の階層性が保たれているというエリザベス時代へのロマンティックな回顧は，社会が変化し，古い権威とイデオロギーに疑問がつきつけられているという不安からの空想的な逃避であった。

　同様に，20世紀後半の脱工業化したポストコロニアルなイギリス社会でも，暗黙のうちに帝国主義への郷愁や，少なくとも英雄の偉業に対する穏やかな祝福が喚起されているように思われる。国際海洋フェスティバルが公式に最も強調したのは，英雄による探検と発見に関わる物語であったが，そのイベントは，このような海事史についての異なる考え方も示していたのである。

　このフェスティバルは，単に探検者だけを取り上げたのではなく，海を渡った船乗りや，嵐と試練を乗り越えるために必要だった船の操縦術にも焦点を当てていた。しかし，個人（たいていは男性）と自然との闘争に焦点を当てたこの種のロマンティックなイメージによって，海における人間関係，たとえば船乗り同志の関係や船乗りと主人との関係には注目が向けられなかった。マーカス・レディカー（Rediker, 1987:7-8）が論じたように，

　　船乗りの歴史は，海軍将官や船長，海戦の歴史を超えることができるし，またそうあるべきである。より大きな歴史上の問題と過程を物語るようなものでなければならない。

　このような過程には，近代初期の資本主義の発展に伴う，社会的・文化的・経済的・政治的関係の変化が含まれていた。またここでいう問題には，大洋と中継港，王宮，プランテーションにまたがる資本と権力のネットワークの中で，

図 1.1　アーネスト・ボード作「1497年にブリストルから最初の探検航海に
　　　　船出するジョン・カボット親子」(1906年)
　　　　(Bristol Museums and Art Gallery の許可を得て掲載)

賃金労働者や奴隷として働いた人々の苦しみが含まれていた（第2章参照）。フェスティバル開催中に流されていた舟歌や海の民謡の歌詞やリズムは，危険な環境の中，壊れやすい船に乗って過ごす生活のつらさを物語っていた。しかしその歌詞は，船乗りの意識を反映したものでもあった。レディカー（Rediker, 1987:5）が書いているように，船乗りは，

> 深く青い海と悪魔の間で囚われの身となっていた。片方には，船長が立っていた。彼は，商人と王室に支えられ，船内で独裁者に近い権力を持ち，急速に地球を覆いつつある資本主義システムを支えていた。そしてもう一方には，過酷で危険な自然の世界が待ち受けていた。

　フェスティバルで披露された労働歌の多くは，厳しい賃金労働の条件下で行う共同作業の文化を表現していた。18世紀における「労働と生産性の増大という商人の理想は，大抵，海の男たちからの搾取の拡大を意味していた」(Rediker, 1987:75)。フェスティバルの舟歌の内容は，船舶の労働者階級の文化や強制徴募への抵抗をめぐるものだった。そしてそれは，進んで海へ向かい，船長のひどい扱いに対して抵抗する者の不足を補うためのものだった。
　このフェスティバルでは，海はイギリスの資本を円滑に流通させるものとし

て賛美されていた。しかし同時に,フェスティバルで流れていたのは,年季奉公人を解放した海賊や奴隷の逃走を助けた船乗りといった,人種と民族を超えて協調する国際的な労働者階級の歌であり,多くの「異なる国,人種,民族の,そしてさまざまな程度の自由を持った」港湾のプロレタリアートの歌であった(Linebaugh and Rediker, 1990:226)。労働者は港から港へ移動していたのであり,近代初期の大西洋世界の港湾都市は,コスモポリタンな場所であった。ピーター・ラインボーとマーカス・レディカーが論じたように,抑圧の経験を共有した船乗りたちは,しばしば港湾のストライキや暴動において人種を超えて結束して反乱を起こし,多文化主義的で反権威主義,平等主義の伝統を導いていったのである。

フェスティバルでは,ボースンズ・コールという労働歌の合唱グループが,粉ひきや鉱山,工場,船乗りや漁民の歌を歌っていた。これらの歌は,労働者階級の連帯感が生まれた場所としてのみならず,多文化主義的な場所として,海と港を再認識させてくれるものであった。全世界の700以上の曲の中から選ばれた「ラリー・ブラウン・シャンティ・メン」と,ストーマロング・ジョン[舟歌の合唱グループ]の歌唱は,「舟歌らしく力強く活気にあふれ,しばしば船乗りの国際的な出自を反映した複雑なリズムで成り立っている」と評された(International Festival of the Sea, 1996:58)。このように,とりわけ階級に基づいた文化横断的な経験は,グローバリゼーションの経験を差異化することになる。

しかし,フェスティバルは一方で,男性の経験や技術,物語の舞台として,海を排他的に表現した。海における英雄的で自立した挑戦的な生活は,残された女性や子どもの共同社会における安全でとるに足らない生活に対して,対照的に示されがちであった。確かに海上貿易や探検を行うのはほとんどが男性であったが,男性のみであったわけではなかった。近代初期には,女性の海賊や奴隷,乗客,年季奉公人も,大西洋を渡っていったのである。しかし,陸上にいた女性が,変化の過程から取り残されていたわけではなかった。近代世界における発展はジェンダー化されており,賃金労働と非賃金労働を通じた資本主義の進展の中で,性的分業や女性の役割の変化が起こっただけでなく,階級に基づく男性性と女性性の近代的形態が構築され,実践され,そしてその交渉も生じたのである。

海の労働者階級の国際的な歴史に関するラインボーとレディカーの事例研究

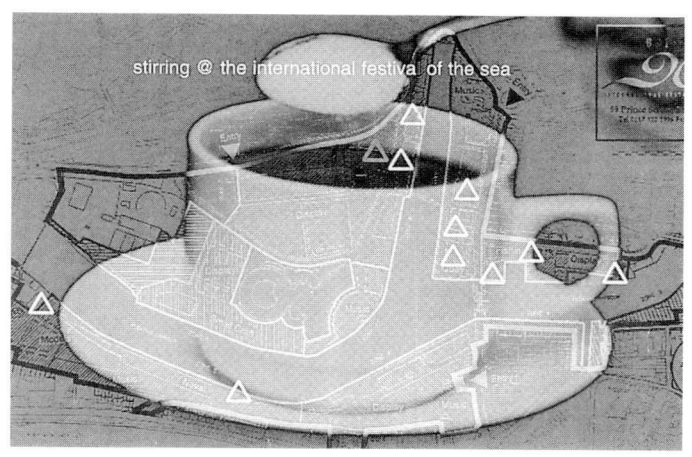

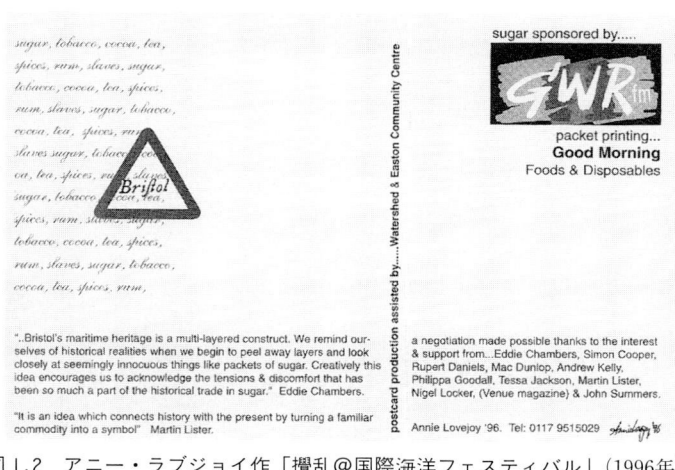

図 1.2　アニー・ラブジョイ作「攪乱＠国際海洋フェスティバル」(1996年)
　　　　(Annie Lovejoy の許可を得て掲載)

で示されたように，女性は単に社会的・文化的・経済的変化の外に位置づけられたのではなく，たとえば，売春宿・ダンスホール・食堂においては，下品な売春婦として，反体制側の使者として，暴徒として，盗品故買者として存在していた。このように，海の歴史地理には，歴史地理全般と同様に，ジェンダー化された経験と同時にジェンダー化された言説を考えることが必要である (Rose and Ogborn, 1988)。そこには，英雄的な航海をジェンダー化して理解することも含まれる。たとえば，海の危険や魅力に関する女性的な神話（シーレーンやマーメイドなど）や，船上でのホモソーシャルで階層的な男性性と男性のセクシュアリティのやり取り，波止場で出会う女性のあからさまな特定の

役割の強調といったことは，ラディカルな海事史にとって非常に重要である（Mahony, 1987; Creighton and Norling, 1996）。

　海の物語は，人種の問題を通じても考察する必要がある。1740年代まで貿易業者と言えば，奴隷貿易が盛んであったブリストルとリバプール出身の者が多かったが，彼らによってイギリスは世界で最も人間を荷物として輸送する国となった。フェスティバルのさまざまな会場において，またさまざまなメディアを通じて，芸術家や作家，活動家が，帝国主義やコロニアリズムを通じた抑圧という問題含みの歴史と，とくに奴隷制がこのイベントの中では無視されていることを批判していた。アニー・ラブジョイの「攪乱＠国際海洋フェスティバル」（図1.2）と題された芸術による訴えは，悪評高い三角貿易で成功を収めた奴隷制の裏で犠牲となった人々を思い出させるものであった。三角貿易とは，イギリスとアフリカ，西インド諸島との間で大西洋を介して行われた，製品と奴隷と砂糖の貿易である。1640年代から西インド諸島におけるイギリスの植民者は砂糖を製造し始め，彼らのプランテーションで働く奴隷とイギリス製の製品を輸入した。客が見つけて使えるように，フェスティバル会場のカフェに置かれたラブジョイの砂糖袋には，砂糖からタバコ，ココア，茶，香辛料，ラム酒，奴隷，そして砂糖をつなぐ輪の中にブリストルが描かれている。彼女は，フェスティバル会場の中でこの砂糖袋を利用できる位置を示す地図を印刷した絵葉書も作った。そこに描かれた波止場の地理は，帝国主義と商業の成功というブリストルの歴史の中に，これまで見過ごされてきた抑圧という重大な問題があるということを物語っている。匿名の反対者たちが，有名なブリストルの奴隷商人の編み出した奴隷の拘束と輸送の方法を示すステッカーを，フェスティバル会場中に目立つ標識に貼ったが，そのことによっても，奴隷制の問題が目に見えて印象づけられた。ポール・ギルロイ（Gilroy, 1993）の「ブラック・アトランティック」の概念とは，まさにこのようなモダニティの権力を背負った循環と相互の結びつきなのである。

　しかし，ブリストルの過去を無批判に賛美するという問題を最も鮮明に示したのは，土曜日の短時間のプログラムで，黒人作家グループ（Black Writers Group）が，詩や短編小説，歌を通じて，ブリストルの過去にコロニアリズムと奴隷制が中心的な役割を果たしていたことを探求し，このフェスティバルでは曖昧にされた歴史を回想したときであった。しかしこのグループは，ブリストルの歴史を，裕福で搾取的な商人の歴史としてのみ表現したのではなかった。

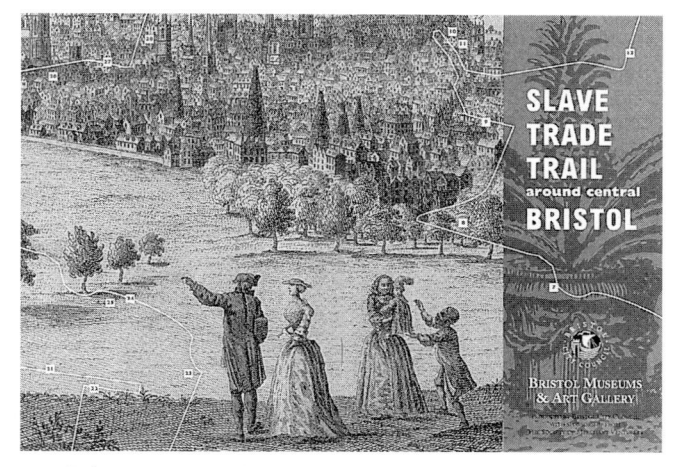

図1.3 「ブリストル中心部の奴隷貿易巡り」（Dresser *et al.*, 1998による）
（Bristol Museums and Art Gallery の許可を得て掲載）

このグループは，奴隷化された人々の苦しみについて語り，さらに，ブリストルの貧しい人々がいやおうなく抑圧のシステムとの共犯関係に絡め取られていったこと，奴隷船上で酷使されて死んでいった船乗りたちのこと，また彼らが伝えたその恐ろしさが，ブリストルの奴隷制廃止運動に関わる人々の努力を活気づけたことについても語ったのである。

　このような回想は，白人と黒人の歴史の単純な対立という構図ではなく，権力を通じて構造化された関係ではあるものの，その中に相互に結びついた関係と相互依存関係があったことを認識させる。このような，痛みを伴いながらも歴史を共有するという批判的で構築的な意識は，カボットの船の複製が到着した1997年のカナダの祝祭にもはっきりと現れていた。そこでは，スコットランドやアイルランド，フランスから，初期の植民地を設置するためにカナダに移動してきた一般の人々が多かったことが強調され，マシュー号の重要性は弱められていた。イベントのプログラムは，英雄的な発見の瞬間よりも民族文化の混在を賛美するもので，さらに，この地域の先住民の「消滅」を追悼するために，ニューファンドランド湾に新しい拠点をつくるという計画も含まれていた。

　さて，現在のブリストルでは，海についての別の見方が公的に支援されつつある。市議会のブリストル奴隷貿易アクション・グループは，奴隷貿易やその遺産に関する新たな博物館の展示や，奴隷制や奴隷反対運動に関わったブリストルの史跡を結ぶ「奴隷貿易の足跡めぐり」といった事柄に率先して着手して

いる（図1.3）。この都市の歴史地理は，過去の出来事と現在の責務との間で対話が構築されるにつれて，再形成されているのである。

4．おわりに

近代化の過程と近代という概念の歴史地理の検討を試みた本章は，モダニティそれ自体と同様，一貫しているようにも，ばらばらなようにもみえる。しかし，ジェンダー化したエンクロージャーの地理とカナダの先住民博物館といったような，場合によっては不釣り合いなものを並べてみせたり，またブリストル・インド・バーミンガム・カナダ・ロンドン・カリブ諸島・ニューヨークから引っ張り出した素材をいささか無造作に結びつけたり，あるいは時間軸に沿って話を進めることなく，時空を飛び跳ねるように動き回ったのは，ある特殊な戦略を用い続けたことの結果である。用いる素材をあからさまに折衷するこのやり方は，多様で相互に結びついたモダニティの歴史地理という議論を反映しているのである。そしてその議論を形成しているのは，どのように歴史地理が書かれ表象されるのかという，現在の政治的な含意をめぐる批判的な感覚なのである。またこの折衷的なやり方は，多様な過程やパターンを一緒に覆ってやるための理論的な傘として，モダニティの概念を使うことの有効性と限界性をも反映している。この概念が，日常生活というミクロスケールからグローバルな変化というマクロスケールまで，あらゆる（経済的・政治的・社会的・文化的・環境的な）出来事と過程を覆い尽くすことができるのが明らかであれば，この用語の持つ有効性は冗長となり，一般論や総論でしかなくなってしまう。つまり，そういった過程の中や過程と過程の間にある差異は認識されなくなるのである。

しかし，より優れた歴史地理とは，自らの意義を退け，自らに挑戦し，そして精緻化させていった結果として書かれていくものである。次章以下はこの過程の所産であり，それぞれの特定の主題に即すことによって，この導入の章で提示した概略的な枠組み以上に，モダニティの繊細な面と複雑な面についてのさらなる理解を提供してくれるだろう。

（山村亜希訳）

第2部　モダニティとその帰結

第2章　グローバリゼーションの歴史地理
——1500年頃から1800年頃まで——

マイルズ・オグボーン（Miles Ogborn）

1. はじめに

　紅茶，コーヒー，チョコレート，タバコ，砂糖，米，ジャガイモ。これらはみな，かつて「エキゾチック」な食品であった。しかし，いまではヨーロッパの日常生活の完全な一部となり，これらのない世界は想像できないくらいになっている。

　こういった食品は，18世紀にヨーロッパの日常食品，もしくは社交や娯楽のたしなみとなっていったが，その過程において，世界各地の相互関係にも変化がみられた（Kowaleski-Wallace, 1997; Walvin, 1997）。たとえば，アフリカや南アメリカからもたらされた金や銀は，アジアで紅茶やコーヒーと交換され，タバコや砂糖は，ヨーロッパ人入植者が所有したアフリカ人奴隷によって，カリブ海や北アメリカの新しいプランテーションで栽培された。また，ジャガイモは，北アメリカの毛皮や西アフリカの男性，女性，子ども，そして新世界の植民地の生産物と交易するための製品を作る労働者の基本的な食料として，普及していった。

　このように，1800年までには，世界中のさまざまな地域で新たな関係が築かれ，その結びつきが強まるなかで，世界各地で栽培されるもの，作られるもの，消費されるものが変化していった。その結果，何百万もの人々が強制的な移動やそうでない移動を経験し，動植物の新開拓地への移入が生じた。また，帝国主義的ポリティクスの形態も変化し，利益を生む新たな用途や場所への資本の流入やそうでない場所からの流出が起こった。本章の目的は，このような変化をグローバリゼーションの歴史地理の検討を通じて理解していくことにある。

　一般に，20世紀後半はグローバリゼーションの時代，遠く離れた人々や場

所どうしが経済的・政治的・文化的に結びつく時代として理解されている（Harvey, 1989; Hall, S., 1991）。しかし，グローバリゼーションの概念が，1500年以降（そしてブラウト（Blaut, 1993）によれば，おそらくもう少し前から）の全期間に適用できるのであるならば，時代ごとに異なるグローバルな歴史地理を形作っている技術や制度，諸関係を注意深く見ていく必要がある（Hugill, 1993）。もちろん，単に時間を歴史的に分節化するだけでは，グローバリゼーションの研究とは言えない。どの時期にもさまざまな形のグローバリゼーションがあり，それぞれが多様で複雑なグローバルな過程の中で多彩な歴史地理を生み出していることについても理解しなければならない。

　このことを論証し，むき出しの骨格に歴史的な肉づけを与えるために，本章では1つのアプローチ——イマニュエル・ウォーラーステインの世界システム論の検討からはじめたい。彼は，1500年以降の世界は単一の資本主義的世界システムの出現と拡大という観点から理解できるとする（Wallerstein, 1974, 1980）。ウォーラーステインの理論を批判することは，17・18世紀の資本主義的な商人や国家によってもたらされたグローバリゼーションの形態を，単一のシステムとして理解するのではなく，構築され，拡大され，維持されねばならなかったネットワークの連なりとして，また人々や船舶，資本，情報が移動していったネットワークの連なりとして概念化しうる可能性を考える扉を開くことになる。そして，グローバルに動いたものやその軌跡・方法に注目することで，グローバリゼーションの主要な形態に追随しつつも，さまざまな形でそれに対抗していた動きを視野に入れることができるのだ。グローバリゼーションの歴史地理の研究は，多くの異なった世界を浮かび上がらせるのである。

2．近代世界システム——資本主義とグローバルな変化——

　ウォーラーステインの近代世界システム論は，グローバリゼーションの歴史地理を解釈するうえで大きな影響を与えてきた。彼は，1300年から1450年までの「封建制の危機」の結果として，海外への「ヨーロッパの拡張」が起こった，と論じている（Wallerstein, 1974：23, 44）。まず，封建制的収入の減少に駆り立てられたポルトガルは，ジェノバ資本の提供を得て，アフリカ西海岸を探検し，サトウキビ栽培のために大西洋の島を植民地にした。そして，次の資本主義発展期（1450年から1650年頃まで）には，スペインがアメリカに広大

な帝国を築き，アジアとの貿易のために膨大な金銀（とくに銀）を輸出した。ポルトガルとスペインが地球を二分したのである（Brotton, 1997）。

　その後，経済停滞期である 17 世紀に，オランダがこのグローバルな構造を変えた。オランダは 1625 年から 1675 年の間，世界一の経済力を身につけ，バルト海から北ヨーロッパにかけてを中心に，カリブ海から東インドまでのあらゆる範囲で貿易を行った。また，オランダの植民地権力は，ブラジルやモルッカ諸島でもポルトガルにとってかわった。しかし 1650 年から 1750 年には，今度はイングランド（1707 年のイングランドとスコットランドの連合後はイギリス）とフランスがオランダの地位を奪った。両国による世界の覇権をめぐる政治的・経済的争いは，結局イギリスに軍配が上がり，イギリスは北アメリカ，カリブ海，インドの植民地を伴う帝国を作り出し，帝国とアフリカ，中国，そしてヨーロッパの間で，砂糖，奴隷，織物，茶の貿易を行った（Wallerstein, 1980）。

　ウォーラーステインは，このようなグローバリゼーションの歴史地理をつねに 1 つの方向から説明する。つまり，世界の中の新しい地域がいかに取り入れられようとも，そして場所間の搾取関係がいかに深められようとも，それらは彼が「近代世界システム」と名づけたものの作用として記述されるのである。この根幹をなすのが，システムを構造化している資本主義経済である。彼の言う「資本主義的世界経済」（過去において，ヨーロッパ以外には異なる世界経済の形態があったことを特記しておくべきであろう）では，資本の蓄積に重点が置かれる。そして，社会的・空間的な関係は，ある場所においてある人々が蓄積を行いやすくなるようグローバルに秩序づけられ，また階級間・国家間の衝突は，これらの蓄積過程における支配権や蓄積による利益の確保をめぐる戦いとされる。それゆえ，生産者や商人，製造業者，消費者による「商品連鎖」は世界規模に延長されるのであり，そこでは利益を得る者と，失う者が現れる（Wallerstein, 1983：30）。その結果，資本主義的世界経済は特定の地理的構造をまとうようになる。ウォーラーステインは，このような 16 世紀の拡大を，中核・周辺・半周辺・外部世界の生成として表現した。世界システムの作用を支えるのは，このような地域間の構造化された関係であり，また，世界の中での地域の位置づけが変化することで，国家や人々の運命は左右される（Wallerstein, 1974）。

　このような枠組においては，地域は単一の階層的・地理的な労働の分業に基

づいて関係づけられる。中核地域(コア・エリア)は，システムを支配し，システムから最も多くの利益を得る存在である。中核地域の中心部には覇権的な権力があり，17世紀のオランダ，19世紀のイギリス，そして20世紀のアメリカ合衆国が該当する（Taylor, 1996）。この地での労働力は非常に多様であり，また専門化している。すなわち，賃金労働者と自営業者によって支えられ，製造業や効率的な農業，そして貿易を支配するのに不可欠な商業的・金融的機能に特化しているのである。

一方，中核地域に余剰を提供する周辺地域(ペリフェリー)には，しだいに（カリブ諸島の砂糖や，チェサピーク湾でのタバコのように）モノカルチャーがあてがわれ，資本主義形態の中でも奴隷制や換金作物の強要といった自由のない労働が与えられる（その中で，小農は，たとえば16世紀の東ヨーロッパやラテンアメリカで見られたように，世界市場に向けて生産を行う大規模農場で労働することを合法的に強いられた）。半周辺地域(セミペリフェリー)（16世紀の南フランスおよび北イタリア，17世紀のスペイン，ポルトガル，スウェーデン，イギリス領北アメリカ，プロイセン，そしてフランドルから北イタリアにかけてのヨーロッパの脊梁部）では，外国商人によって組織され，融資された小作や国内産業といった中間形態が見られる。中核地域とも結びついているが，周辺地域ほどの依存関係はない。それぞれの地域がシステムの中の異なる部分を担っており，その利益が中核地域へ流れるのである。唯一，外部世界（ほとんどの時期のロシアやアジア）のみが外側にあり，そこは貿易によって結ばれているものの，依存関係のシステムには内包されない（Wallerstein, 1974, 1980）。

16世紀の発展局面，1650年から1750年の停滞局面，そして1750年以降の発展局面というように，総じて世界経済は発展と停滞の局面を繰り返し経験している。ウォーラーステインは，これらの局面を「資本主義という生きものにとっての呼吸メカニズム」と表現し，また，発展局面に見られる資本蓄積に最適な資源配分や，経済上の非効率性の排除を，「きれいな酸素を吸い込み」，「汚れた空気を吐き出す」という比喩でとらえた（Wallerstein, 1983：34）。各局面では，階層的かつ地理的な関係が再編され，世界中の人々や場所に大きな影響を及ぼす。中核地域は，イベリア半島から北西ヨーロッパへといったように，移動する。また，とくに停滞局面においては，17世紀にブラジル沿岸からメリーランドにかけての地域——「拡大されたカリブ海域」——が世界経済内にもたらされたように（Wallerstein, 1980：167），新たな周辺地域がシステ

ムに組み込まれる。経済の下落は，オランダ，イギリス，フランスの権力の生起をうながし，衰退したスペイン帝国を依存関係の中に引き込むことで，スペインからアメリカの利益を略奪しようとした。

いたるところで，既存の周辺地域は停滞局面に対応するように再編された。たとえば，ポーランドとハンガリーでは土地と労働力の生産と搾取が増加し，その結果，世界市場や社会闘争から部分的に撤退することになった。半周辺地域では，状況はさらに複雑で可変的である。停滞局面においては，新たな地域が半周辺地域となる。それは急速に衰退したスペインやポルトガルのような従前の中核地域であっても例外ではない。また，周辺地域であった場所も下落によって現れたチャンスをつかむことで半周辺地域に加えられる。たとえば，18世紀のプロイセンは，困難の末にそのチャンスをつかみ，東ヨーロッパの半周辺地域となったが，スウェーデンの場合はうまくいかなかった（Wallerstein, 1980）。経済の「息づかい」によって，場所の命運が上下する。世界の地理は変動するが，構造的要素は同じであり，ただそれがますます分裂を深めているにすぎない。

このように，世界経済の中で国家の命運を把握する視点は，近代世界システムのもう1つの重要な特徴，すなわち経済的闘争の場と政治的闘争の場は異なる地理を持つという特徴に基づいている。前者の闘争の場——資本投資や蓄積の決定がなされる場所——はグローバルである。一方，後者はグローバルよりもはるかに狭い。国民国家のレベルがますます政治的闘争の場となり，国家間の競争システムが作られる。国民国家は，戦争をすることも，互いに植民地化することも，また互いにさまざまな方法で弱め合うこともある。しかし，16世紀のスペインやフランスが試みたものの，結局どの国民国家もグローバルな政治的闘争の場を構築するに足る世界帝国を作り出すことなどはできなかった（Wallerstein, 1974）。

ウォーラーステインは，この状況が中核地域に資本の蓄積を促進するのだと述べている。強国は（ポルトガルのように）世界システムの創造を必然的に始めたのであり，また資本蓄積にとって最良の状況を作り出すために中核地域であり続ける必要があった。強国は戦争や植民地化によって，周辺地域および半周辺地域の国家を弱体化させ，世界システムの地域間での搾取的交換を可能とする暴力と通信の基礎構造を確立した。ここからも，資本主義は国家の最低限の介入のみで成長するという観念が偽りであることは明らかである（Wallerstein, 1983)。

　ウォーラーステイン（Wallerstein, 1980）の目的は，世界経済の構造という制限の中で，17世紀の重商主義のような国家政策が，ある地域の資本の蓄積や世界システム内での国民国家の浮き沈みにとって非常に重要であったことを指摘することにあった。労働力のグローバルな分業に基づいた世界経済と，異なる強さや能力を持つ多様な国家との結びつきが，世界システムに独特の動態を与え，グローバリゼーションと不均等な発展をもたらす要因であり続けた。ウォーラーステインにとって，世界の歴史地理は資本主義的世界システムの歴史なのである。

3．近代世界システムを疑う

　確かに，数百年にわたって場所どうしを結びつけていた搾取的社会関係を強調するウォーラーステインの研究は，グローバリゼーションを考えるうえで力強い方法を提供している。しかし，彼の説明には問題点もある。それは往々にして有益な点と表裏一体である。ここでは，ヨーロッパ人と他の人々との関係の単純化，すべてを単一の経済関係に還元してしまう世界システム論の方法，そして構造主義的な分析の危険性，という3つの問題を取り上げる。これらの議論は，グローバルな歴史地理——本章の後半の焦点となる——を探求する他の方法を切り開くことにつながる。

(1) ヨーロッパ人と他の人々

　世界システムのマクロ構造というウォーラーステインの把握には，ヨーロッパ人の進出が世界の他の地域をどれほど多様に変化させたか，という視点はない。この点を明示しているのがエリック・ウルフ（Wolf, 1982）である。彼は，アフリカ，アジア，アメリカに住む人々の歴史について，15世紀以降の商業的富の循環と生産の再編を通じて貿易と生産に引き込まれていった，という解釈を模索している。彼の研究は，ヨーロッパ人進出以前の世界がどうであったかを論じるものだ。そして異なる場所では異なる進出の仕方があり，社会構造はその多様な進出にそれぞれ適合するように変化してきたことを例証する。

　15世紀，世界の一部には強力な結びつきがすでに存在していた（Wolf, 1982）。アジアでは広範囲にわたる地域がいくつかの政治的・軍事的な帝国の

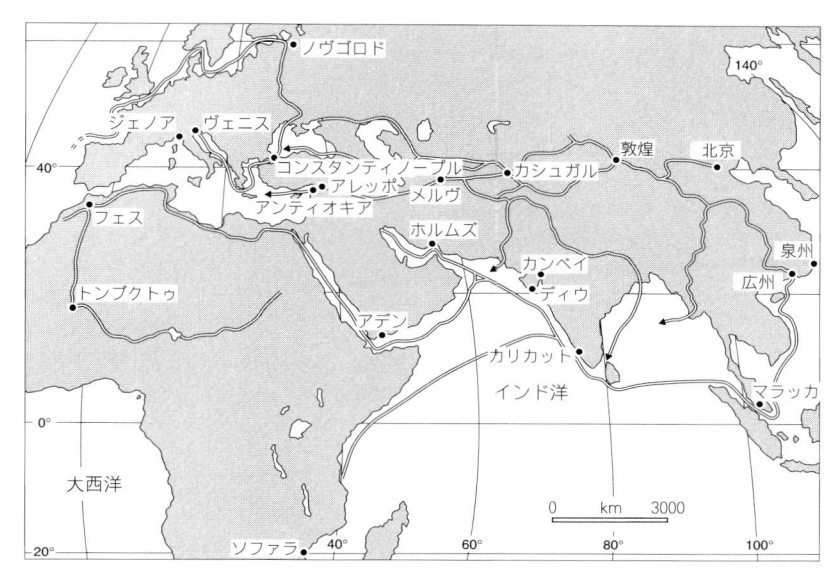

図2.1 1400年頃の旧大陸における主要貿易ルート (Wolf, 1982による)

支配下に置かれ，モロッコのアトラス山脈から中国にまでつらなった農業地域の被支配民は，各帝国に貢物を取り立てられていた。これらの帝国は盛衰を繰り返した。オスマン帝国は1453年から1914年まで東地中海を支配し，ムガール帝国は1525年にトルクメニスタンから侵攻を開始した後にインドの支配を確立した。また1370年には中国で元を倒した明が成立した。

これらの政治的権力が数世紀にわたって隆替を繰り返すのに伴い，エリート権力の確立に一役買う高価な奢侈品を交換するための貿易ルートが大陸を横断するようになった（図2.1）。北シリアのアンティオキアからカシュガル，そして中国に至るシルクロードがつくられた。ローマ帝国初期の段階から，香辛料や金はインドと西洋の間を運ばれた。東アフリカでは，インドのビーズや布，中国の磁器と，金，象牙，銅，そして奴隷が交換された。この貿易の多くは，アラブ人の手によって行われた。広東(カントン)では4世紀までにアラブ人商人の居留地が形成されており，12世紀までに裕福な人々のほとんどが黒人奴隷を持っていたと言われている。

また，地域間の貿易ネットワークは，大陸を横断する商品流通の中に他の地域を結びつけた。西アフリカでは，奴隷・布・象牙・胡椒・コラの実・金と，馬・真鍮・銅・ガラス製品・ビーズ・革・織物が交換され，そのような貿易に

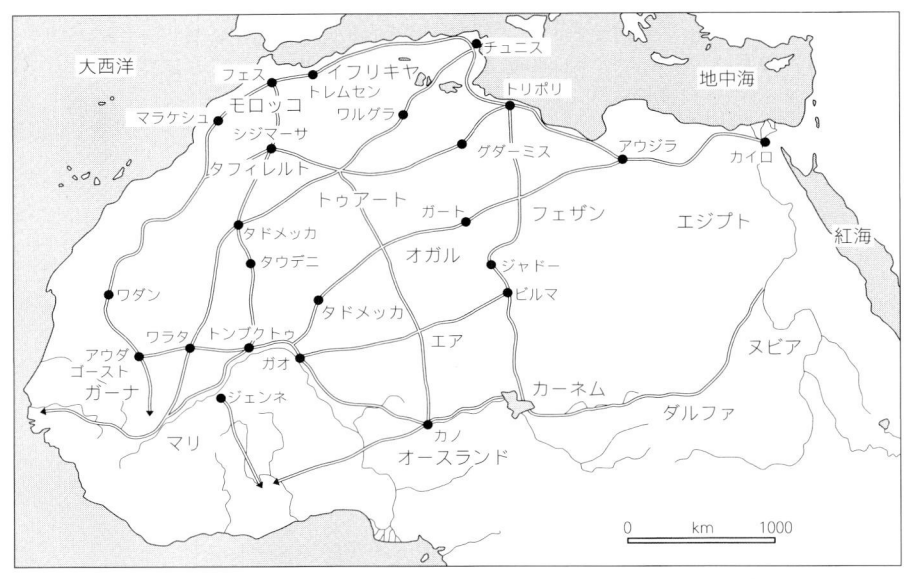

図 2.2　1400 年頃の西アフリカの貿易ルート（Wolf, 1982 による）

よって森林，サバナ，砂漠，そして沿岸地域が結びついた（図 2.2）。アメリカ大陸は，アフリカやアジアと貿易で結ばれていなかったが，彼らは独自の貿易ネットワークを有し，16 世紀までにインカとアステカは強力な帝国を打ち立てた。当時，世界システムの周辺に位置していたのはむしろヨーロッパの方であった（Abu-Lughod, 1989; Blaut, 1993）。

　武装したヨーロッパ人商人は，このような状況下に漕ぎ出していったのであり，彼らの最初の航海は中国やインドによる 15 世紀の海路探検と何ら変わらなかった（Blaut, 1993）。ポルトガル人は，「トルコの道路封鎖」（Wolf, 1982：128）を避ける香辛料貿易ルートを探査し，その結果マデイラ諸島（1420 年），ベニン湾（1482 年），コンゴ川河口（1483 年）へと帆を進め，喜望峰（1487 年）をまわり，インドに到着した（1497 年）。カスティリア＝アラゴン公のために同様の探検を行ったコロンブスは，1492 年にカリブ海に到達し，カブラルは 1500 年にブラジルを発見した。1540 年までには，砂糖と奴隷が大西洋上を移動するようになり，コルテスとピサロがメキシコとペルーを征服した。帝国は存在し続けたが，略奪により力が衰え，イベリア人によって確立されたグローバルな貿易ルートはオランダ，後にはイギリス・フランスによって引き継がれ，拡張されていった。

この蓄積と権力の新たな地理はアジア，アフリカ，アメリカの社会システムや景観に劇的なインパクトを与えた。ラテンアメリカとなった社会は，ヨーロッパ人によってもたらされた新たな病気，とくに天然痘とはしかによって荒らされた（Newson, 1996; Walvin, 1997）。貿易やその商人によって運ばれた病気は，北アメリカの先住民の間にも広まった（Mancall, 1998）。新しい社会関係も生み出された。ラテンアメリカでは，新たな政治経済によって，従来の耕作地帯からシエラマドレ山脈やボリビア高原（アルティプラノ）に人口移動が起こった。そこでは，銀の採掘やスペイン人の所有する大規模農場（アシェンダ）での食糧生産が行われた。そして，依存と搾取の階層システムのもとに先住民集落が組み込まれ，そこに「現れたインディオ社会は，最下層に位置づけられた」（Wolf, 1982: 145）のである。新たな社会編成は，他の場所でもなされた。中央アメリカのモスキート海岸のミスキトでは，同属組織を持つアメリカ先住民，多数の逃亡奴隷，バカニーア（野牛の牧畜や後には海賊行為によって生計を立てたヨーロッパ人）が混住した。彼らは内陸部に侵攻して金・タバコ・ガム・べっ甲を取引し，その後，海岸でそれらをヨーロッパ製の商品と交換した。

それぞれの場所で——奴隷貿易や毛皮貿易，アジアとの香辛料や織物，茶の貿易を通じて——新しい地理や新しい生活の方法が，富と権力の循環という枠組みの中で生み出されていった。しかし，変化の程度とその特徴——どの程度暴力が用いられたか。新旧の形態は融合したのか，それとも前者が後者を蝕んだのか。新たな政治関係は創造されたのか否か。恩恵を被ったのは誰か——は時と場所により多様であり，だからこそ，この「グローバリゼーション」なるものの複雑さについての吟味が必要なのである。

北アメリカでは，毛皮貿易によって，土着社会内もしくは社会間における社会的・政治的関係の再編が促された（Wolf, 1982）。北東部では（イギリスやフランスの帽子業者のために）ビーバー狩猟が行われ，工業製品と交換された。1570年にはすでにナイアガラのフロンティアでヨーロッパ人が取引をしており，1670年までにはイロコイ人がヨーロッパ人との武器・金属製品・やかん・衣類・宝石類の取引に依存していたことが考古学的に証明されている。毛皮の需要は狩猟地争いを増加させ，小規模の親族集団による排他的な領域支配の試みを進めることになった。このことによって，ヨーロッパの銃器で武装した先住民の集団間での激しい武力衝突の機会が高まり，狩猟と戦いを行う男性と農業に従事する女性というジェンダーによる労働分業が強固になるとともに，

先住民全体がその場所から追いやられることになったのである。

　新たな政治的統一も生まれた。イロコイ同盟——ガニエンゲハ（モホーク）人，オナイダ人，オノンダガ人，カユーガ人，セネカ人の母系集団から構成される——は毛皮貿易が始まる以前からあったものの，毛皮貿易がその形成を急激に進めた。同盟を結ぶことで他のネイティヴ集団の支配を可能にし，イギリスやフランスとの交渉において，術策をめぐらす余地が生まれることとなった。さらに西では，貿易と貿易がもたらした銃によってクリー人とアシニボイン人の同盟が，ダコタ・スー人やグロスベントレ人，ブラックフット人よりも優位に立った。この同盟は狩猟に傾斜するにつれ，食糧を牧畜民（アパッチ人，コマンチ人，ユート人）に依存するようになった。一方の牧畜民は馬と銃を手にしたことでその社会生態が変化し，おびただしい数のバッファローを殺すことが可能となった。その結果，ペミカン——バッファローの肉でできた保存食——の取引が先住民の社会内の権力関係を変化させ，また伝統的な権威に対する内部からの挑戦が促されることになった。イロコイ人などの集団ではこれがうまく行われたのである。

　ヨーロッパ人は土地よりもアメリカ先住民との貿易を望んだ。またイギリスとフランスの世界規模の紛争がこの地域でも生じ，先住民が同盟者として認められるようになった。この中で，イロコイ人のように再編された政治組織は，権力を維持することに成功し，「先住民とヨーロッパの工芸品やパターンが組み合わさった新たな文化的構造」（Wolf, 1982：193）の中で取引品を集約することが可能となった。しかし，よい結果にならなかった集団もあった。

　社会的・政治的変化の形態に差異があることを理解するには，アフリカとアジアの違いを見ることが有益である。アフリカでは奴隷貿易により，1660年から1867年の間に1,000万人以上が移動させられ，そのうちの約890万人が無事に大西洋をわたった（Curtin, 1969；Postma, 1990；Eltis and Richardson, 1997；Richardson, 1998）。ヨーロッパ人はカリブ海を中心とする海運と販売活動に投資し，それを支配した。また，アフリカ人は奴隷をとらえ，沿岸部に連れて行き，織物や他の製品と交換した。この取引は「以前からあったアフリカの交換の流れを継ぎ合わせたものであり，基本的な構造はまったく変化していない。ただ商品の流通量が増加しただけである」（Wolf, 1982：206）。もしくは，奴隷所有・戦争・人質についての既存の慣習を新しい有益な利用法に変えたとも言える。

さらに，貿易を支配しようとするアフリカの政治組織が現れたように，貿易は国家形成の過程を促した。1730 年までヨーロッパから毎年 18 万丁ずつ輸入された火器を頼りとして，小規模で利己的な軍国主義国家が登場し，戦争を行った。たとえば，アシャンティ人は，政治的統一体となったのはようやく 17 世紀後半になってからだが，その後，オランダのマスケット銃を用いて西ゴンジャ（1722〜23 年），東ゴンジャ（1732〜33 年），アクラ（1742 年），アキム・アブアクヮ（1744 年）を次々と征服した。既存の政治形態は，徐々に衰え，たとえばコンゴ王国（約 6 万平方マイル）は，ポルトガルが王を仲介せずに地方首長と直接取引するようになると，ばらばらに分裂していった（Wolf, 1982）。

一方，アジアの状況は違っていた。ヨーロッパ人はアジアで広大な土地を支配する大きく強力な国に直面することになった。ポルトガルやオランダ，イギリスは，卓越した海軍の力によって海域と長距離の貿易ルートを支配することに成功したが，陸部においては，弱小の国々，とりわけ島国から土地を奪うか（たとえばマラッカやテルナテ，アンボイナ），アジアの帝国の善意に依拠した交渉（たとえばゴアやスーラト，広東〔カントン〕）を通じて，沿岸部に「在外商館〔ファクトリー〕」（生産の場というよりも貿易の場）を設立できたにすぎなかった（Marshall, 1998）。このように，ヨーロッパ各国は古くから存在する広範囲の海上貿易ルートを支配したのではなく，流用したのである。各国がインドの織物生産を支配できるようになったのは 18 世紀後半になってからのことであり，（絹や後には莫大な量の茶との交換による）中国への金銀流出を防ぐことができたのは，1800 年代初頭のアヘン貿易確立後のことであった。19 世紀になってようやく，資本主義はアジアを一連のプランテーション経済に変質させたのである（Wolf, 1982）。

資本主義の歴史を理解するにあたって，ウォーラーステインの解釈には問題があと 2 つある。以下，それらを簡潔に見ていこう。

(2) 資本主義という単一の物語

ウルフが詳細に検討した，ヨーロッパ資本主義によるグローバリゼーションのインパクトや破壊・変容・順応・抵抗のさまざまな歴史について注意すれば，中核―周辺という単純な歴史地理を想定することは困難となるし，問題が生じる。しかし，このことがグローバルな歴史地理を単一の物語，つまり資本主義

の物語として理解してしまう問題を避けたことにはならない。ウルフは資本主義という概念を商業的交換ではなく，賃金労働者を用いた生産に限定すべきであると主張しており，ウォーラーステインとウルフの資本主義の歴史についての概念化の方法は違っている。しかし，あらゆるものを資本の蓄積の要求に還元する危険性を持っている点では共通しているのである。

　確かに，資本主義の社会関係が世界を変容させてきたというのは力強く重要な指摘であるけれども，そのように言うことと資本の論理に基づく拡張と改変という単一の物語を語ることとは同じではない。たとえばウォーラーステインは，国家と政治の議論の中で，国家は資本の蓄積の要求のみに反応するとしばしば述べている。彼は，強力な国民国家は軍事行動を行う余裕があり，それが資本主義世界経済の生成の原因にもなり結果にもなりうると示唆しているが，彼が国家に興味を示すのは，経済的に構築された中核・周辺・半周辺の歴史地理の変化を説明するために使える場合だけである（Wallerstein, 1983）。資本主義の歴史に還元されない政治や科学，文化のグローバルな歴史のために場所をあけるとともに，これらと結びついた経済的過程で本当に必要なものやその帰結を理解することが重要なのだ（たとえば，Miller and Reill, 1996 を参照）。

(3) 構造主義の限界

　ウォーラーステインがこの点を見落とした理由の1つは，彼の理論的アプローチにある。彼は資本主義的世界システムの構造的な歴史を提示するが，それはシステムの要素間の関係性——国家と経済，中核と周辺——を有効に説明し，そのレンズを通してグローバルな拡大と変化の歴史を読み直すものである。この手法はプロシアの勃興やスペインの衰微，宗教改革の成功といった出来事の複雑な理由をしばしばうまく説明する。しかし，たとえ彼が出来事は違うようになったかもしれないことを強調しようとしていても，この説明の焦点は国家が成功したか失敗したかというレベル，どの地域が中核になり，どの地域が半周辺になったかというようなレベルにしかない。結局，彼の歴史（ないし歴史地理）には，必然的に，このようなグローバルな力を作り出した人々や，それに抵抗した人々の行動というものがほとんど見られないのである（Kearns, 1988）。

　ウォーラーステインのこのようなグローバリゼーション研究法は，世界の歴史地理を彼がどう概念化しているかに関わっている。彼は，基本的に，資本主

義下の分業によって生産された世界を，流動的で可変的な境界だとはいえ，単一の地域パターン——中核・周辺・半周辺——によって理解している。その地理は，経済的もしくは政治的に支配された機能的な地帯の1つとして境界づけられることになる。しかし，他の可能性に道を開くような別の見方もある。ウォーラーステイン（Wallerstein, 1983：30）もこれらの地域を結ぶ「商品連鎖」——世界経済を構成する品物・資本・船・人々の流動——に関心を示している。また境界を越えていく他の動き——戦争・科学的探検の企画・文化的工芸品の生産——もつけ加えることができるであろう（Brotton, 1997）。これらもまた，移動と貿易に依存している。

このような移動の地理に注目することで，グローバリゼーションの歴史地理を理解するための別のレンズが浮かび上がる。それはすなわち，ヨーロッパと他の人々との遭遇や，資本主義への還元主義，また見かけのうえでは必然的なものに見えるグローバルな構造，といった世界システム論の直面する諸問題のいくつかに取り組むことを可能とするレンズである。

4．ネットワーク化——世界を束ねる——

移動という観点からグローバリゼーションの歴史地理を考えることとは，それらの移動がどのように起こったのか，そしてなぜ起こったのか，という点を理解することである。そして，資本や人々，船，商品，情報，思想などの世界中の移動を許容し，形作り，その経路を開いた「ネットワーク」に注目することを意味する。そこでは，移動の規則性が分析されるとともに，安定したネットワークを組み立てて規則的で有益な移動が行えるようにするために人々がどのように働くのか，といった分析が行われ（Law, 1986），さらにそこから次のような問題が提出される。誰がこのようなネットワークを作ったのか。その目的は何か。その構成要素は何か。ネットワークはどのように拡張，もしくは衰退するのだろうか。これらに対する答えは状況によって異なる。しかし明らかなのは，単一のグローバルな資本主義ネットワークだけで説明がつくわけではないという点である。そのため，個々の事例を取り上げ，ネットワークの特徴やその範囲を描写しなければならない。

そこで以下では2つのネットワークを検討していく。それらは貿易による蓄財という点で目的は共通するが，異なる時代，異なる場所で形成されたもので

ある。はじめに取り上げるのは 17 世紀初期のイギリス東インド会社であり，もう 1 つは 18 世紀中頃の大西洋で活躍した商人たちの行動である。

(1) 1600 年〜1640 年のイギリス東インド会社

16 世紀，イギリスの商品取引はほとんどがアントワープ［アントウェルペン］で行われており，そこで羊毛を大陸ヨーロッパの亜麻・ワイン・油・果物・海軍用品，そしてポルトガルやオランダが東インドから持ち帰った香辛料・嗜好品に交換していた。この貿易が 1560 年代から政治的に混乱したのを機に，イギリス商人は長距離貿易を始め，新たな市場や商品供給地を求め始めた。

この過程は商会の形成を通じて行われた。すでにロシア会社は 1553 年に設立されており，それに続きイーストランド会社（1578 年），レバント会社（1592 年），東インド会社（1600 年），ヴァージニア会社（1606 年），そして王立アフリカ会社（1660 年［正確には王立アフリカ会社の先駆的組織が作られた年。王立アフリカ会社自体は 1672 年設立］）が設立された。ここでは東インド会社を例に取り，インドおよび東南アジアと持続的かつ有益に行われた貿易が，先例のない距離間での円滑な取引を可能にする新たな組織形態——ネットワーク——の構築（Chaudhuri, 1965; Lawson, 1993）を伴うものだったことを示していきたい。これは同時に，取り組むべき課題を新たに生み出すものでもあった。

それまでの東インドへの商業的投機を見れば，その困難さが理解できる。1591 年に，ロンドンの商人が 3 隻の船を東に送り出した。そのうちのたった 1 隻がインドネシア諸島に到着したが，それすら西インド諸島で放棄せねばならず，生き残った船員は何も持たずに帰ってきた。成功すれば莫大な利益をもたらすが，収益が皆無となる危険性も大きかったのである。また，航海は 2 年以上を要するため，何が起ころうともその間は資本を使うことができなかった。

これらのリスクを軽減する方法の 1 つは，国王からの認可を受けた共同出資に基づく会社を作ることであった。出資者は会社の運営資本の一部を援助し，入荷した積荷の売上による利益の一部を出資の割合に応じて受け取る。この方法によって，長距離貿易に必要な潤沢な資本——そのほとんどは重装備の船や，最終的にはアジアの中継基地に「固定された」——を集めることができた。国王認可により，会社は貿易を独占でき（限られた国内市場の需要を考えたとき，

収益性のために独占は不可欠であった)、金銀輸出を制限する法律が免除され（基本的にアジアには、イギリスの製品の需要がなかった)、そしてポルトガルやオランダとの交戦に際して支援を受けることができた（イギリスが貿易に遅れて参入したこともその要因であるが、往々にしてスチュアート朝の他の外交政策の目的との衝突であった)。認可を受けた共同出資会社という形態が、17世紀初期の長距離貿易を可能にしたのである（Chaudhuri, 1965; Brenner, 1993)。

しかし、イギリス商人にとってあまり知られていない世界へ船を送り出すことは、やはり危険なビジネスであった。東インド会社の最初の航海（1601）は、いまだ「気乗りしない投機的冒険にすぎない」(Chaudhuri, 1965:3) ものだったのである。会社が、それまでの航海の成果に基づいて、船が戻ってくるのを十分に確信し、前の船がロンドンに戻ってくる前に次の艦隊を送り出すことができるようになったのは、1608年になってからのことであった。これは投資資本からの収益が問題であったのだが、それと同時に東インドでの、そして東インドとの貿易の中で知識を得たことや、ロンドンと東インドにおいて組織を確立できたことが重要であった。それによってリスクを軽減し、損失を少なくすることができたのである。

ロンドンでの業務は、航海の資金、装備、組織に直接の責任を負う委員会組織によって運営されていた。最初の航海では、さまざまな地点に会社から委託されて品物を集める「在外商館員(ファクター)」が置かれた。2回目の航海では、商館員から直接集荷し、さらに遠方にも商館員を置いた。これを契機として、インド諸国全体で、地方の支配者の許可を得て業務を行い、ロンドンからの指令を受ける「在外商館」のネットワーク——主要なものと副次的なものからなる——の基盤が形成されていった。

1620年までに「アジアにある東インド会社の在外商館組織は、最終的な形態にまで到達した」(Chaudhuri, 1965:60)。インドの西海岸にあるスーラト商館は、アーメダバードやアグラ、ブルハンプル、そしてペルシア湾沿いの副次的な在外商館とともに、インドとペルシアの貿易を支配した。バンタム［現バンティコ］商館はバンダ諸島、セレベス［スラウェシ］島、ボルネオ島、ジャバ［ジャワ］島、スマトラ島、タイ、日本、インドのコロマンデル海岸沿いの出先機関を管轄した（図2.3)。これらの貿易拠点のおかげで、船が到着した時には積荷が用意できているようになった。航海全体にかかる時間が少なく

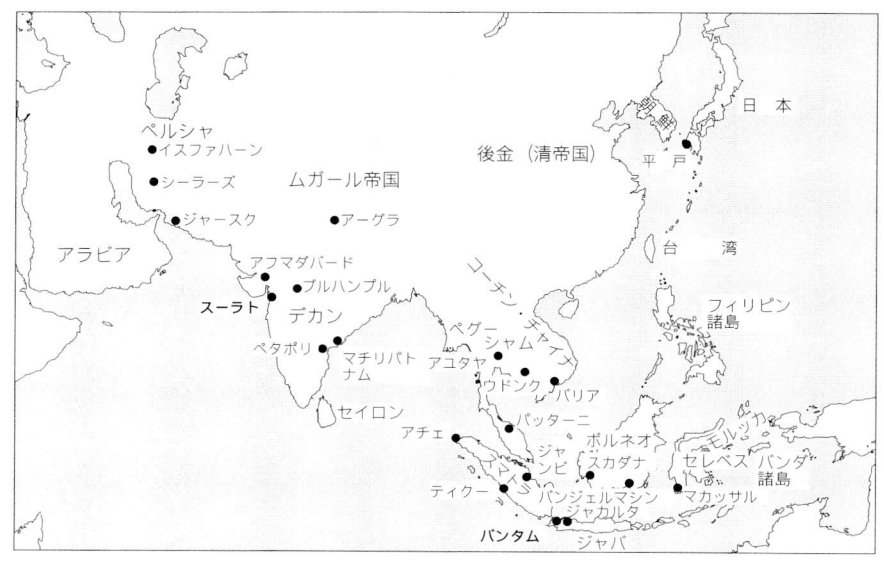

図2.3 1617年におけるイギリス東インド会社の在外商館（Chaudhuri, 1965による）

なり，そして経費の削減やポルトガルやオランダからの攻撃を減らすことにもつながった。在外商館は，投資資本から得る利益を増加させたのである。

その立地は，どうすれば儲かる貿易ができるかを学んだ会社の解答となるものだった。東インド会社は，当初，胡椒やその他の香辛料を東南アジアのスパイス諸島［モルッカ諸島］と直接，貿易すればよいと考えていた。しかしすぐに，その地域の需要はインド産の布——その貿易はすでにアラブやアジアの商人によって行われていた——であることを知ったのである。香辛料貿易を成り立たせるために，東インド会社はスーラトとバンタムの間で「カントリー・トレード」と呼ばれることになる貿易を行わなければならなかった。そして胡椒価格の下落に伴い，次第にインドの布や他の品物をアジア内やヨーロッパに運ぶことに専念していった（Chaudhuri, 1965）。

この貿易を適切に配置し，ヨーロッパ内で輸入品を販売する（そして金銀を回収する）ためには，ロンドンおよび海外における管理の能率を高める必要があった。東インド会社は——デットフォードやブラックウォールの造船工場により，17世紀のロンドンで最も大きな会社の1つとなり——貿易の方針を展開させ，また実行するための複雑な官僚的機構を備えた大きくて力強い組織となった（Chaudhuri, 1965）。

これらはすべて長距離間をうまく管理するために不可欠なものであったが，問題がないわけでもなかった。何千マイルも離れた在外商館との通信は限られたものとなるため，会社は指示が貫徹しているかどうかの確信を持つことができなかったのである。そのため，信頼できる人物を東インドの重要な地位に置き，彼らに相当の報酬を払うことでその保証を得ようとしたが，会社が非効率もしくは汚職とみなすような問題は残り続けた。

1618年以後，より多くの資本を有したオランダ東インド会社との交戦やヨーロッパでの戦争，貿易の不振とイギリスでの疫病発生，そしてインドでの飢饉といったものが重なり，その方針は打撃を受けた。会社は拡大しすぎていたことに気づいたのである。いくつかの東南アジア出先機関は閉鎖され，貿易はスーラトで集中的に行われた。貿易ネットワークの地理は，貿易の衰退に応じて再編されることとなり，その結果，1640年ごろに状況が改善された（Chaudhuri, 1965）。

胡椒，香辛料，インド織物の貿易において，イギリス東インド会社は資本や金銀，商品，船，人々，情報，そして権力を組織する方法を発達させ，それにより，乗り越えねばならなかった遠く離れた空間と時間の中での貿易を規則的かつ有益なものとした。貿易を成功させ，ロンドン，スーラト，バンタムへの船の定期的な到着を可能とし，さらにそれが予想できるような世界を作り上げるためには，これらの要素すべてに投資し，循環させ，再投資することが必要であった。このネットワークは，通信や信用といった内的問題，経済的衰退や戦争といった外的問題によって崩壊しかけたこともあったが，このことは，17世紀後半までこのネットワークがいかに熱いものであったかを示している（Chaudhuri, 1978）。

次に，ロンドンから西を眺め，商人が18世紀の大西洋世界での同様の要求にどのように対応したのかを見ていく。

(2)「仕事仲間」──1735年〜1785年における大西洋貿易・植民地化・奴隷化──

18世紀中頃，大西洋を横断する貿易に参入した商人たちにとって大きな機会が訪れた。北アメリカとカリブ諸島の植民地が成長し，日常品と労働力が必要となったのである。また食糧や材木，砂糖，タバコ，藍，米をアメリカ内部やヨーロッパに向けて輸送する必要もでてきた。当初，労働力はイギリスからの年季奉公人によっていたが，その後は主にイギリス船によって運ばれてきた

西アフリカの奴隷によって占められた（Price, 1998）。この残酷な貿易は，強制労働によって作られた熱帯特産物の運搬や，イギリス・ヨーロッパ・インドからの製品の移動と一緒に行われた。これらの品々は奴隷と交換されるとともに，アメリカの消費者を満足させたのである。

　この貿易により，商人たちは莫大な利益を得た。デヴィット・ハンコック（Hancock, 1995）は，ロンドンを拠点にしていた23人の商人について検討を行い，利益を得ていた数人の伝記と商業活動を明らかにした。たとえば，カリブ海のセントクリストファーで中規模のプランテーション経営から身を起こしたオーガスタス・ボイドは，1765年に亡くなったとき5万ポンド（今日では330万ポンド以上になる）の地所を残した。ジャマイカの田舎医者から始めたアレクサンダー・グラントは，1772年の死に際して9万3,000ポンド（今日では540万ポンド以上）を残し，最も裕福であったリチャード・オズワルドの場合，1794年の死亡時に，遺産は50万ポンド（今日では約2800万ポンド）にのぼった。ハンコックは，これらの人物が投機的なビジネスの中で人や場所を結びつけ，その過程で生活と景観を変えていったこと，そして世界中にまたがる貿易ネットワークを作ることで金を儲けていったことを示した。このネットワークを復原すると，18世紀中頃のグローバリゼーションの動きが明らかとなる。

　ハンコック（Hancock, 1995:11）は，このような商人たちを「仕事仲間（アソシエイツ）」と呼んでいる。「仕事仲間」はボイド，グラント，オズワルド，そしてジョン・サージェント2世を中心として緩やかに結びついた集団を作った。「仕事仲間」は，普通は2人もしくは3人で互いに短期間の提携を結び，投機を繰り返した。当初，「仕事仲間」は比較的小規模で，多くはスコットランドやアメリカ諸国で始まったが，1730～40年代にはロンドンに拠点を移すようになった。そしてその後，既存の大手貿易商人が支配していなかった大西洋貿易に参入し，大きく成長していった。

　東インドとの距離と比べれば，大西洋は横断しやすいものであった。イギリスからチェサピーク湾までの航海は9週間，復路は6週間であり，ジャマイカまでの往路は10週間，復路は14週間であった（図2.4）。そのため，「仕事仲間」は他の「仕事仲間」のためにロンドンで代理商や仲介商を何年かこなした後は，自らの勘定で貿易に参加してイギリスとアメリカ諸国の間で品物の輸送を取り扱うことができたのである。1745年から1785年までに456回の貿易航

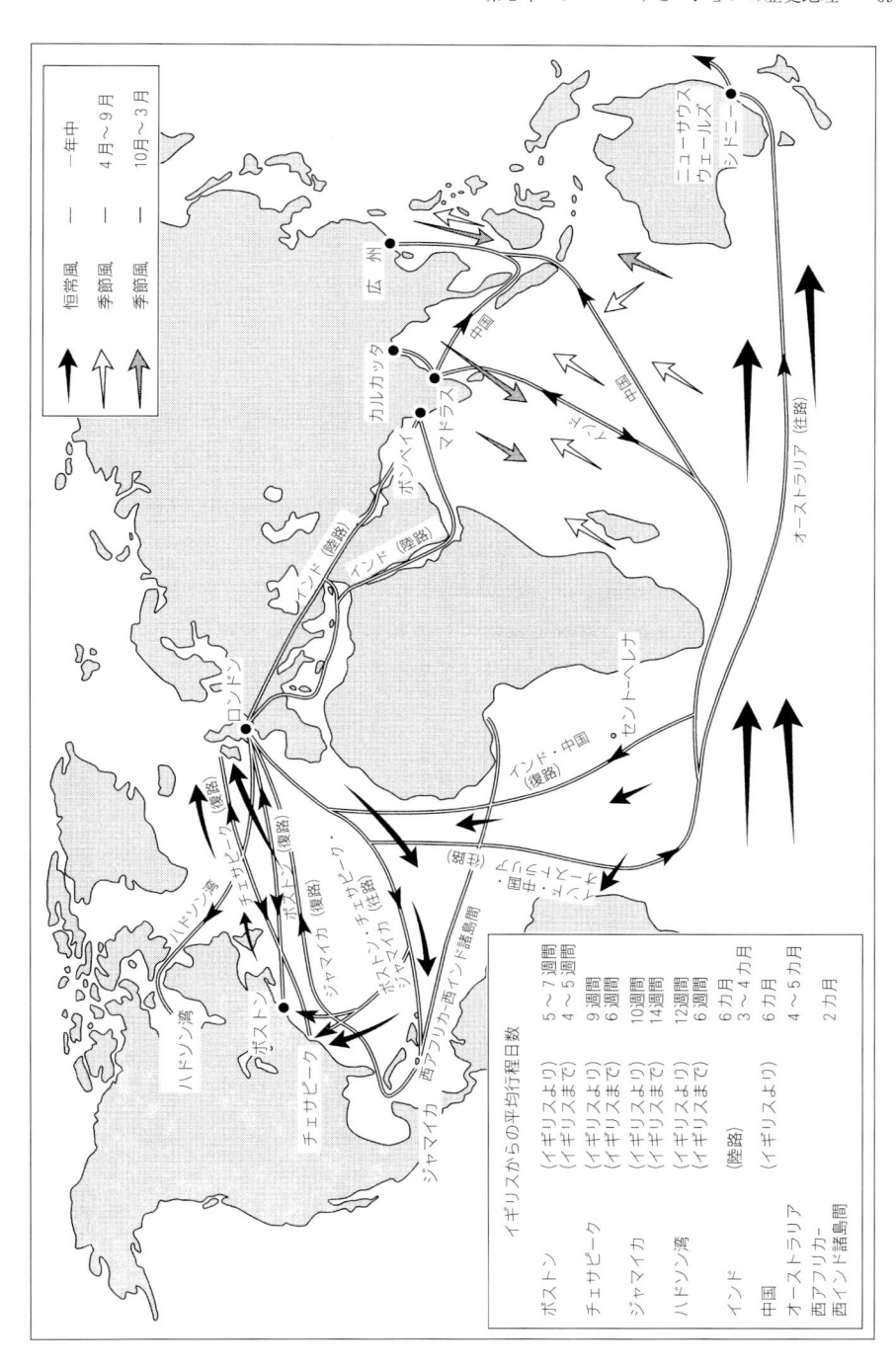

図 2.4　1770 年頃におけるロンドンの世界的結びつき (Marshall, 1998 による)

海が行われ，そのうちの28％の船が植民地，とくにイギリス領西インド諸島への供給品を運び，26％がイギリスとアフリカ，アメリカ諸国の三角貿易による奴隷貿易を行っていた（Hancock, 1995：117）。

「仕事仲間」の活動の場は，大西洋であった。彼らの船はインド，地中海，レバント［地中海東岸地方］の港にはほとんど行かなかった。利益を得るかどうかの鍵は，船を積荷で十分に満たし続けること，そして船を動かし続けることであった。東インド会社とは違い，「仕事仲間」の活動は給料による雇われ人や固定した在外商館のシステムには依存していなかった。「仕事仲間」の投機は，もっと柔軟で日和見主義であったのである。それでも，「仕事仲間」は顧客や仕入先，地方駐在員，代理商，そして雇われ人からなる大西洋にまたがるネットワークを作ろうとした。それは，「広大な商業の世界に理解がある親戚や友人，友人の友人，同郷者」（Hancock, 1995：140）によって組織された。このような人々を相手にしてこそ，「仕事仲間」は船を満たし，積荷を買いつけ，指示に従い，新しい市場や新しい可能性についての情報を教えることができた。実際，このネットワークの間を動いた情報量は，積荷と同じくとても多かった。ロンドンの会計事務所では，このような商人やその事務員が，商品や相場，関税，航海時間といった商業的情報を収集し，整理して保管していた。この情報により，「仕事仲間」は投機的な貿易を整え，利益を得ることができたのである。新しい大西洋世界は，まさにこのようなネットワークによって作られていた。

貿易自体の増加のみならず，七年戦争（1756〜63年）の時に卓越した軍隊に食糧を供給したことも手伝い，「仕事仲間」は豊かになっていった。それに伴い，彼らは船舶活動と効果的に統合することが可能な他の投機的事業についても興味を示すようになった。「仕事仲間」は砂糖や藍，米の取れるカリブ諸島やサウス・カロライナ，ジョージア，東フロリダに次々にプランテーションを獲得し，1750年には9,000エーカーであったイギリス外の所有地は，1763年には2万1,000エーカー，1775年には13万エーカーとなっていった（Hancock, 1995：144）。彼らはこれらの土地にプランテーションを経営するための奴隷や，そこで儲けるための新しい建造物や道具や技術を送り込んだ。すなわち，今や積荷を自前のプランテーションへと送り，自前の船に自前の製品を積むことが可能となったのであり，これによりコストが削減され，確実に船を積荷で満杯にできるようになった。

この「逆向きの統合」(Hancock, 1995：19) は，「仕事仲間」に奴隷貿易への深い関与をうながし，1748年には「仕事仲間」のうち6人がシエラレオネ川河口部のバンス島の奴隷商館を購入した。この島をウィンドワード海岸での奴隷貿易の要衝とするためには，建造物や職員，軍備に相当の投資が必要だった。1760年代までに奴隷売買が景気づき，この島の所有者は，布や武器，金属製品（やかん，鍋，タンカード［蓋つきジョッキ］，ナイフ，火バサミ，スプーンやフォーク，くぎ，錠前），砂糖，タバコとの交換により，大陸内貿易を支配していたアフリカの地方支配者から奴隷を獲得し，その奴隷に高値をつけることができるようになった。そのかわりに，「仕事仲間」たちはより高い利益が生まれるように，奴隷貿易船——彼ら自身の船や海岸沿いの個人経営の貿易商人の船，そしてより大規模なオランダやフランスの会社の船——に奴隷の供給を定期的に行い，海岸での時間短縮ができるようにした。貿易のモラルが省みられることなどほとんどなかった（Hancock, 1995）。

　バンス島の商館は，「仕事仲間」のグローバルなネットワーク構築にとって最も大きな事業であった。島やそこから供給を受けるアメリカのプランテーションでは，信頼できる人員を配置する必要があり，親類やすでに他の投機で有能さを証明した友人たちがそこに置かれることがしばしばであった。オズワルドの東フロリダプランテーションのように，経営が失敗した場合は，その責任は頼りない経営者にあると考えられた。さらに，資本や情報，連絡員，資源をかつてない規模で適切に配置することも，商館の仕事には含まれていた。オーガスタス・ボイドは，ウォーターフォード［アイルランド南部］で商人をしている兄弟のポールにアイルランドの牛肉とバターを商館に供給させ，奴隷販売をサウス・カロライナの連絡員に任せ，彼自身のセントクリストファーのプランテーションに奴隷を供給させた。そして彼が理事を勤める東インド会社は，ロンドンでインドの織物を売るにあたって有利なレートになるように操作したのである。ジョン・サージェントの取引は，インド，ドイツ，レバントからの織物（1751年には，奴隷と17種類の織物を交換していた）と，北ヨーロッパ，バーミンガム，マンチェスターからの軍用品を動かすものだった。リチャード・オズワルドは，組織力を用いて，アメリカのタバコや，カリブ海の砂糖やラム酒，そして取引がうまく結ばれるときに飲んだマデイラのワインをも動かしていた。バンス島の奴隷貿易は，アフリカやイギリス，ヨーロッパ，アメリカ諸国，そしてアジアに結びついていた（Hancock, 1995）。

(3) ネットワーク化した世界？

　東インド会社や「仕事仲間」の歴史地理を，空間を横断して構築された人や資本，船，商品，情報のネットワークとしてとらえることで，時と場所が違えばグローバリゼーションの生じ方も異なることが明らかとなった。そこで示された貿易のグローバリゼーションとは，中核と周辺の区分を構築することではなく，アフリカの政治組織やアジアの海洋貿易商人のように，すでに他のネットワークが存在する空間の中にネットワークを拡大することであった。そして，「ネットワーク化」の作用はこのようなグローバルな動きが出現するためには不可欠であり，グローバル経済の基本構造となるものには発展と同時に停滞も含まれていることも明らかとなった。

　このことは，資本主義経済と国家や帝国のポリティクスとの関係に関して新たな視角を提供する。経済と政治を簡単に分けることができるような事例などないのである（O'Brien, 1998）。東インド会社は東洋で活動する際，王室への認可と国家の支援に依存しており，国家が衰退すれば会社も揺らいだ。帝国の力はネットワークの一部であった。「仕事仲間」は七年戦争の結果，莫大な利益を得た。それは兵士や船乗りにパンや肉を運んだためだけでなく，七年戦争によってアメリカの土地が植民に開放され，フランスの奴隷貿易が破壊され，イギリスによる大西洋支配が確立したからでもある。大英帝国は「仕事仲間」が活動する際の環境であった。大英帝国と「仕事仲間」の行動を切り離すことはできず，この環境こそが「仕事仲間」が大西洋世界を統合し，活用する際に構築を進めようとしたものに他ならなかったのである（Hancock, 1995）。

　しかし，このような経済的・政治的ネットワークの構築についての理解は，グローバルな動きについてのより一般的な問題を提起する。ひとたび世界中を移動しているものに注目するという手順を始めたならば，次のような問いが可能となるのである。これらの動きを駆り立てたものは何か。何がその動きを可能にしたのか。その動きはどのような人に（奴隷だけでなく奴隷商人などにも）どのように受け止められていたのか。たとえネットワークが資本と帝国によって組織されているとしても，資本と帝国の権力を背負ったネットワークに対抗するような動きとは，どのようなものであったのか。

5. グローバルな方向に反する労働と動き

(1) 世界の労働者

　商人が資本を蓄積するためには，自分たちや事務員が会計事務所で，そして地方駐在員や在外商館員，代理商がプランテーションや奴隷島，波止場で働くだけでは不十分であった。世界中で多くの男女を，毛皮の収集やヨークシャーやベンガルの村での織物生産，土地の開墾と灌漑，サトウキビやタバコの収穫，船の積荷作業と操舵といった仕事に従事させねばならなかったのである。18世紀においては，資本が労働者を蓄積した。すなわち，資本が労働者を仕事場——プランテーション・商船・鉱山——に集め，そして今までにないほど遠く離れた仕事場どうしを結びつけたのである (Rediker, 1987; Linebaugh, 1991)。生産と貿易のグローバルなネットワークは，「さまざまな程度の自由」(Linebaugh and Rediker, 1990: 226) を持っていた労働者の時として骨の折れる労働によって成り立っていたのだ。

　大西洋の両岸を結びつける仕事場——商船——ほど，この新たな労働の共同的・国際的形態を示すものは他にはなかった (Rediker, 1987)。船乗りたちは，18世紀大西洋世界の自由賃金労働者の中で最も多い存在であり，海の労働者階級を形作っていた。イギリス人船乗りの場合，貿易資本主義の拡大とともに増加し，1550年には約5,000人であったものが1750年には6万人を超えた。この期間に，彼らは労働力のみを提供する労働者となっていき，大西洋上で200トンもの船を運航させるという複雑で危険な仕事をこなし，平時で月平均1.45ポンド，戦時で2.20ポンドを得ていた。彼らはまさに世界の労働者であった。船の乗組員の国籍や民族はさまざま——ヨーロッパ人・アフリカ人・アメリカ人・インド人——であり，彼らの共同の労働生活は，たとえばジョン・ヤングのように，ロンドンからバルバドス，ジャマイカ，ブリストル，アフリカ，バージニア，リスボン，ジェノバ，レグホン［現リヴォルノ］，カルタヘナをめぐるという具合だった (Rediker, 1987)。船と積荷を港に運行し，航海時間を減らし，国際的な市場の結びつきを強固にするためには，積荷を安全に積み込む者，船を操縦する者，測深や見張りを行う者，速度や風，波についての知識をもとにしてデッキやマストの先で索具や帆を調整する者といった分業的労働力の集合が不可欠であったのである。

グローバルな貿易は，船乗りたちの労働力を頼りとしていた。それゆえ，貿易で儲けたい者たちは労働者への支配を強め，より安い賃金で見込み通りかつ従順に働かそうとした。船長には一般の船乗りに対する「独裁に近い権力」が与えられ，秩序を教え込むため，そして作業過程を統率するための暴力をすぐに使用した（Rediker, 1987 : 212）。航海士，給仕，事務長とともに，船長は船上での空腹を犠牲にして航海による利益を確実なものとするべく，船乗りたちの「慣習的なならわし」という観念に対抗し，飲食物の供給を統制しようとした（Rediker, 1987 : 126）。

積荷のごく一部を着服することや釣りをすること，船乗り自身の販売商品を載せる権利やそのための場所を確保する権利，これらについての争いはすべて労働生活の条件に関わる闘争であった。船主は手元にある貨幣を用いて，船乗りを次第に賃金に依存させようとした。これに対し，船乗りは——暴力，中傷，うわさ，脅し，脱走，暴動によって——彼ら自身の自治や伝統的に認められていると感じていたものの保護のために戦った。集団労働の経験により，彼らは平等と公正の感覚を身につけ，利益を独占するため彼らの尊厳を否定しようとする者に対する反感を共有するようになった。暴動と連判状——指導者がわからないように円状に署名し，船長への不満を書き上げたもの——による集団的な反抗は，賃金労働者の国際的な動員という資本がもたらしたグローバルな結びつきとともに形成された（Rediker, 1987）。

船乗りとその他の労働者が，商人や帝国の役人に対する不満を感じるなかで，このような闘争の国際化は反乱と海賊行為という 2 つの方向に具体化した。ピーター・ラインボーとマーカス・レディカーは，2 人が大西洋労働者階級と名づけた者たちの間で起こった暴動と抵抗の歴史をたどり始めている。その見解によると，彼らの暴動は「暴力の大きなサイクル」における「多様な人種や民族による」出来事として理解される。そのサイクルには，カリブ海における奴隷の蜂起や陰謀，アイルランド農村での動き，アメリカの革命を求める群集，そしてロンドンでのストライキや暴動が含まれる（Linebaugh and Rediker, 1990 : 229, 244）。それゆえ，1770 年にボストンのキング通りで起こった暴動に，ジョン・アダムスの言葉で言えば，「生意気な少年，黒人，ムラート，アイルランド人，異国の船乗りといった多種多様の暴徒」（Linebaugh, 1982: 112 にある引用）が集まったのである。また，1780 年にロンドンのゴードン暴動［反カトリックを叫ぶジョージ・ゴードン卿に扇動された 18 世紀ロンドン最大

の暴動］では，ジョン・グラバーとベンジャミン・ボージーという2人のアフリカ系アメリカ人によって先導された暴徒たちが，ニューゲート監獄を開放して火をつけ，別の集団が，シャーロット・ガーディナーという黒人女性に続いて行進をした（Linebaugh and Rediker, 1990; Linebaugh, 1991）。

　奴隷，船乗り，黒人の自由民，その他の労働者男性および女性によるこのような結びつきは，ジェンダーや人種による違いはあるものの，この者たちが共有した港町や都市の労働・酒・歌の文化の中で形成された。そして，船乗りが大西洋の諸港に荷物とともに自由や自治といった思想を運んだために，この結びつきはさらに広まっていった。船は，ラインボーが論じたように，「ずばぬけた国際化の促成栽培室」（Linebaugh, 1982:11）であり，国際貿易を通じて集められたさまざまな人々の間に同じ経験が共有されたのである（Bolster, 1997）。

　しかし，国際貿易における厳しい賃金労働から船乗りたちが逃れる最も劇的な方法は，海賊となり，貿易船を襲うことであった。1716年から26年までの間，大西洋では約5,000回もの海賊行為が行われ，その隆盛は国際的な危機を引き起こしていた。海賊のほとんどは，自分の所有する船が襲われたのを機に，それを「理由」としてあえて海賊になった者たちであった。海賊旗のもとでの航海とは，「品質は粗雑で間に合わせのものだが，寄せ集めの乗組員に影響力を持つ効果的な平等主義」（Rediker, 1987:261; Thomson, 1994）のもと，アフリカとカリブ海の間で略奪や暴力，報復を定期的に貿易するようなものであった。

　海賊の世界は商船の世界を混乱させた。海賊たちは権力，横領品，食料の平等な分配を主張し，自分たちにとっての犯罪に対しては，往々にして暴力的な処罰を科するなかで，規律を定めていった。彼らは私欲を追求する船長，暴利をむさぼる商人，そして権力欲にまみれた帝国役人に対する復讐心によって動いていた。海賊になることで，船乗りたちは自立と平等という思いを，時にはわずかな時間であったとしても，持つことができた。これは，目的を共有する粗々しい国際主義であり，その「共同社会への希求」は，短命に終わったマダガスカルのリベルタリア海賊共和国のような沿岸部の本拠地で，おそらく最も大きかったであろう（Rediker, 1987:275; Rediker, 1997）。皮肉にも，トーマス・クックリン，オリバー・ラブーシェ，ハウエル・デイビスが率いる200人を超える海賊が「卑劣な商人や冷酷な船の指導者に対する復讐のために海賊行

為をしている」（Rediker, 1987：271-272 の引用による）ことを思い起こすことになったのは，1719 年——「仕事仲間」がバンス島を買い取る 30 年前——にシエラレオネ川河口にあった別の本拠地の中でであった。

　船乗りや海賊，奴隷，そしてあまり移動しないような者も含めた労働者たちへの注目は，もう 1 つのグローバルな地理を提供する。この場合，厳しい労働と反乱についての事例こそが，グローバル・ネットワークの形成と，人々がそれに抵抗し，その外側に行こうとする動きを——下から——見る視点を与えてくれるのだ。グローバリゼーションとは，多様な労働形態を通じて形成されてきたものであり，新しい労働に従事させられた者たちによってさまざまな形で抵抗されたものであったことが見えてくる。近代初期世界のネットワークのもとで動き，またそれを構築したすべての者が単純に資本の蓄積を促進しようとしたわけではない。事実，ひとたびこれらに反する動きが視野に入ってくれば，まったく異なる輪郭を持つグローバルな歴史地理を描くことができる幅広い物語が見えてくるのだ。

　そこで，最後に 3 つの物語——旗と女性と男性——を選び，グローバルな方向に対峙する複雑で，往々にして個別的であった動きに焦点を当てたい。そして，それらがグローバリゼーションに対する別の見方を提出していることを示すことにする。

(2) 別の世界での動き
　イギリス旗とタヒチのポリティクス
　1767 年 6 月 26 日，サミュエル・ウォリスとドルフィン号の船乗りたちは「ジョージ 3 世の名において，タヒチを領有し，ペナントと旗竿を立て，地面を掘り起こし，王の健康を祝して乾杯し，イギリス風の万歳三唱を唱えた」(Dening, 1994：198)。マタバイビーチでのこの式典には，その土地に長年住み，島への到着と所有に関する独自の物語と儀式を持っていた島民たちも参加した。島民たちは宗教的・政治的権力の象徴であるバナナの枝を用いて式典を行い，その後，陸テヴァの首長アモとその妻プレアが，マハイアテアに建設中の新しいマラエ（寺院）のある島の反対側にイギリスの旗を持っていった。

　1791 年，バウンティ号［ブライを艦長とする英国軍艦。1789 年，乗組員の反乱が生じた］での劇的な事件によって中断させられた仕事を終わらせるため，ウィリアム・ブライがタヒチに戻ってきたが，そこで彼は旗を見つけることに

なった。旗は，赤や黄色の羽毛でできた儀式用の式腰巻きないし帯――マロ・ウラ――の中に，バウンティ号の反乱者の1人であったリチャード・スキナーのトビ色の髪の毛と一緒に織り込まれていた。マロ・ウラは島の首長の証しであり，羽と刺繍には「主権の歴史」（Dening, 1994：205）が刻まれていた。そこには，戦争や犠牲，平和協定といった重要な出来事が表現され，さらには「（ヨーロッパからの）外来者と初めて出会った歴史」（Dening, 1994：280）も新しく組み込まれていた。実際，ウォリスからブライまでの25年間，この島の主権のシンボルは，島の人々の支配権をめぐる政治的闘争――最終的には，プレアの家族が海テヴァとその首長ポマレに敗れた――の重要な一部になっていたのである。

　イギリスの旗は，地球をぐるっと旅してタヒチのポリティクスの中に編み込まれ，イギリスによる島の領有の一部をなすと同時に，島民たちによっても所有されたのである。

マリア・シビラ・メリアンの昆虫の世界

　マリア・シビラ・メリアンは，昆虫や植物の版画や絵を描いた17世紀の女性である。当時，女性は何ができ何ができないか，という考えがあった。しかし，その頃の他の多くの女性芸術家と同じく芸術家の家系に生まれた彼女は，そのような意見に関わりなく才能が高く評価されていった。

　1683年までに，彼女は花を描いた本1冊といも虫についての本2冊を出版した。彼女が同時代の人々と違うところは，昆虫の網羅的な分類について興味を示さなかった点である。彼女は，卵からいも虫やさなぎ，そして蝶や蛾への変態について研究し，それを描写した。彼女の絵には，それぞれの昆虫の変態が，産卵の場であり食料にもなる植物と共に描かれているのである。近年では，彼女は「生態学的な洞察力」があると評されている（Davis, 1995：155）。

　彼女は，フリースランド［オランダ北部］で急進的なプロテスタント運動に関わり――芸術活動を続けることはできたが，出版はできなくなった――，またアムステルダムでは芸術家やコレクター，博物学者とのサークルを中心に活動した。そして，フリースランドでの活動参加から5年後の1699年，彼女と彼女の長女はスリナム行きの船の上にいた。このオランダ植民地では砂糖がとれ，アメリカ先住民（アラワク人，ワラオス人，タイラス人，ワイヤナ人），アフリカ人奴隷（約8,000人程度），そしてヨーロッパ人（600人ほどのオランダ

図 2.5　マリア・シビラ・メリアン「スリナムの棘木でのいも虫の変態と蛾」

(Merian, M. S. (1705) *Metamorphosis Insectorum Surinamensium*, Maria Sibylla Merian and Gerald Valck, Amsterdam の第11図. Department of Printing and Graphic Arts, Houghton Library, Harvard College Library の許可を得て掲載. 図版使用許可番号 Typ 732.05.567 P)

人プロテスタントと，300人ほどのポルトガル人およびドイツ系ユダヤ人）が居住していた。スリナムで，彼女はヨーロッパ人のプランテーション所有者や植民地の管理者，そして——彼女自身の奴隷も含めて——アフリカ人およびアメリカ先住民の男女の手を借りながら芸術活動を続けた。後者の人々は標本を彼女のもとに持っていき，彼女を森に案内した。おかげで彼女は見たことのない動植物を描くことができた。

『スリナムの昆虫の変態』（1705年）は，彼女の初期の作品に属すが，このような出会いが十分に織り込まれた作品となっている（図2.5）。メリアンは

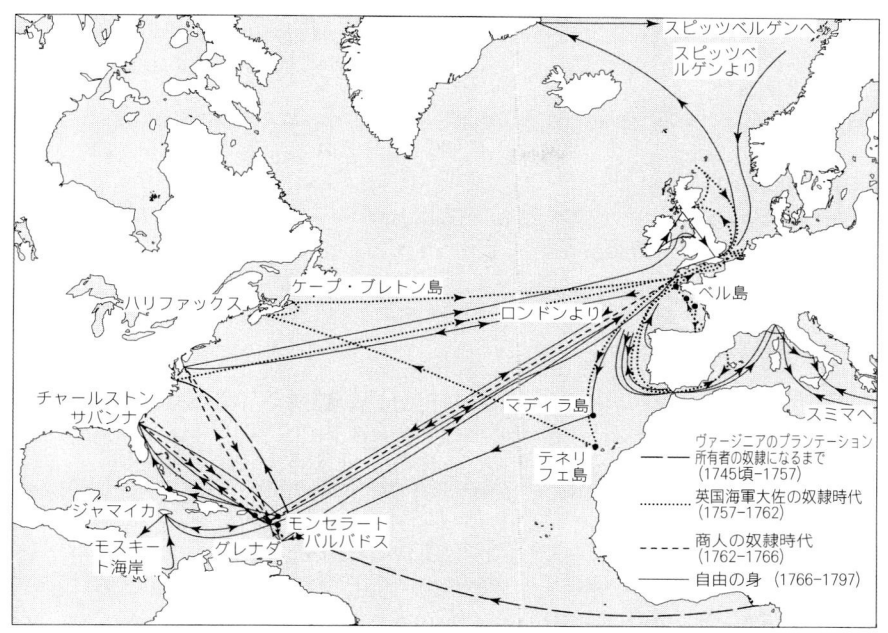

図2.6 大西洋横断を繰り返したオラウダ・エクィアーノの人生（1745〜97年頃）

その人々の名前を明記してはいないが，本の中でアフリカ人やアメリカ先住民の働きに感謝を示した。そこには彼女の助手をし，アムステルダムにも連れ帰った「インディアン女性」も含まれていた。また彼女は本文中で，植物の利用に関する人々の証言と彼女自身の民族誌的な観察を組み合わせた。それは，当時の習慣とは異なり，「未開人(サヴェッジ)と文明人(シビライズド)の境界をまったく無視したもの」(Davis, 1995：190) であり，彼女の「生態学的な洞察力」は，仲間の博物学者の上品な分類には決して含まれないような自然との関係をとらえていた。

マリア・シビラ・メリアンの旅行とそれに伴う活動は，奴隷制と植民地支配によって形作られながらも，その型に順応することを拒否するような世界の構築したのである。

オラウダ・エクィアーノの大西洋横断の生活

図2.6は，オラウダ・エクィアーノ（図2.7）が『数奇な人生』(Equiano, 1995；オリジナルは1789) に記した彼の半生における旅行を地図化したものである。今のナイジェリアで生まれた彼は，アフリカ人に拉致され，沿岸部で

図2.7　オラウダ・エクィアーノ

(Equiano, O.(1789) *The Interesting Life of O. Equiano Written by Himself*, London の口絵．The British Library の許可を得て掲載)

ヨーロッパ人に売られた。そしてアフリカからカリブ海にむかう「中間航路」［アフリカ西部と西インド諸島を結ぶ奴隷運搬航路］での恐怖と悲惨さに耐えさせられ，バルバドスに上陸後，バージニアのプランテーション所有者に売られた。彼は船上ではマイケル，アメリカではジェイコブと名づけられていたが，英国海軍のパスカル大佐に売られたとき，エクィアーノの抵抗にもかかわらず，大佐はスウェーデンを解放した王の名を取ってガスタヴァス・ヴァッサと名づけた。パスカルのもとには5年おり，その後イギリスおよびヨーロッパに向かい，ルイスバーグ（今のカナダ国内）の包囲やフランス海岸での海軍の交戦を目撃した。船上で，彼は読み書きを覚え，髪を切る技術を身につけた。1762年にロンドンに戻ったとき，彼は自由になれるものと期待したが，クウェーカー教徒の商人のもとに売られ，仲間の船員が彼を助けようとしたが，結局モンセラートに連れていかれた。その後4年間，彼は主人の貿易船——時には奴隷貿易も行った——で働き，カリブ諸島とジョージア，フィラデルフィアを往復した。そして，40ポンドで自由を買うことができるという主人との約束を反故にされた記憶を抱きつつ，常に蓄財と自己向上に目を向け，小規模ながら自分の資金でも貿易を行った。

　彼は1766年に自由を手に入れ，バハマで難破したあと，船でロンドンに向かった。この行動は，彼の元の主人たちを驚かせたことであろう。自由になったことで彼の旅行はさらに広がったのである。金銭への執着と世界を見たいという欲求のもと，彼はイタリアやトルコに向かい，1773年にはジョン・フィリップの（それまでの航海の中で一番北に行った）北極探検に参加，そして中央アメリカのモスキート海岸の新しい奴隷プランテーションでは奴隷監視人として働いた（Murphy, 1994）。

1786 年にはロンドンに戻り，個人的信念と敬虔なキリスト教信仰に導かれ，エクィアーノは奴隷貿易廃止運動を起こし，シエラレオネへの定住を目指す黒人貧困層救済委員会の計画に携わった（Potkay, 1994; Gilroy, 1997）。彼の生涯が物語として出版される——彼の政治活動の主要な要素であった——ときには，彼はすでに有名人となっていた。

彼もまた移動によって形作られた人物であった。エクィアーノやウカウサウ・グロニオサウ（Ukawsaw Gronniosaw），クオブナ・オットバー・クゴアーノ（Quobna Ottobah Cugoano），フィリス・ホイートリーといった 18 世紀の黒人作家は「単純にアフリカ人やアメリカ人，西インド諸島人でもなければ，イギリス人でもない生活を送った。しかしこれらすべてを結びつけ，究極的にはこれらすべてを同時に体験したのである」（Potkay, 1995:2）。

移動の物語

以上の「グローバルな物語」は，いずれも 1800 年以前のグローバリゼーションの特徴についての既存概念に対して異議を唱えている。イギリスの旗は，単に太平洋の島々をヨーロッパの勢力圏に含め，帝国の支配下に置く領有を示すシンボルではない。互いがそれぞれの目的に従って他を所有しようとするような，もっとずっと複雑な歴史の一部として旗は存在したのである。グローバリゼーションは，海辺のタヒチ人からは違うように見えてくる（Dening, 1994）。

同様に，マリア・シビラ・メリアンの『スリナムの昆虫の変態』は，ヨーロッパの科学がエキゾチックなものの分類と支配を目的としただけでなく，異なる世界との遭遇が起こったという認識を持った関係——それは対等なものではなかったが——の一部でもあったことを示している（Davis, 1995; Martins, 1998）。それは，グローバリゼーションについてのジェンダー化された歴史についても注意を喚起するであろう（第 1 章参照）。

そしてオラウダ・エクィアーノの目を見張る物語，『数奇な人生』においては，中間航路とは別の航路上で活躍したアフリカ人——彼はその他大勢の中の 1 人であった（Bolster, 1997）——が取り上げられ，大西洋世界のあらゆる地域での彼の仕事と，それについての彼の見解が読者に示されている。また，そこでは奴隷貿易によってもたらされたグローバリゼーション形成への抵抗が，エクィアーノのように世界中の移動——そして移動させられた経験——によって

成長した人々によって先導されたことも強調されている。

　グローバリゼーションの形成により，帝国の支配，科学や文明の人種差別的イデオロギー，アメリカ諸国におけるプランテーションでの奴隷所有などが進んだ。しかし，それと同時に別の形のパラレルなグローバリゼーションの歴史地理を示してくれるこのような物語を心にとどめておくことが重要である。それは，世界が単一のやり方で形成されたわけではないことを示してくれる。

6．おわりに

　本章では，1500年から1800年までのグローバリゼーションの歴史地理について検討した。そして，単一の「世界システム」の秩序としてとらえる見解から離れ，世界各地に不均等な関係がしばしば生じるような移動のネットワークの構築を強調したグローバリゼーションの理解を提示し，最後にそのネットワークの中で起こる衝突や抵抗，そしてそれらを横断し，あるいは逆流するような移動の意味を考えた。

　しかし，本章の目的は，世界の歴史地理を理解する方法を1つに定めることではない。資本主義の歴史についての構造的アプローチからは，資本の論理に還元されない，もしくは中核―周辺の空間構造の秩序によって組織化されないようなグローバリゼーションの形態を理解するのが困難である。一方，ネットワークや逆向きの移動ばかりに注目すると，各地の関係を最新の部分だけで理解しようとし，より長期的で幅広い歴史という点から捕らえられなくなる可能性がある。このようなグローバリゼーションを理解する方法間の違いを知ると同時に，ウォーラーステインの構造主義的な歴史の中に，ここで私が提示した方法よりも効果的に商人や労働者の「居場所を与える」にはどうすればよいのか，そしてエクィアーノやメリアン，ウォリスの旗がグローバルな経済・政治関係によってどのように「構造化」されたのかを検討することも重要であろう。

　これは，さまざまに異なる地理という観点から，グローバリゼーションの歴史地理を理解することをも意味する。さまざまに異なる地理とは，たとえば，ウォーラーステインのいう可変的ではあるが境界づけられた有利な地域と不利な地域の相互依存関係であり，ウルフのいう中核地域における周辺部，および周辺地域における（政治的，経済的な）中核部というより微妙な主張であり，両半球の大洋を越えて拡張し，そして収縮した船や在外商館，船乗り，情報，

製品などによる複雑なネットワークであり，そしてウォリスの旗やマリア・シビラ・メリアンの昆虫の探求，オラウダ・エクィアーノの自由を求める努力という1つの軌跡と複雑な状況である。これらすべてを同時に視野に入れることは不可能である。しかし歴史地理の領域は，これらの間で作業することで書かれていくべきものなのである。

　ヨーロピアン・テイストで始まったこの文章を，そのようなテイストを供給する役割を果たした場所でもって終わりたいと思う。シエラレオネ川とその周辺の土地は，サハラ砂漠横断の貿易ルートで結ばれていたが，世界システムの周辺地域へと変化し，ヨーロッパ，アフリカ，アメリカを結ぶ奴隷，砂糖，工業製品の三角貿易の一翼となった。その過程の中で，多くの人々が利口で熱心な参加者となった「消費者革命」などが起こり，そこに住む人々の政治的・経済的・文化的関係が大きく変化することになった（Walvin, 1997）。実際，奴隷に売られた何千もの人々と，奴隷と交換される17種の織物，この両者が富裕なロンドン商人の船で運ばれることになった。商人たちは，組織化とネットワーク構築の作業を通じて，以前は海賊の隠れ場であった場所——そこでは，彼らのような商人による商業活動や利益追求が，かつてはこのようなネットワークを共に築いていた逃亡労働者たちによって徹底的に拒絶されていた——を世界中と結びついた利益を生む奴隷商館へと変えていった。そして，25年後には，奴隷であり大西洋旅行家，商人であり労働者であった人物が，奴隷貿易に反対するキャンペーンの一環として黒人移民を送り込もうとした場所ともなった。

　シエラレオネの歴史地理，そしてグローバリゼーションの地理の一部となったあらゆる場所の歴史地理は，世界の推移の中でその場所を位置づける結びつきもさまざまに変化していることに注意して，理解されねばならない。

（上杉和央訳）

第3章 アイデンティティの歴史地理——記憶の場所——

ブライアン・グレアム(Brian Graham)

1. はじめに

　ホミ・バーバ(Bhabha, 1994:6)は言う。至るところで国際的な結びつきが見られるようになったということは,「もはや国ごとの文化の独自性は,失われたということである」と。これは,モダニティと進歩の精神に根ざした「想像の政治共同体」というベネディクト・アンダーソンの概念を思い起こさせる。アンダーソン(Anderson, B., 1991:6-7)によれば,

> 国民は本来的に限定され,かつ主権的なものとして想像される。……国民は想像されたものである。というのは,いかに少数の国民であろうと,これを構成する人々は,その同胞の大多数を知ることがないからである。……国民は限られたものとして想像される。なぜなら,たとえ最大の国民ですら,流動的ではあれ限られた国境をもち,その国境の向こうには他の国民がいるからである。……国家は主権的なものとして想像される。なぜなら,この国民の概念は啓蒙主義と革命の時代に生まれたからである。……そして最後に,国民は1つの共同体として想像される。なぜなら,たとえ現実には不平等と搾取があるにせよ,国民は,常に,水平的な深い仲間として心に思い描かれるからである。

　この内なる国民の同一性の想像は,必ず過去の神話の一貫性と正当性に依拠している。これは,おそらく場所とアイデンティティの関係を最もよく示す例であると言えるだろう。ハンドラー(Handler, 1994)によれば,西洋世界は,アイデンティティを時間と空間に縛られたものとして,すなわち,自らを明確な始まりと終わりがあり,固有の領域を持つものとして考えることに,2世紀以上も慣らされてきたという。しかし,アイデンティティというのは,きわめ

て多くの解釈を許す概念である。一般的には，価値観や信条，願望と一体化した概念であり，自己を同じような考えを持つ人を同一視する，単純な同一性の構造を構築するものである。集合的なアイデンティティは，多面的な現象である。それは，言語や宗教，エスニシティ，ナショナリズム，過去の解釈の共有という人間の属性にまで及ぶ（Guibernau, 1996）。そして，誰がその一員に値し，誰がそうでないかを決める包含と排除の言説の中に構築される。

それゆえ，アイデンティティ概念の中心には，「他者（アザー）」という考えがある。「他者」は，信条や価値観，願望をめぐって競い，ときに対立するような集団にはっきりと表れる（Said, 1978，第4章も参照）。「他者性（アザネス）の認識は，自己アイデンティティを強化するのに役立つ。しかし同時に『他者』として定義してしまった集団への不信や回避，排除を招き，それらから距離を置くことにもつながる」（Douglas, 1997：151-152）。そのためナショナル・アイデンティティは，帝国主義と相俟って，世界の他の部分に対する広く永続的な文化的態度を呼び起こすものになるのである（第5章参照）。

アイデンティティは，空間と密接に結びついて定義される不連続な社会的構築物なのではない。むしろ1つのアイデンティティは，多くの特性や複数のアイデンティティ――そして，それらを定義する基準――が集まってできたものであり，それらは複雑に重なり合い，さまざまな地理的スケールを持っているのである。たとえば，アイデンティティは，超国家的な，国家的な，地域的あるいはローカルな矛盾する表現を潜在的に含んでいる。そして，同一の空間的位相からは必ずしも定義できない他の属性――宗教，言語，エスニシティ，民族，文化，ジェンダー――が顕在化すれば，このようなアイデンティティは壊されてしまう。それゆえ必然的に，アイデンティティとはきちんとまとまりのあるものではなく，社会的・地理的に多様なものなのである。少なくとも歴史的にみて，エスニシティやナショナリズムは，アイデンティティの最も有力な表現形態であり，アイデンティティの持つ異種混淆性を，同一性という表現や提喩に単純化するものである。

本章は，歴史叙述と地政学の交差する地点に焦点を当てている。以下の事例研究では，相互に結びついた歴史地理，近代化の多様な経験，現在における過去のポリティクスという本書の3つのテーマを，多少重複させながら取り上げていくが，その中で関心を向けるのは，アイデンティティの構築と記述，およびその間接的な影響についてであり，とくに強調したいのは，ナショナリズム

の歴史地理である。

　最初に，特定の帰属意識の地理を構築してきた過去の物語をめぐる争いを通じて，ナショナリズムとエスニシティ，アイデンティティ，場所との関係を論じる。そのような過去の物語が権力を持つかどうかは，なじみ深いものを喚起できるかどうかにかかっている。つまり，「なじみのないものを，よく知っているものに変えようとする私たちの願望」(Barnes and Duncan, 1992：11-12) に訴えかけることで機能する表現に依拠しているのである。第4章から第6章での帝国主義に関する議論と同様に，歴史叙述とアイデンティティのポリティクスは，相互に結びついた文化的言説と考えることができる。

　第2に，本章ではナショナリズムの1つの特徴に言及する。それは，霧にかすんだ歴史の中に根ざした，不変で根元的なアイデンティティとして視覚化されるべきではなく (Agnew, 1997)，偶発的で常に変化する過程として描かれるべきものである。ナショナリズムの機能は，文化の多様性という異種混淆性に対して，ある程度の統一性を押しつけるが，それは一時的に可能でしかない。

　最後に，ナショナル・アイデンティティの多様な経験を，事例研究の中から探る。帝国主義と同じく，ナショナリズムも，不変で予測可能な一枚岩的なメタ物語として現れるものではない。それらは，近代そのものと同様に，「場所と場所の間の関係，そして空間を横断する関係の中で形成される……多様な地理」(Ogborn, 1998：19) なのである。

2．相互に結びつくもの
　　——ナショナリズム，エスニシティ，アイデンティティ，場所——

(1) アイデンティティと場所

　アグニューとコーブリッジ (Agnew and Corbridge, 1995) は，アイデンティティを国家の主権や領域的空間と同一視することを，「領域の罠（テリトリアル・トラップ）」という言葉で表した。この罠にかかればどうなるかは，地理学や歴史学その他の学問分野が，アイデンティティの言説，とりわけナショナリズムに関わる言説をまき散らす有り様，つまり地政学の中に見て取ることができる。そこでは，空間は伝統と近代によって理想的に構築されたものとして過剰に簡略化され，特定の時間には国家のメタファーとなる理想化された歴史的経験が吹き込まれることになる (Agnew, 1996)。この種の寓話（アレゴリー）は，往々にして，実際の経済状況や社会状況とは食い違う。空間は，国民国家という明確に区別された歴史的領域

として扱われることにより，ますます政治化される。国民国家は，「過去を現在の中にしまい込む空間であり，国家がその祖国を見出す唯一無比の地域」となる（Anderson, J., 1988:24）。

18・19世紀における国民国家の登場は，場所を神秘化してしまうロマン主義的な観念や，帰属しているか，帰属していないかという観念と密接に関連している。ウルフ（Woolf, 1996:25-26）は次のように言う。

> ナショナル・アイデンティティとは，抽象的な概念である。それは，1つの社会的・政治的単位である国民国家に帰属しているという，主観的で個人的な感覚の集合的な表現を集約する。ナショナリズム的なレトリックは，個人が国家の一部を（言語や，血縁，選択，居住地，その他の基準を通じて）形成していると考えさせるだけではない。個人を国民国家の領域的単位と同一視させるものでもある。

ホブズボーム（Hobsbawm, 1990）も，ナショナリズムを，何よりもまず政治的単位と国家的単位が一致すべきと考える信条と定義し，「ナショナル」の本質は，文化的領野で定義されるとする。デービス（Davies, 1996:813）も，フランスの歴史学者，エルネスト・ルナンを引用しながら，国家の「本質」は精神的なものであるとする意見に同意している。「1つには，過去の豊かな記憶という共通の遺産を持つこと。もう1つには，現在の共通認識，つまり共に生きるという意志を持つこと……」。

議論のはじめに，4つの重要な条件を提示しておこう。第1に，「ナショナリズムは，明らかに男同志の絆というホモソーシャルな形態を好む」（Parker et al., 1992:6）。このことは，アンダーソンの議論にも，究極的にはナショナリズムは，想像の共同体という「深く水平的な友情」で結ばれた「同胞愛」であるとして示されている。「この限られた想像物のために，何百万人もの人々がこの200年の間に，人を殺すだけでなく，喜んで死んでいったのだ」（Anderson, B., 1991:7）。プラット（Pratt, 1994:30）はその結果を次のように言う。

> 国民における女性の住人は，水平的な兄弟愛の一部として想像されることもなければ，自ら想像するよう促されることもなかった。……むしろ彼女たちの価値は，とりわけ国民の母としての再生産の役割にあった……。

近代国民国家という想像の共同体が発明されるとき，このように，戦争と軍

国主義の図像学が表面化するのは，一般的なことである．

　第2に，ナショナリズムという遺産も，共同体的な意志を表現する特定の言い方も，一時的に特定の社会的・政治的特質の中に位置づけられるものであり，それゆえ，時の経過とともに状況が変化するにつれ，絶え間なく修正がほどこされる．したがって，ナショナリズムがどんなレトリックで反論しようとも，「主権を有する領域国家は，歴史時間を超越した神聖なるまとまりではない」（Agnew and Corbridge, 1995:89）のである．アイデンティティの空間の持つ意味は常に再交渉にさらされるため，しばしば分裂が生じる．そして，国への忠誠心が離散している現在，母国においてアイデンティティが変化し続けていることにほとんど注意を払わないまま，過去の状況に居座る状況もみられる．

　たとえば，北アメリカ（やオーストラリア）におけるアイルランドの見方は，イギリスの抑圧という物語の中で形成された19世紀のナショナリストの言説のままである．この見方は，長い間アイルランドと北アメリカ自身の両方において激しく議論されてきたものであるが，その憎悪に満ちた暴力的な遺産は，離散したアイルランド人の末裔たちから，アイルランド共和国軍暫定派やその他の共和主義的な準軍事的組織へ相当な経済援助がなされてきたという事実に，顕著に表れている．これらの組織のアイルランドでの闘争の主張は，ナショナリストの伝統的なレトリックから構成されてきたのである．

　第3に，ナショナル・アイデンティティのヘゲモニーは，近代，とくに西洋の近代では重要であったにもかかわらず，宗教や民族，階級，ジェンダーといったしばしば矛盾する他の忠誠心のために，いつも妥協せざるを得なかった．アグニュー（Agnew, 1998:216）が論じたように，「国民国家の『神聖化』は決して全体的なものではなかった．全体主義国家でさえ，宗教や地方の祝祭は独自の場所を有していた」．民族のモザイクは，多文化的なポストモダン世界の特徴として見られることもあるが，これは今に始まったことではない．国境とは，このように濃淡ある世界に押しつけられたものであって，しばしば異なるアイデンティティの間で闘争が生じた．

　たとえば，アフリカ中央部に帝国主義権力によって引かれた国境は，民族の境界とほとんど一致することがなかった．1994年にルワンダとブルンジで大虐殺という悲劇が起こったが，その民族のポリティクスの一因となったのが国境であった．そして，コンゴの不安定な政情は，1998年の暮れの段階では，新たな民族紛争を引き起こしかねない状況にある［1999年以降，部族間の対

立による大量虐殺事件が起こった]。

　さらに言うならば，アイデンティティの中には国家の領域にとらわれないものもある。たとえば宗教への忠誠心はそのよい例だ。1054年のキリスト教会の分裂によって，ヨーロッパはラテン世界の西ローマ帝国と東方正教会に分離したが，この区分は現在でも重要性を失っていない。さらに広く見れば，7世紀以来繰り返されてきたキリスト教とイスラム教との闘争は，現在では，西洋に対するイスラム活動家の再起，あるいはテロリスト集団の国境を越えたネットワークとして形を変えて現れている。この対立は，一面ではイスラム教の世俗化に対する抵抗を表しているとも言えよう。それは，今でも宗教的信条によって定義されるイスラム国家の中では，宗教的信条がナショナリズムに匹敵するものとなりうるということである。なぜならイスラム国家では，そのような信条がナショナリズムの機能の多くを担っているからである (Gellner, 1997)。

　しかし，宗教の持つ一枚岩的な性質を，あまり強調すべきでない。なぜなら，宗教もまた，歴史に基づく多くの忠誠心に分割されるのであり，またそれら自身が対立の火種ともなるからだ。たとえば，現在アフガニスタンを支配しているスンニー派タリバンは［タリバン政権は2001年に崩壊した］，シーア派というエスニック・マイノリティ集団の大虐殺に関わったが，それは，632年のムハンマドの死に由来するイスラム世界の分裂の残酷な結果でもある。

　最後の4点目として，本章はヨーロッパに注目するが，これは本書全体の構成によるものでもある。第1章では，中心を脱中心化するヨーロッパの「地方化」について述べたが，そのことは，ヨーロッパを理解する試みを排除することではない。しかし，近代的なナショナリズムが，最初はヨーロッパ人の言説から展開し，その後で帝国主義と移民を通じて世界の残りの大部分へ影響を及ぼしたことも確かである。たとえば，アンダーソン (Anderson, B., 1991:47) が論じたように，18世紀末から19世紀初頭の新大陸諸国にみられた，ナショナリズム創出の動きは，ヨーロッパの帝国本国から国家の独立を求める闘争との関係において説明される。これらの国々の指導者は，「戦う相手と共通の言語をしゃべり共通の血縁を持つ人々」であった。

　すべてを超越した主権が，領域国家という単位として成立するという考え方は，ハーヴェイ (Harvey, 1989:242) のいう「時間と空間の見方のラディカルな再編成」を反映するものでもあり，ヨーロッパでは前近代社会から近代社会への移行期にのみ発生する (たとえばJohnson, 1998参照)。これは，封建

制度やローマ教会といった，すでに確立していた中世の階層的支配システムの崩壊と時を同じくして進行した過程である（Ruggie, 1993）。その結果，社会の構成員は排他的になり，「特定の地理的空間に住んでいるかどうかで，市民かどうかが決定されることが，政治的アイデンティティを規定する最も重要な事実となった」（Agnew and Corbridge, 1995：85）。

ヨーロッパの国民国家には，このような包含という基準によって境界線が引かれた。その境界線は，共同体の調和の表象でもある。しかし，その境界線は，内部にも外部にも存在する共同体から排除された人々を他者化することで，定義されるものでもある。もしナショナル・アイデンティティが，国際的な結びつきが広まるにつれて実際に弱まっているのであれば，そのような過程はヨーロッパの大部分で見受けられるであろう。バーバやその他多くの文化理論の研究者によると，ナショナリストの場所志向的なイデオロギーや説明の様式は，多くの移民が複雑で多文化的な社会を作ってきたポストコロニアルな世界とは，表面的には常に無関係であるとみなされており，それゆえに，場所をめぐって構築されたアイデンティティの寓話の正当性を崩壊させているという。

さらにバーバは，「国民の散種(ディセミ・ネーション)」というポストナショナリズムの段階がくると想定する。そこでは，利害関係を共にする新しいコミュニティが展開し，利害によって常に変化するようなアイデンティティや国家を越えたコミュニティの構築が表明される。それは，ナショナリズムや国民国家の「多から一を(アウト・オブ・メニー・ワン)」というイデオロギーを脅かし，ついには否定してしまうものである。バーバは，「想像の共同体」の基礎となる帰属意識の水平的な概念化を否定し，別の新しい「モダニティ」を論じている。そこでは，「有機体的」なイデオロギーは首尾一貫したものでも均質なものでもなく，イデオロギーの根拠も単一の社会的地位のみにあるわけではない。また，スチュアート・ホール（Hall, S., 1996：4）は，アイデンティティが「決して単一に構築されるのではなく，多様で，時に交差し対立する言説や実践，立場を通じて，複合的なものとして構築される」世界に向かうなかで，多様で多文化的な社会の形成と，それに伴う帰属意識の希薄化が生じると論じている。

それでもなお，たとえばホブズボーム（Hobsbawm, 1990：187）が論じているように，ナショナリズムに基づく集団的アイデンティティを希求する声はなお強く，世界はこのような希求によって規定されている。「ナショナリティは唯一の表現ではないが，（これまでわれわれが見てきたように）確かに1つの

表現なのだ」。アンダーソン（Anderson, B., 1991：3）はさらに次のように論じる。

> かくも長きにわたって予言されてきた，あの「ナショナリズムの時代の終焉」は，地平の彼方にすら現れてはいない。実際，国民であることは，われわれの時代の政治生活における最も普遍的で正統的な価値となっている。

これはやや言い過ぎだとしても，バーバやホールが指摘したような，場所性を失い，ばらばらになった集合的アイデンティティは，おそらく，永久と思われた領域国家の力とそのアイデンティティの表現を弱めることにつながるだろう。とはいえ，経済のグローバリゼーションと自由貿易の是認にもかかわらず，国家は経済を管理するものとして力を持ち続けており，「代議制によって個人が政治に参加する方式を追求する限り，唯一存在する組織的枠組み」（Agnew, 1997：319）であり続ける。さらに，国家の「内からであれ外からであれ，何らかの重大な脅威にさらされると，人は秩序を回復しようと考えるだろう。そのとき，現実に最も頼れる」のは国家であるという意識も根強い（Dijkink, 1996：16）。

ここで論じられているのは，アイデンティティと場所の寓話がより繊細になったものの，帰属意識と領域空間との相互の結びつきは，そのような表象にとって今なお基本的なものであり続けているという点である。実際，グロスビー（Grosby, 1995：143）にいたっては，領域性を近代社会における随一の「卓越した根本的な愛着心」であると論じるほどである。そして，この帰属意識を構成するものは，1つではなく複数の言説，ホールのいう「相互に交差しながら対立する言説」である。必然的に，場所の物語は力を持ち，過去をめぐる覇権的な表象の中に固定され，そして領域国家を支持する正当性と権威というモダニズム的な考え方において，今なお根本的なものであり続けている。

(2) ナショナリズム，エスニシティ，アイデンティティ，場所

「散種」についての活発な議論が交わされているのは，「多から一へ」というイデオロギーが，なお力を保っているためである。その力とは，どんなに制限されたとはいえ，ナショナリズム的想像力という名のもとに，人を殺し切り刻むことのできる力である。1998年8月15日，北アイルランドのオマーの中心部で，アイルランド共和主義者の転向者たちによって車に仕掛けられた爆弾が

爆発し，29人が死亡，200人以上が負傷した（そのうちのいく人かは命に関わる傷を負った）。アイルランドを「イギリス野郎」から解放するために続けられてきた戦いにおいて，その町のショッピングセンターは「妥当」なターゲットだったとして「正当化」されたのである。

ここで問われなければならないのは，いったい誰にとってのアイルランドなのかということである。それぞれの住民投票において，アイルランド共和国の人口の90％以上と，北アイルランドの人口の70％以上は，1998年の聖金曜日ベルファスト平和協定［北アイルランド和平条約］への支持を示した。それは，従来はっきりとは表明されてこなかったやり方で，多様だが統合された社会をアイルランドに創造することを模索するものであり，1969年以来3,500人もの人々を殺してきた暴力を終わらせようとするものであった。しかし，この協定のもろさは，アイデンティティをめぐるポリティクスが根本的に持っている問題にある。なぜなら，究極的に平和を受け入れることは，今までとは異なる，アイルランドに関する場所の物語を受け入れなければならないからだ。それは，悲惨な過去に対する責任を理解して受け入れ，アイルランドのアイデンティティの結合体の中心に，抑圧や宗教に基づくナショナリズムを作らないようにしなくてはならないことでもある。過去の物語を書き直すことで，現在の帰属意識に代わる表現を創出されることになるが，それは，受け入れ可能な政治構造の模索を支えるものでなければならない (Graham, 1997a; Graham and Shirlow, 1998)。

さらに言うと，「多から一へ」というイデオロギーは，ナショナリズムのみに限られるものでもない。その最も憎悪に満ちたものが，無数の民族・部族闘争によってかきたてられており，そこにはナショナリズム的な神話をめぐる争いが関わっているのだ。民族集団とは，共通の歴史や文化，そして多くは言語や宗教を共有する人々による，社会的にはっきりと区別されたコミュニティとして定義されうる (Sillitoe and White, 1992)。歴史の共有と価値観という点で，ナショナリズムとエスニシティは相互に依存する関係にあるが，ナショナリズムは必ずしもエスニシティに固有の特徴ではない (Anderson, B., 1991)。しかし，ナショナリズムもエスニシティも時間と場所に埋め込まれており，いずれも複雑でダイナミックで，そしてアイデンティティ概念の根幹をなすものである (Nanton, 1992)。それらは，憎悪という表現に訴えるという点を共有している。憎悪は最近になって作られたものがほとんどで，複雑であいまいな

過去を単線的な歴史物語に単純化することで生まれ，またその感情が武力紛争を正当化してきた。

　たとえば，次の例を思い出してみるとよい。ヨーロッパの国民国家の境界線は，領域化された政治的アイデンティティの排除と分割の地政学を未だに反映している。それらは，一般的に暴力と戦争の結果として，もしくはその過程で作られてきたものなのだ（Heffernan, 1998）。このことからも，この種の物語が根強く残っていることは，たやすく理解できるだろう。さらに，サドウスキー（Sadowski, 1998）によると，冷戦後の世界に起こったすべての戦争は，実質的に民族ないし部族問題に起因している。ここには，アイルランドやスペインで起こっているような，小規模ではあるが未だにひどい内紛状態にある闘争から，アゼルバイジャンやグルジア，タジキスタンといった旧ソ連の混乱状況，さらには旧ユーゴスラビア（1991～95年のボスニア戦争で20万人もの人が殺害された）や，1994年に100万人もの大虐殺が起こり，その多くがツチ人というエスニック・マイノリティであったルワンダまでもが含まれる。

　民族アイデンティティとナショナル・アイデンティティは，いずれも同じくらい偶発的なものであるが，3つの点から明確に定義されることが共通している。1つはすべての人間活動に及ぶ隔離，2つ目は過去の認識の共有という神話，最後は主要な社会的・文化的特徴によって集団間の境界を明示することである（Poole, 1997）。これらの特徴が一致するがゆえに，民族ナショナリズムという言い方が慣例化してきたのである。このような定義からして，民族ナショナリズムは排他的で，時に不寛容で，常に不安定なものである。血縁の有無で構成員を定め，生まれたコミュニティとその土地の文化を国土に内包させ，そしてその国土をアイデンティティと同等のものとみなす物語に基づくことによって，民族ナショナリズムは，多様性を包摂し異種混淆性を否定する。それは，民族ナショナリズムが根本的に有する機能である（Shaw, 1998）。民族ナショナリズムの物語は，アイデンティティの文化的象徴に訴えかけたり，何よりもまず国家を支配するという政治目標を追求するための集合的で具体的な目標に訴えかけることに依存している。そのため，異質なものの否定は，多くの場合，「民族浄化」という荒っぽい形を取る。

　歴史的にみて，想像の共同体の発明には，文化的排他性という修辞が必要であった。それは共通の話し言葉を必要とするものであり，しばしば文化的エリートによって保証され，国家の教育システムがそれを普及させた。このことは，

18世紀の哲学者，ヨハン・ゴットフリード・ヘルダーの研究において概念化されている。ヘルダーはいくつかの言語集団によって地球上を区分することを主張したが，このように言語を民族の最も重要な指標として強調する傾向は，19世紀の終わりにとくに顕著になった。想像の共同体は共通の宗教を必要とする場合もあったが，それよりも，何にもまして，共同体を定義づけるような特徴が，国家による領域の主張を正当化するための過去と場所の解釈の中に，しっかりと位置づけられることこそが必要であった。まさにその性質ゆえに，ナショナリズムはゼロサム的な［各メンバーの得失点の和がゼロとなる状態］権力の概念を具現化している。そこでは，領域の所有は絶対的で交渉不可能なものなのである。戦争を通じてのみ，領域は正当な所有者から剝奪されうる。

帰属という意識は，記憶によって成り立つだけでなく，忘却によっても成り立つ。その際，過去は国家の共通の未来を保証する軌跡となるように再構築される（Gillis, 1994）。「歴史は，国家の権利と領土獲得のための長きに渡る戦いの証として収集され」（Davies, 1996：815），共通の敵を他者化するなかで構築されていった。リンダ・コリー（Colley, 1992a：5-6）が述べるように，たとえば大英帝国は，「一時期だけだったかもしれないが，より古い体制や忠誠心に基づいて」創造された国家であるかのように，みなされている。

> それは何よりも戦争が作り出したものであった。折にふれ，フランスとの戦争は，イギリス人をして——ウェールズ出身であれ，スコットランド出身であれ，イングランド出身であれ——明らかに敵対的な他者（アザー）と対決させ，自分たちをそれに対立する者の集団として，一体感をいだかせたのである。つまり彼らは，世界最強のカトリックの国に対抗して，生き残りを賭けて戦っているプロテスタントとして，自己を規定したのである。彼らは，自分たちがイメージしたフランス人，すなわち，迷信深く，戦争好きで，堕落していて，自由をもたない人々と戦っているのだと，信じていた（Colley, 1992a：5）。

ホブズボーム（Hobsbawm, 1990：65）は，近代の国民的な動きが強い民族意識に基づくことは実際にはほとんどないが，「人種差別という様式の中で，自分たちの起点となるものとして，それはしばしば民族意識を作り上げている」と論じた。たとえば，1899年のアクション・フランセーズ［ドレフュス事件に際して結成された右翼団体］の創始者の1人であるシャルル・モーラス

は，フランス人意識と，その地で生まれたことやカトリックであることとを同一視し，憎悪に満ちた人種差別的ナショナリズムを擁護した。それは，アイルランドのナショナリズムでも同様であり，特定の宗教への忠誠心とナショナル・アイデンティティは分かちがたいものとなっていた。

　このような不寛容かつ独断的で，最終的には極度に変形したナショナリズムは，19世紀後期ヨーロッパの特徴である。これは，それ以前のよりリベラルな種類のナショナリズムに続いて現れたもので，それは元来，王朝国家の支配から自由を求める闘争から始まったものである（Davies, 1996）。帝国主義のネットワークを通じてこのナショナリズムが輸出されたとき，ナショナリズムの思想における人種主義的な色合いは，ヨーロッパ人の優越感と混じり合った。そして，植民地やその住人に対しては，「宗主国との親近感および疎外感の両者を表現する帝国的記号体系」が投影されることになった（Daniels, 1993：10）。ここで再びコリー（Colley, 1992a：5）を引用すれば，「次第に（イギリス人は）……征服した植民地の人々との対比の中で，自分たちを規定するようになった。植民地の人々は，文化，宗教，肌の色などの点で，明らかに自分たちとは違っているとされた」。

　ヨーロッパでは，ナショナリズムに内包される人種差別的側面が，のちにファシズムやそれに関連した反ユダヤ主義へと拡大した。フランスにおける人種差別的ナショナリズムの頂点は，第二次世界大戦期，親ドイツ的なヴィシー政権のときであり，ユダヤ系のフランス市民をポーランドにあったナチスの死の収容所へと国外退去させるに至った（この事件をフランスが思い出すのに50年の歳月がかかった。このことは，ナショナリズムが過去を記念するのと同じくらい，忘却させるものであることを示す証拠であろう）。ナショナル・アイデンティティにおいて人種差別的に形作られた言説は，フリードリッヒ・ラッツェルの国家有機体説のような考えの中に普段は溶け込んでいるが，人口の増大が資源の枯渇を脅かすようになると，必然的に拡大していく。「レーベンスラウム」（文字通り，生きている空間）というラッツェルの考えは，近代化の進んだ国家は「グロースラウム」（大きな空間）を目指さねばならず，国家の建設は帝国の建設と一体とならなければならないという確信を導いた。この考えは，のちにナチスのイデオロギーの拠り所として解釈されることとなったが，ラッツェルにとっての「グロースラウム」とは，「実際には，新たな民族の血統を生み出す人種の混合を支援するもの」であった（Livingstone, 1992：202）。

しかし，民族ナショナリズムが必要とするのは，過去をほどほどに同質化して解釈することだけではない。民族ナショナリズムは，本質的にはっきりした領域を伴うものであるため，その物語は場所の表現の中にも埋め込まれなければならない。宗教や芸術，文学，音楽の特定の読解を通じてしばしば構築されるがゆえに，理想的にナショナルな景観や典型的な景観は，特定の領域を集団が占有している状況や，そのことによってもたらされる共有された過去の記憶といった目に見える証として機能する（Daniels, 1993; Graham, 1994a; Agnew, 1998）。しかしながら，「普通の規模の国家でさえ」，「明らかな格差があるにもかかわらず」，統一されていると宣言せねばならないところにジレンマがある（Hobsbawm, 1990：91）。19世紀の歴史学者であるジュール・ミシュレは，次のような決定的な矛盾を指摘した。ミシュレは，武力と市民革命によって統一を達成したフランスが，地理的には多様であることを例として，「（フランスという）実体は基本的に分節可能であり，分離と不一致の緊張が常にある」（引用は，Braudel, 1998：120による）とした。

　結果的に，そのような多様性を包摂するナショナルな景観は，「ナショナル・アイデンティティに欠如していたかもしれない実体を与え」（Agnew, 1998：216），権力関係を正当化するというナショナリズムの役割の中で，特定のテクストとして機能する。そして具体的な地理と同様に，理想的な景観も，ナショナリズム的な言説が持つ特定の用語を伝播させるための手段となりうる。ジョンソン（Johnson, 1993）は，「覇権的な景観」という語を，集合的な文化意識の中心となるような理想的な場所のイメジャリーという意味で用いている。しかしアグニュー（Agnew, 1998）が考えるように，そのような場所は決して具体化されない。なぜなら歴史は，ナショナル・アイデンティティを保証するために作り出された典型的な景観という，モダニズム的な物語でもって終わりになるわけではないからだ。

　アグニューは，イングランドやアイルランドとは違って，イタリアでは景観の理念を詳細に描写するという試みが失敗に終わったことを指摘する。それは，イタリアが，景観の理念の基盤となるような，圧倒的に英雄的な出来事を欠いていたためだという。

　　イングランドでは，産業革命の影響により，本来の歴史的コンテクストを長く後世に伝える田園的／牧歌的な理想が，ロマンティックな愛着を持っ

て作られた。またアメリカでは，フロンティア神話と「原生自然」の征服によって，サバイバルや豊かさ，閉塞的な都市生活からの逃避というテーマにまつわるナショナル・アイデンティティに注目が向けられることになった（Agnew, 1998：232）。

しかし，イタリアが今でも生き残っていることは，ナショナル・アイデンティティに別の側面があることを示唆しているだろう。それは，必ずしも民族の指標とは一致しない，市民権と領域という別の属性を含んでいる。このような市民的な事柄が表に出てくる場合，国家の構成員は，共通の制度や権利体系，はっきりと線の引かれた領域によって，自己を確認する。構成員の資格は，血縁よりも居住を指標としており，国境の内側に住んでいる人々は法律上すべて含まれる（現実にはそうでないことが多いが）。このようにして，「アメリカ人」は多民族・多文化のモザイクであるが，国家の制度的な枠組み，つまりナショナル・アイデンティティの基盤によって，同じものとして描かれる（Smith, 1991）。

西欧は優越しているという考えには与すべきでないだろうが，旧ソ連やバルカン半島の現在の状況は，ナショナリズムの民族モデルをよく表現しているように見える。他にもっとよい例があるかもしれないが，北アイルランドの長きにわたる抗争が示すように，一般的に西欧におけるアイデンティティをめぐるポリティクスは，市民ナショナリズムという教訓によって最も効果的に示される。しかし，現実には，ショウ（Shaw, 1998：136）が警告するように，「2つの形態のナショナリズムは，決して相互に排他的なものではない」のである。

(3) ナショナリズムと領域国家

市民ナショナリズムであろうと民族ナショナリズムであろうと（そしてその両方であろうと），ナショナリズムは，特定の過去の構築物をまとい，作られた伝統に依拠する。そしてそれらは，言説の外ではなく，内において構築される（Hall, S., 1996）。ナショナリズムはある特定の概念化された権力を表象し，それが正当性や妥当性といった問題――それ自体が典型的なモダニズムの構築物であるが――を具現化することになる。そのため，権力の行使が権威となるか，威圧となるか，その根本的な分岐点に，アイデンティティをめぐるポリティクスが位置しているのである。前者の場合，大衆は権力の源泉を正当なもの

とみなす。それは，共通の利害と結びついているように見られるからである。逆に，威圧の場合，権力の行使が広範にわたって違法だとみなされ，軍事力や暴力に依拠する状況をはっきりと作り出す。この方法は国の資産を食い潰すばかりでなく，威圧に依拠する国家は概して短命に終わる。そこで，国家に与えられる正当性は，ナショナリズムが作り上げた次のような方策に依拠することになる。

- 多様な場所と人々を包摂するのに十分な類似性の比喩を用いて，均一の場所を表象すること。
- 文化と政治的忠誠心，市民権との間に，空間的な一致を作り出すこと。
- 集合的記憶としてアイデンティティを定義すること。それはしばしば愛国心を喚起し，抵抗と他者化を前提として形成される。

これまで見てきたように，多くの論者は，アイデンティティの言説の概念が，近代のポスト啓蒙時代に顕著な現象であり，国民国家や領域国家，およびその人々と関連しているとする点について同意している。またこの現象は，18世紀末から19世紀における，ヨーロッパの構築を特徴づけるものでもあった。

> 多くの研究者は，市民ナショナリズムを18世紀の啓蒙運動という合理主義に由来していると考えているが，一方で，民族ナショナリズムは，ロマン主義運動と関連するアイデンティティの有機的な観念に端を発している（Shaw, 1998：136）。

たとえばホブズボーム（Hobsbawm, 1990）は，ナショナリズムを，1830年から1880年にかけてのブルジョワ自由主義の勝利の顕著な産物とみなしているが，もっと早い時期にその起源を求める論者もいる。たとえばコリー（Colley, 1992a）は，イギリス人意識の形成を，18世紀に至るまでプロテスタントによって繰り返し引き起こされた戦争や商業の成功，帝国の征服に関連づけており，ヘイスティングス（Hastings, 1997）は，ナショナリズムと国の両方とも中世に起源を持つと主張する。しかし，ナショナリズムがフランス革命以降急激に盛り上がったこと，19世紀から20世紀初頭のヨーロッパにおける社会・政治の変化によって，かなり明確化したことに関しては，一般化できるように思われる。デービス（Davies, 1996：821）が論じているように，ナショナリズムと近代化とがどんな関係にあろうと，「近代化のプロセスの中で，

ナショナリズムの役割がそれ以前の限界を超えて拡大したことは疑う余地がない」。そこには，長きにわたる戦争状態，経済の近代化，ドイツやイタリアで地方と都市の忠誠心が統一国家へ緩やかに融合したこと，そして海外にヨーロッパの諸帝国が拡大したことといった要因があった。

このような 19 世紀ヨーロッパのナショナリズムにみられる民族的・市民的な側面はさまざまな軌跡をたどったが，それらは，「同じような道徳的合理主義を持つ人々は，社会の動きを導く秩序体系に同意するであろう」（Peet, 1998：14）というモダニティの前提を共有している。それゆえ，ナショナリズムの言説は，自ら決めた方向に向かう無限の進歩，というあの感覚の内に居場所を占めるものであり，そのためには，近代的で進歩的で直線的な物語や，長きにわたる文化と場所と忠誠心の持続という想定が，一方では必要であった。これらの物語や想定は，先例や伝統を引き合いに出しながら，それぞれの時代の核心部にまっすぐにつながるように構築されていた。先例や伝統は，権威の正当性を支持すると同時に，啓蒙時代以来の西洋の知の歴史において，ギルロイ（Gilroy, 1992）がナショナリティと文化の概念の宿命的な交差だと考えたものをも，支えていたのである。

どんな年表をみても，領域的に規定された国家の発展が，ナショナリズムと国民国家に大きく先行することは明らかである。ヨーロッパではそういった国家の発展は中世に始まる（Bartlett, 1993; Davies, 1996; Graham, 1998a）。ヨーロッパの国家形成の過程は，長い間，不安定で偶発的に進んだ。初期の国家は，都市に基盤を持つ中核地域に周縁部が一体となることで，中世期に徐々に発展し始めた。最初の求心的な君主制はロンドンに基盤を置くもので，12 世紀のイングランドで発生した。そして 14 世紀の初頭には，イングランドは，西洋キリスト世界における最も近代的な国家となっていた。逆に，たとえばフランスは，統合に何世紀も要した（de Planhol, 1994）。1337 年にはじまり 1430 年代まで続いた百年戦争や，その結果として，西フランスのイングランド人の領地からイングランド人を駆逐したことは，国家を統合する十分条件ではなかった。現在のいわゆる「六角形」のフランスの領域的境界は，融合のゆっくりとした過程と，ほぼ特定の地域で生じた戦争によってのみ成し遂げられたのであり，1860 年のトリノ条約［ニースとサヴォアを併合］の締結によって決着がついたのである。とはいえ，アルザス・ロレーヌ地方は 1871 年にドイツに併合され，第一次世界大戦後まで返還されなかった。

ヨーロッパの国家形成の多くが長期間の過程を要し，異なる複数の領域が融合してできていったとすれば，それらはとても不安定なものであったといえる。国境はそのうちに含まれる人々のアイデンティティと同じく，偶然の産物であった。

　たとえばドイツは，最終的には1871年に統一されたが，それまでにその国境は何度も大きく変化した（図3.1）。第一次世界大戦後，ドイツは新しく建国したポーランドによって領土を失ったが，後にヒトラーが1938〜39年にチェコスロバキアとポーランドへ侵攻して，領土を取り戻し（さらに拡大し）た。第二次世界大戦後には，ドイツは縮小し，戦勝国であるアメリカ，イギリス，フランス，ソ連によって，資本主義のドイツ連邦共和国［西ドイツ］と社会主義のドイツ民主共和国（東ドイツ）に分割された。ドイツの現在の国境は，西ドイツと東ドイツが統合した1990年10月という最近になって，設定されたものである。

　このようなドイツ国家のイ

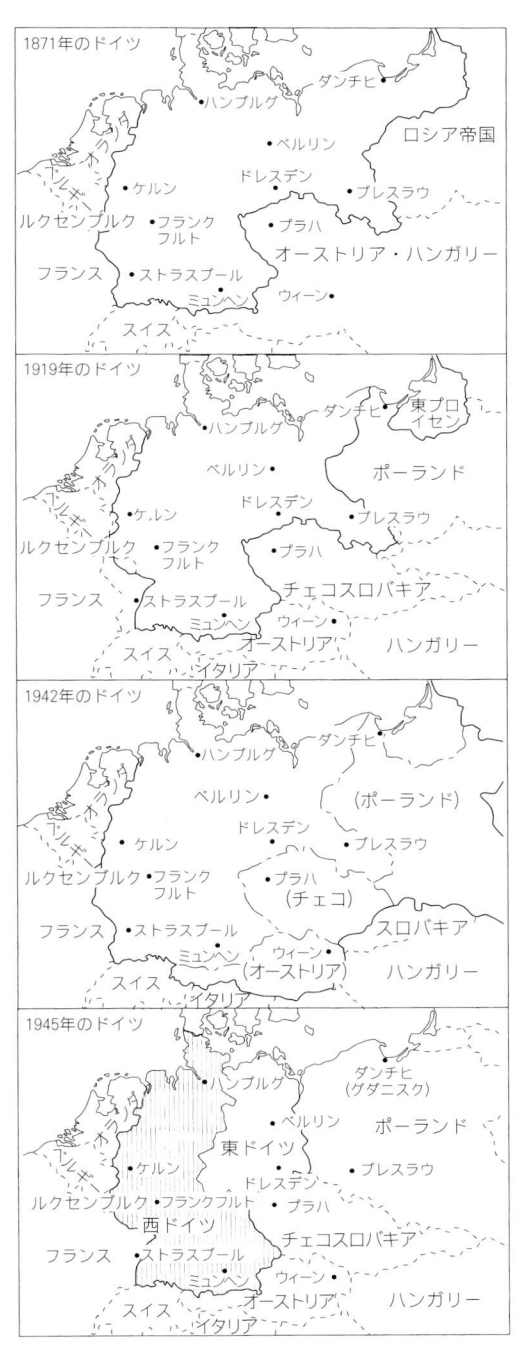

図3.1　1871年から1990年におけるドイツ国境の主要な変遷（Jess and Massey, 1995による）

デオロギーに満ちた——そして空間的な——再配置には，ナショナルな物語を常に根本的に修正することが必要であった。タンブリッジ（Tunbridge, 1998: 250）が述べるように，

> ライプツィヒに住む90歳（1998年現在）の老人ならば，皇帝ヴィルヘルム2世の独裁的な第二帝国，最初の民主主義国家であったワイマール共和国，ヒトラーの第三帝国における全体主義的ナチズム，東ドイツという社会主義国家，そして現在の民主主義のドイツ連邦共和国を，思い出すことだろう。

初期の近代国家が，このように複雑でしばしば一過的な融合を通じて発展するなかで，求心的な政府の効力は，相互作用や接触がますます強まる状況に依存していた。そして領域国家は，多様性や異種混淆性に求心的な力を押しつけていった。これには，国家が大衆に影響を及ぼそうとするための印刷物の配布や，税制の改革，国家領域の地図化と命名といったさまざまなメカニズムが含まれていた。たとえばウィザーズ（Withers, 1995b: 392）は，「外部の境界を形成したこと，すなわち国家という意識に物理的な限界線を設けたこと」が，18世紀のスコットランド・アイデンティティの創出に必要不可欠な知であったとする。また，ブレイシェイら（Brayshay et al., 1998: 284）の論じたように，近代初期イングランドで郵便制度が設立されるにあたって重要だったのは，交通機関であった。郵便制度とは，「主権国家のヘゲモニーと調和を確かなものとし，……統一された国家意識の創出を高めるために」企図されたシステムであった。

より広く見れば，長い間に何度も転換したヨーロッパの国家形成の過程において，民族的に規定された国家は文化のモザイクを内包することになり，その複雑さは戦争による強制移民によってより悪化した。たとえば，1945年の東ヨーロッパにおけるソ連軍の勝利の後，1,200万人ものドイツ人が西に強制移住させられ，続いてソ連によって東の領域から追放されたポーランド人が西に移り住んだ（Tunbridge, 1998）。自発的ないし強制的になされてきた移民や戦争のために，民族的に規定されたヨーロッパの国家は，似通った過程をたどるしかなかった。先述した人間の犠牲は，このような現実を反映している。1919年のベルサイユ条約は，多くのこのような民族に基づく政体をヨーロッパに作り出したが，それらは，1930年代には自らを擁護できなくなっており，

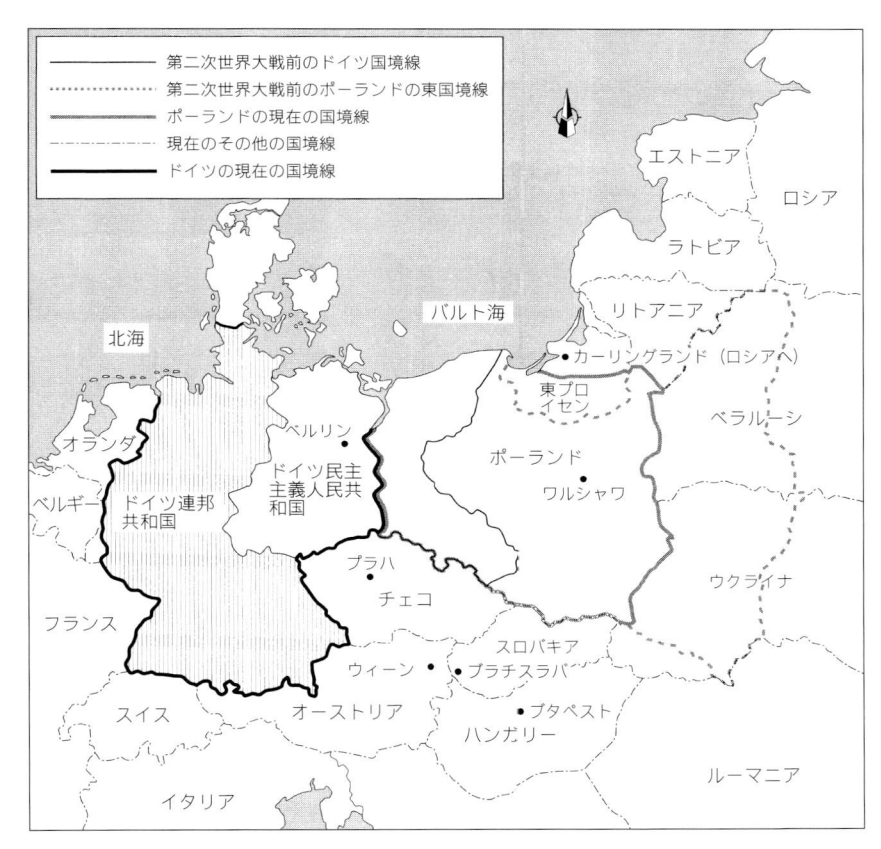

図 3.2　20世紀後半における中央・東ヨーロッパ北部の政治地理の再設定
　　　（Tunbridge, 1998 による）

ドイツのナチスによって簡単に一掃された（Shaw, 1998）。

　このような国々は，多くの場合，第二次世界大戦後に実質的に作り直されなければならなかった（図3.2）。バルカン半島では，民族のモザイクがあまりに複雑であったため，安定した国民国家を作ることは困難であった（図3.3）。そこには，民族的領域性という有害な遺産が明白に存在しており，国境によってモザイクの内に同質的な民族の故郷を作り出すことに失敗したのである。多くのマイノリティが，国境の間違った側に取り残され，迫害の対象となり，現実に，もしくは潜在的に，国家間の争いの種となった。それは今でも続いている。中でも悲惨だったのは，ヨーロッパの中でマジョリティであっても国家的に規定されていなかったユダヤ人やロマ人が，ナチスの大虐殺の標的にされた

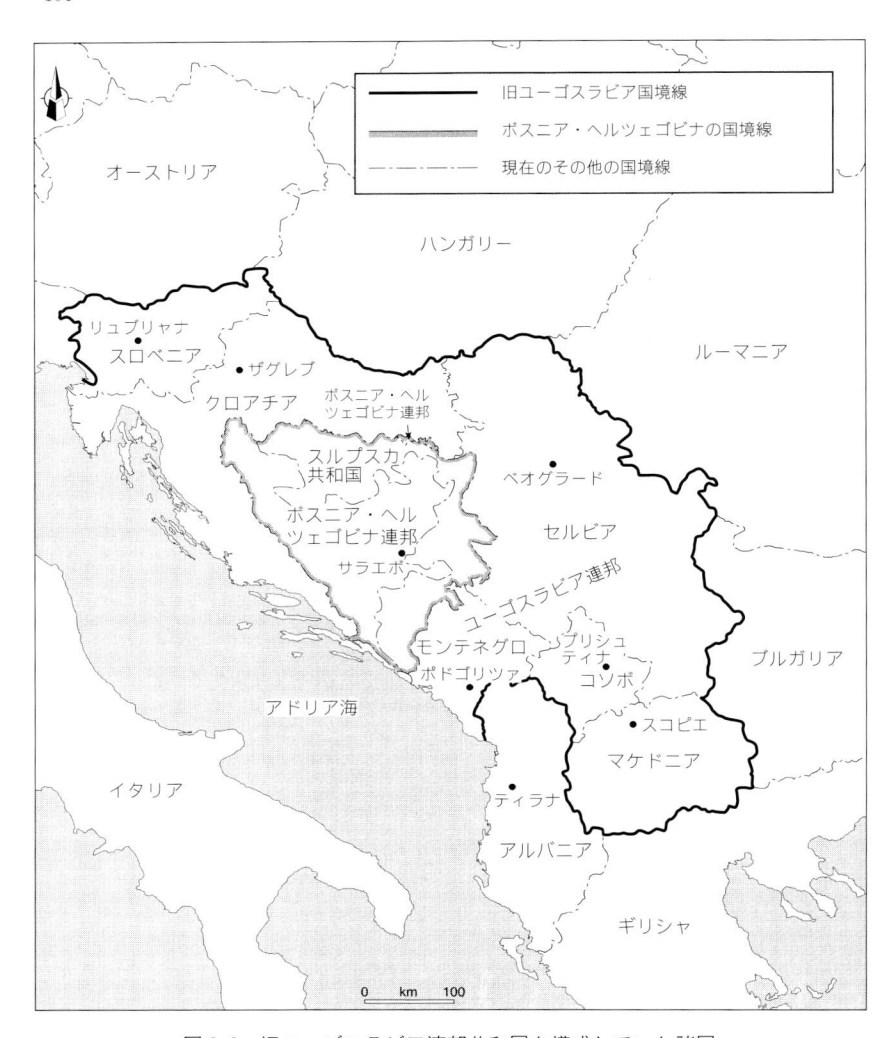

図 3.3　旧ユーゴスラビア連邦共和国を構成していた諸国

ことだ。ホブズボームは，1945年までに「均質な領域国家」は「野蛮人によ(バーバリアン)って，少なくとも野蛮な方法によってのみ，実現し得た事業」となったと主張する（Hobsbawm, 1990：134）。

そのように言ってよいなら，野蛮な行為は，東ヨーロッパの地政学的な地図がソビエト帝国の崩壊によって変容した結果，今なお根強く残っている。ピルキントン（Pilkington, 1998）は，約 2,500 万人のロシア人が 1991 年以降に追放され，約 300 万人が自発的あるいは強制的に，「故郷」に戻ったと推定し

ている。ナショナリストや民族対立によってあおられた激しい闘争が，宗教闘争と同時に，旧ソ連の継承の中で生じたのである。

旧ユーゴスラビア連邦の1991年から95年にかけての戦争は，民族ナショナリズムの行き過ぎた結果を最もよく反映している（図3.3）。オトゥーホール（Ó Tuathail, 1996:219）は，とりわけボスニア戦争に関して「空間・領域・アイデンティティをめぐる，どうしようもない近代戦」と位置づけ，「『民族浄化』という残忍で犯罪的な行動」がその特徴であるとする。「レーベンスラウムと民族的に純粋な国家を要求する」セルビア軍は，「モダニティのファシズム的形態」を操り，ポストモダン時代の曖昧な忠誠心は「絶対に許せない」との態度を示した。この動きは，［セルビア共和国の自治州であった］コソボ地方に飛び火し，1998年にコソボ人（大部分はアルバニア人）はセルビア人に対し，自らの自由を求めて蜂起した。1999年初めの時点で，コソボ自由主義軍は焦土作戦をとったセルビア軍とまだ戦闘状態にあった。セルビア軍の作戦は，コソボ人を威嚇してアルバニアやマケドニアとの国境の外に追いやることであった。そうこうするうちに，西側勢力による不本意な地上軍投入とコソボにいるセルビア人とセルビアの施設に対する連続的な空爆の開始によって，紛争は一応の決着をみた。

3. 多様な経験

ユーゴスラビアにおける惨劇と今なお続く住民の苦悩は，アイデンティティをめぐる民族ナショナリズムの物語が，長期間力を保つことを示す顕著な例である。ボスニアを「通史および20世紀の大虐殺の中で理解すべく」記述したオトゥーホール（Ó Tuathail, 1996:221-222）は，「不完全」で「疑問の残る」解釈かもしれないとしつつも，「戦争に際して無条件に道徳的な立場」を取ろうとしなかった西洋の諸機関や政府は「大虐殺の共犯者」になったと論じている。「民族浄化」政策——許すことのできないアイデンティティ・ポリティクスの究極の結末——の勝利を否定するためには，無関心と道徳の喪失という私たち自身の社会の貧困さを説明しなくてはならない。

本章の最初にみたように，銃に頼り，エスニック・マイノリティを標的とするような，ゼロサム的な地政学が続いているという現実は，場所をめぐって構築されたアイデンティティの寓話が，今なお大変重要であることを示している。

しかし明らかに，アイデンティティをめぐるポリティクスが，必ずしもボスニアやルワンダに直結する事態を導くというわけではない。そうではなく，一連の結果をうまく位置づけることのできるような，もっと丁寧な理解を考えなくてはならないのである。その意味で，場所志向的なアイデンティティ・ポリティクスの関わりを否定しきってしまうより，ホールの提起する「複合的に構築され，……しばしば交差し対立する言説や，実践，立場」(Hall, S., 1996：4)という概念が，より重みを帯びてくる。

　ディキンク（Dijkink, 1996）は，ナショナル・アイデンティティに関して世界的な比較分析を行ったうえで，ナショナルな価値や目的を進んで排除しようとする動きは見えないとした。実際，ロシアやドイツ，オーストラリアなどさまざまな国で，その逆の現象が起こっている。彼が論じるところによると，ナショナルな価値とは異なるもの，すなわち万国共通の価値や場所に根ざさない価値が，ナショナルな利益を自動的にもたらすことはない。その逆に，アメリカは，アメリカ自身のナショナルな利益に一致するものであるがゆえに，自由貿易や市場経済といった特定の価値の普遍性を主張している。このような要因が，今なお現代の地政学や権力関係を規定しているとするなら，アイデンティティにおけるナショナリズム的な領域の比喩を捨て去るというのは，やはり楽観的な想定のように思える。そのうえ，ナショナリズム的な物語は多義的であり，地理的に統合もできるし，逆にばらばらにすることもできる。ナショナリズム的な物語のレトリックは，分離した国家の統一を主張するときに利用される一方で，どんな国家においてもその領域を構成する地域が独立を主張するときにも使われるのだ（Agnew, 1997）。

　ここで筆者は，アイデンティティを支えるように過去が構築される様子にとくに注目しつつ，その多様な結果の例として，アイルランド，フランス，スペインについて目を向けたい。現在，ナショナリズムや，それ以外の帰属意識にまつわる場所志向的な比喩表現が，「散種」の過程を前にして衰退しつつあるという議論を論じるにあたって，西ヨーロッパはその鍵となる地域である。これら3カ国を語っている場所の寓話を検討することで，空間性とアイデンティティの相互関係に伴う複合的な結果を探求することができる。アイルランド（北アイルランドは除く）は，小さく，そして明らかに同質の統一体であり，その一方でヨーロッパの内なる植民地であったことから事例に選んだ。それとは対照的にフランスは，大きくて多様な国であり，それにもかかわらず，明白

で首尾一貫したナショナル・アイデンティティを有していると主張している。この主張は，スペインとまったく対極にある。スペインは，フランスと同じくらいの規模と異種混淆性をもちながら，多様な「副次的」ないし地域的なナショナリズムが内部で対立している。

(1) アイルランド

これまで見てきたように，ナショナル・アイデンティティは，特定の社会的・歴史的・政治的コンテクストにおいて創造されるもので，それ自体が社会的に構築された物語である。その物語は，いつどんなときでも相反する解釈を許し，また時間の経過とともに変容することを許すものである。アイルランドのナショナリズムは，時間の中に深く埋め込まれた特定の場所のイメージが，集合的な文化意識の収蔵庫として創造されたものであることを示す典型的な例である（Graham, 1997a）。

ジョンソン（Johnson, 1993）が論じているように［第10章も参照］，アイルランド西部をこの国の文化の源泉とみる支配的なイメージは，19世紀後半の言説の構築において重要な要素であった。ケルトの図像に依拠したそういった言説は，とりわけその表象がカトリックと融合したときに，包括的ではなく排他的なものとなっていった。20世紀初頭アイルランドの知的エリートたちによって強化されることで，「西アイルランド」の風景は理想化されたのである。それを人口に膾炙させたのは，この国の典型的かつ排他的な本質をかきたてるような理想化された国民であり，そこにはイギリスから見た他者性が働いていた。西アイルランドという巧みに創造された地理は，まだ汚されていない景観美を描いた。そこは，近代の影響がほとんどなく，征服の混乱以前のアイルランドの神秘的な統一性を喚起する場所であった（Nash, 1993）。

> 西アイルランドは，アイルランドの精神を宿す場として表象された。(W・B・)イエーツが描くように，そこは霧のベールと魔法と伝説に彩られたおとぎの国であり，ケルト意識の宝庫である。……しかし，ロマンティックな理想化とは対照的に，移出民という現実がそこにはあった。西アイルランド神話が作られたとき，人々はアイルランドを離れていったのだ（Duffy, 1997:67, 69）。

それにもかかわらず，この表象は，新しいアイルランド国家の精神の一部と

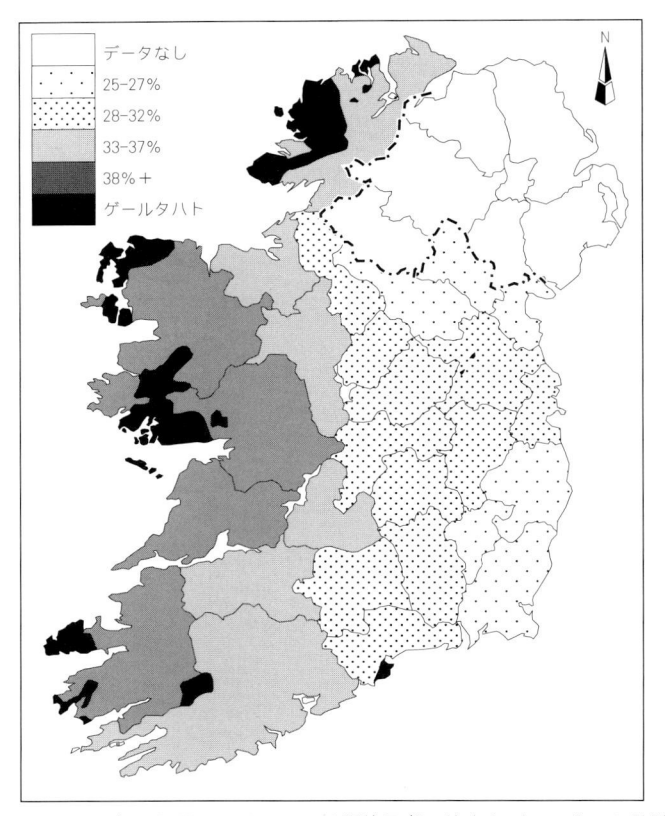

図3.4　1981年におけるアイルランド語使用者の比率とゲールタハト地域
　　　（Johnson, 1997 による）

なり，西アイルランドの中でもゲールタハト地域（アイルランド語が通用している）は，アイルランド・アイデンティティの「書庫」であるとされた（Johnson, 1997:174）（図3.4）。

　アイルランドにおけるナショナリズムの構築に関して，特異な概念を用いる必要はほとんどない。アイルランドのナショナリズムは排斥のポリティクスを喚起するものであり，そのためにナショナリストの言説は，変化に順応したり，排斥によって生じた対立を解消することができなくなっている。伝統的なアイリッシュ・アイルランドを象徴する前近代的言説の創造と，その最終的な変容形態としてのケルト主義とカトリック主義によって規定されたアイルランド人意識の構築は，「想像上の最高の達成」であった。それらは，1960年代になって，ようやく解消され始めたが（Lee, 1989:653），それまでアイルランド共和

国にあったのは,「現実との非常に弱い関係」だけであり,プロテスタントを信仰し,産業化の進んだアイルランド北東部と和解することもまったくなかった。それゆえ一方では,アイリッシュ・アイルランドという地理の発明は,ナショナリズムの他の側面と同じように,新しい国家に公的な権限を与えて正当化するアイルランド人意識の創造にもつながった。アイルランドに,驚くほど巧みに操作された同質的な文化を,とくにカトリックの精神を通して押しつけ,アイルランドの離散的なイメジャリーを容認させたものは,まさに強力で排他的なイデオロギーであった。

逆に,北アイルランドの連合主義者［イギリスとの連合を支持する立場］にとって,アイリッシュ・アイルランドという統一的な構造は,他者性を意味する強い表現となった。この表現だけで,「アルスター」［イギリスに属す北アイルランド地方］アイデンティティを定義することが,十分に可能だったのである。連合主義者の統治は,分離によって取り残された文化の空白地帯についてはっきりと言明したことはなく,その代わりに,曖昧で,はっきりとした理解もないままに,イギリス人意識を主張することを好んでいる (Graham, 1998b)。アイルランドは国境によって分割されているというよりも,ますます確立してきたアイリッシュ・アイデンティティと,北部における混乱しひどく限定された意味でのイギリス人意識の2つが併存しているために,分割されているのである。そして,正当性の道徳的優位を主張したのは前者であった。

リー (Lee, 1989:653) は,アイリッシュ・アイルランドに「匹敵するほど説得力がある」別の自画像は,未だ登場していないという。近代的になり,ますます世俗化しているアイルランド国家は,イギリスという他者性を越えて,より統合されたヨーロッパに含まれることを今や望んでいる。しかし北アイルランド紛争は,過去のナショナリストたちの対立した2つの言説によって身動きがとれなくなっており,継続的な平和政策のためには,この島の両方のアイデンティティの再交渉が必要となっている。アイリッシュ・アイルランドの文化的な閉鎖状況を,現在求められている非排他主義的で外部指向的,開放的なアイデンティティ表現にもっと調和するようなものに変えようとする試みは,とくに歴史学者や文化論者の間で激しい論議を呼んだ。

さまざまな動きがあったが,修正主義者たちによるアイルランド史の視角は,アイルランドの過去の持つ複合性・非連続性・両義性を重視する点で共通していた。それは,19世紀終わりの多様な社会に押しつけられた,巧みに操作さ

れた同質的な物語，すなわち単一のゲール人で，農村的で，後にカトリックとなったというアイリッシュ・アイルランドの表象とは正反対のものを強調することであった。修正主義は，近代ナショナリズムを遥かなる過去にまで遡らせて考える行為に警告を鳴らし，その代わりに，しばしば矛盾する多様な要素を抱え込んだ国として描く（Boyce and O'Day, 1996）。また，アングロサクソン中心史観を弱めなければならないというのが，修正主義者の仕事の重要な一部ともなっている。しかし一方，修正主義者はアイルランドにイギリスの影響力を復活させようとしているという批判も寄せられている。たとえばディーン（Deane, 1996）は，修正主義のやっていることは分割の正当化であり，今の修正主義者はイギリスの悪政と圧力の擁護者にすぎないと主張している。

ギボンズ（Gibbons, 1996）は，ポストコロニアリズムの概念を通して，これらのさまざまな主張に折り合いをつけようとしている。彼は，アングロ民族で西洋化された白人が大部分を占めるアイルランドは，ヨーロッパの内なる植民地でもあると，逆説的に述べる。このような過去には，混合というポストコロニアリズムの戦略によって調整された現在が必要であり，また，「国家・歴史・在地文化についての古い考え」ではなく，雑種性と混合主義という考えに規定された現在が必要である。彼は以下のように書いている。

> ……植民地化される前の旧来のアイデンティティを取り戻せる可能性はまったくない。歴史上，外部を閉ざしたこと（長期間の分離）がなかったために，文化そのものも，外部と類似し不完全になっている。だからこそ，（アイリッシュ）アイデンティティは，人種の純化や排他主義といった狭い考えを基盤にする代わりに，開放的で異種混淆的なものになっているのだ。しかしここで重要なことは，征服されなかったものを保持しておくということが，かつてそれらを支配していた価値観に同意することには必ずしもならないということだ（Gibbons, 1996：176）。

このように，とりわけアイルランド人意識の未来についての現行の議論とは別に，アイルランド・ナショナリズムの歴史は，言説が条件に左右され，偶発的なものであることを如実に示している。言説とは，特定の環境で特定の目的のために形成されたものであるが，社会の変化に応じて再交渉され，変容するものなのである。アイルランドの近年の暴動を引き起こした過程を，必然的なものとして受け入れるのは間違っている。ナショナリズムやエスニシティは所

与のものではない。両者とも，特定の時期に，特定の場所の物語の中に位置づけられた，特定の構築物なのである。

(2) フランス

　すでに触れたように，フランスがライン川，アルプス山脈，ピレネー山脈といった「自然」の境界で規定された「自然」な国のように見えるという印象は誤りである。フランスは，ゆっくりと断続的に，そして戦争を経て大規模に，このような境界を獲得していったのだ。このような領域を規定しているのは異種混淆性である。実際，『フランス地理概論』（Vidal de la Blache, 1903）の中で，ポール・ヴィダール＝ド＝ラ＝ブラーシュは，物理的な環境に根ざす多様性が，逆説的にも，フランスにアイデンティティをもたらすと論じた。この国の統一は，共同体が持つ慈善心から発展したものであって，このような多様性を結びつける——そして凌駕する——市民生活のありように由来しているのである。

　　フランス人であることは，2つのレベルで経験されていた。1つには地方ないし地域の共同体の一員だということであり，そしてその結果として，国全体に統合されているということであった。多様性はアイデンティティを構成する必要不可欠な要素として存在しており……，したがって受け入れられ，評価されるものであった（Claval, 1994：50）。

　このような関係は，「ペイ」という考えに要約される（ペイとは，文字通り地域という意味であるが，それは自然地理の区分のみならず，その地域に歴史的に課せられた民族的・言語的区分に由来する固有のアイデンティティと不可分であるとされる）。ペイは統合と持続を地理的に仲介するものであり，何世紀にもわたる環境と人間との相互作用の産物でもある。ブローデル（Braudel, 1988：41）もまた，フランスのアイデンティティを徹底的に研究した際，同じテーマを取り上げている。彼は「すべての共同体にとって重要なことは，隣の小さな『祖国』と混ざり合うことを避け，他者であり続けることだ」といい，フランスを「パッチワーク」のような国，あるいは地域とペイのジグソーパズルだとした。

　それでは，どのようにしてこの地理的なモザイクが和解し，フランスという統一体が創造されたのであろうか。これを理解するには，領域的アイデンティ

ティは絶対のものではなく、これまでも決してそうではなかったことを思い出すだけで十分だろう。むしろ、領域的アイデンティティは、相反することも多いさまざまな言説の中で、それぞれ異なる基準によって規定されたいくつもの層が、互いに層状に重なり合っているようなものなのである。それゆえ、強固に地域化された、フランスのペイおよび行政上それに対応するコミューン［最小レベルの自治体］は、地理的にはデパルトマン［県］と非常に親密な関係がある。デパルトマンはフランス革命後の古い同盟関係と重なっており、その一方で、デパルトマンには一般に川や山の名前がつけられたために、地方化されたアイデンティティをもしのばせている。その後、デパルトマンはラングドック＝ルーションや南部ピレネーというように、地域ごとに統合された（図3.5）。

このようなスケールのアイデンティティは、行政および金融機能に大きく規定されている。しかし、これだけでは、場所志向的なポリティクスが重要性を保持することのみしか強調されない。このスケールを超えたところに、ナショナルスケールのアイデンティティがあるのだ。それはフランスでは、とくに市民的な形態をとる。「フランス国民とはフランス市民であった。エスニシティも歴史も言語も家で話されている方言も、『国家』を定義するときには無関係であったのだ」（Hobsbawm, 1990：88）。この過程やナショナリズムにつながる愛国心の生成においては、「臣民を市民に変える」民主化が不可欠であった。この革命の遺産は、アメリカの市民ナショナリズムと共通するものがある。

しかしこの多層のアイデンティティは、それ自体ではきわめて複雑な状況をまとめることができない。モダニズム的なナショナル・アイデンティが、多くの国でグローバル化とローカル化の力によってむしばまれていることは、明らかである。それらは両立し難いものだからだ。グローバルな「時間―空間の圧縮」とは、私たちの空間への視角を根本的に再構成することであり、領域的主権の分解を加速することにつながる。それとともに、共通の市場が成長し、国境を越えたさまざまな機能的な体制や政治的共同体が台頭している。領域的な視点を主軸として、それらの範囲を定めることはできないのだ（Anderson, J., 1996）。

ヨーロッパ統合の戦略は、元来、国民国家に対抗するためというよりも、多くの国家の戦後復興の一環として生み出されたのだが（Bideleux, 1996）、ヨーロッパ連合（EU）は、世界で最初の真にポストモダンな国際政治体とみな

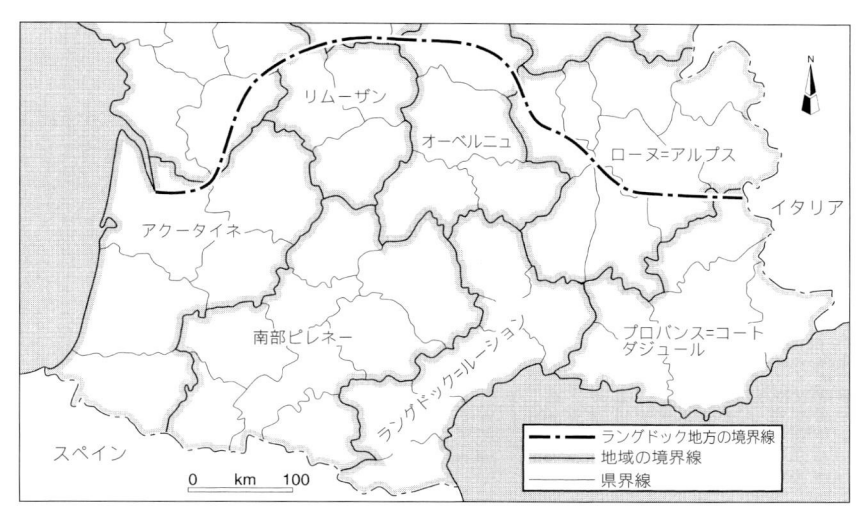

図 3.5　南部フランスの行政界
現在のラングドック文化圏はラングドック＝ルーションおよび
南部ピレネーの一部にまたがる．

されてきた。確かに EU は，近代の国民国家，もしくは連邦国家の形態とは異なってはいるが，前近代の領域性を想起させるいくつかの特徴も持っている (Anderson, J., 1996)。ときには「新しい中世化」として言及されることもあるこの仮説では，国家を越えた協調の進展やネットワークの成長が，国家の中にあった準国家的なナショナリストや地域主義者の圧力と結びつくと推測している。その結果，中世ヨーロッパの複雑な政治状況に似た，主権が重なり合うような形態が形成されるとする (Bull, 1977)。このとき，主権は再び国家の独占物ではなくなる。このような「ナショナル」なものの衰退は，ヨーロッパに限られることではない。たとえばディキンク (Dijkink, 1996) は，インド人が，近代世界における自分たちの国の役割について，明確な考えを持たなくなってきていると指摘した。植民の歴史で形作られたナショナリズムのレトリックや，独立への闘争などは，今や古くさく不十分な物語であり，代わって，それらよりも自己主張をはっきり持った宗教が，文化的アイデンティティの空白を埋めている。

　EU に見られるような国民国家からの権力の拡散は，アイデンティティの準国家的表現の復活によって，拍車がかかっているように見える。そのアイデンティティは，ナショナリズムになじみの深いレトリックを，地域というスケー

ルで再生利用する物語によって，強く表現される。「複数の地域からなるヨーロッパ」（Europe of the Regions）の証として，たとえばハーヴィー（Harvie, 1994）は，ロンバルディアやバーデン＝ビュッテンベルグ，ローヌ＝アルプスといった，都市に基盤を置いた，活発で裕福な地域が出現したことを指摘している。しかし彼は，これらの地域にある明確な意識は，何らかの文化領域に帰属しているというよりも，財産の共有によるところが大きいという。たとえば，ロンバルディアの物質的な豊かさは，1980年代の政治運動としての北部同盟（レガ・ロンバルダ）の出現に影響を与えた。北部同盟は，ローマを基盤とする南部の官僚制の退廃とは対照的に，北部の生産力に基盤を置き，この同盟こそイタリアにとっての新しい出発点であるとしている。しかしアグニュー（Agnew, 1995）は，たとえ同盟が地域主義のレトリックを支持したとしても，全体としてはイタリア国家という基軸をまだひきずっていると主張する。それは，意志決定がいまだそのレベルに集中しているためである。

しかし，フランスの例に戻ると，地域への帰属意識という側面それ自体も，きわめて多義的でばらばらなアイデンティティによることは明らかである。南部フランス（ミディ）は，ゲルマン語圏の北部フランス（ラングドイル）とラテン語圏の地中海地域（ラングドック）という言語の相違に，ある程度までは規定される。しかしミディ地方自体は，明確な方言の差異によって，さらに多くの文化地域に分けられる。たとえば，ローヌ川の西方のオクシタン語圏は，ラングドック＝ルーションを東方のプロヴァンスから区別する1つの要因である。2つの地域は，それぞれ異なる歴史と対照的な帰属の軌跡をたどったのである（図3.5）。しかし，ラングドック＝ルーションも，自らを均質な文化的まとまりからなると主張できない。なぜなら，その南端地域は，フランスの他のどの部分よりも，ピレネー山脈を越えたカタルーニャと歴史物語の共有に基づいた密接な関係を持っているからである。

その一方，現代のラングドックのアイデンティティのイメジャリーには，13世紀初頭にこの地域が被った残酷な辛苦の描写によって充ち満ちている。それは，パリ周辺のイル・ド・フランスに中心を置くカペー朝が教皇と結び，カタリ派教会を討伐するための残忍なアルビジョワ十字軍を派遣した事件である。建前としては，異端信仰の根絶が必要だということで正当化されていたが，その根底には，トゥールーズ侯をフランス王家へ絶対的に服従させ，フランス王家の領域をより完全に統合するという政治的な命題があったのであり，それは

結局，成功したのである。今日では，カタリ派とピレネーに残るその高所の要塞は，フランス人意識の中心にあるパリからラングドックを区別しようとする地域意識再生のシンボルとなっている（図3.6）。

しかし同時に，このように場所を中心としたアイデンティティが分解し，複雑な様相を呈していようとも，この国のアイデンティティの中心的なモチーフとして，フランス人意識が重要性を保っていることを軽視することはできない。フランスはいまだに，誰に市民としての資格があるのかという激しい論議に

図3.6　カタリ派のモンセギュール要塞（アリエージュ県）
この要塞はカタリ派信者の巻き返しの中枢拠点とされ，地域アイデンティティのシンボルとなった．1243年から1244年にかけて，9カ月に及ぶフランス軍と教皇軍の包囲攻撃を受けて陥落した．200人以上のカタリ派信者が，信仰心を捨てなかったがゆえに，生きたまま火刑に処せられた．

よって分裂している．モーラスによる政治団体，「アクシオン・フランセーズ」の遺産は，ジャン・マリー・ルペン［2002年フランス大統領選の決選投票に残った極右政党の党首］の「国民戦線」や，その移民反対レトリックの強い主張にうかがえる．ルペンは，とくにフランスの大都市における北アフリカ系の人々（多くはイスラム教徒）の存在を利用した．これらの人々は，ナショナリズムの「多から一を」という概念を否定する新たな多文化主義フランスの象徴ともみなされるが，フランス国家のアイデンティティや国家への忠誠を否定する存在でもない（とくに第一次世界大戦では，北アフリカ系の人々もフランス

のために命を落とした。フランス軍の墓地に，イスラムの墓碑があることがその証拠である）。このことは，多文化主義が――それ自体，創造された物語であるが――通常はナショナルなコンテクストの中で明確になることを想起させる（1998年のワールドカップサッカーで，フランスが優勝したときに起こったことが，まさにそれである。このチームには，多くの移民が含まれており，中心選手であったジネディン・ジダンも，アルジェリア系であった）。逆に言えばルペンにとっては，旧フランス植民地の北（や西）アフリカからの移民は，内なる他者を表すものであり，今なお本質的には人種差別的に定義される真のフランス人意識を公然と侮辱している存在，ということになる。

　結局，フランスの領域的アイデンティティの複雑さは，ナショナリズムだけでは説明しがたい。場所は帰属意識にとって確かに重要ではあるが，今日では――実際はこれまでもそうであったのだが――帰属意識は複雑で微妙な様式の中で生じる。空間性とアイデンティティとの相互の結びつき方は変化したが，かといって場所の寓意がそれらと無関係になったわけではなく，モダニズム的なナショナリズムをお払い箱にしてしまったわけでもないのだ。

(3) スペイン

　アイルランド（北アイルランドは除く）とフランスは，民主主義とナショナル・アイデンティティの過程が，国家の範囲と空間的に一致していたために，正当性が獲得できた事例であろう。しかし多くのナショナリズムは，国家からは独立したものであり，それゆえに国家に対決することになる。たとえばヨーロッパのユダヤ人は，国家としてのアイデンティティをまったく持たず，ナチスのみならず，ポーランドのナショナリズムで続いているような反ユダヤ主義の攻撃に常にさらされてきた。それに比べるとましではあるが，スペインは，複数のナショナリズムと地域アイデンティティによって，暴力的に衝突が起こっている国の例としてあげることができる。さらにその創立神話には，より広域で展開された闘争が含まれている。その1つは，今現在も広くみられる，西洋とイスラムとの長年にわたる戦いである。

　伝統的なナショナリズム的物語では，スペインは，8世紀に北アフリカからイベリア半島に侵攻してまもなく半島を征服したイスラム教ムーア人との聖戦の中で，築かれていったキリスト教の国として描かれる（Graham, 1997b）（図3.7）。キリスト教勢力は，イスラムの侵攻を免れたスペイン北部の海岸沿

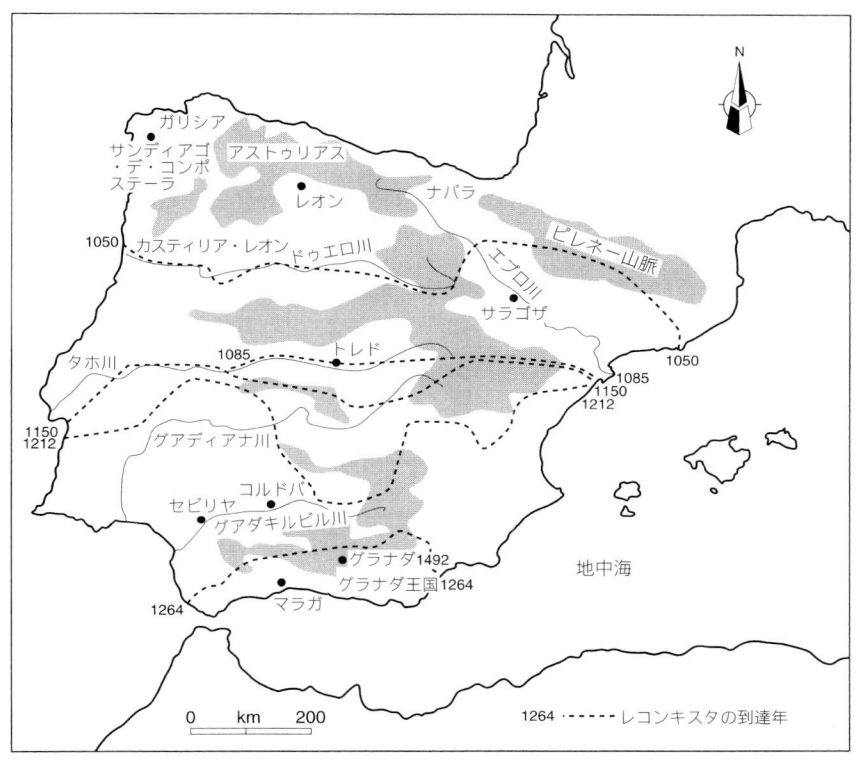

図3.7 征服が生んだキリスト教国スペインという伝統的な物語
——レコンキスタの進展（1000年頃〜1492年）——

いの拠点から，ゆっくりと反撃を始め（レコンキスタ），続く7世紀の間その行為を続けた。1085年にはタホ川にまで攻め込み，トレドを陥落し，イスラム教徒に致命的な敗北を負わせた。その後4世紀間のレコンキスタは断続的であったが，（アラゴンの）フェルナンド王と（カスティリャの）イザベラ女王という「カトリックの君主」がグラナダ王国を攻略した1492年に，レコンキスタは終結した。その年は，クリストファー・コロンブスが西に向かって航海を行い，スペインの帝国主義の事業がアメリカ大陸に向かって始まった年でもあった。

しかしながら，こういった一連の象徴的な出来事によって，スペインという統一された政体が15世紀に生まれたという見方は，ずっと後の近代初期のナショナリズムの見方による所が大きい。フェルナンド王とイザベラ女王，そしてその継承者たちは巨大な権力を保持していたものの，そのことは政治的な統

合には結びつかなかった。マドリッドに基盤を置いた求心的な君主が，現在のようにこの国を規定するようになる 18 世紀まで，スペイン内の各王国は，それぞれ特有の組織構造を維持していた（Fernández Albaladejo, 1994）。国家のイメジャリーは，異教徒との 5 世紀にわたる聖戦によって北部から案出されたものだが，これはカスティリャの覇権を支えるのに不可欠であった（Graham and Murray, 1997）。20 世紀になって，このようなスペインのナショナリズムが正統的な形で構築されたが，これには，フェルナンド王とイザベラ女王を喚起させるような，帝国主義的な言い回しが多く使われていた。このナショナリズムは，ファランジスト［ファシズム政党ファランヘ党の民兵組織］のリーダー，フランコ将軍の正当性を確立するために用いられた。彼は，モスクワの不信心な社会主義集団からスペインを自由にするための，十字軍の英雄的なリーダーとして装った（Preston, 1993）。

それにもかかわらず，スペインは 1 つの国民国家だと人々が信じていたわけではなかった。地域アイデンティティは常に強く，とくにバスク地方（エスカーディ）とカタルーニャ地方では強かったのである。1936～39 年の内乱によるスペイン共和国の敗北以降，スペインはファシストによって 40 年にわたって支配されてきたが，その間でさえ，自治権委譲を求める動きが明らかにあった。そのような動きは，スペインが民主主義に戻ってからは，「複数の地域からなるヨーロッパ」という概念の最も説得的な例証の 1 つとして，立ち現れることになった。「地域国家」になりうる例や，さらには，いかなるスケールの政治組織にもナショナリズム的なレトリックが認められるという例については前述したところであるが，カタルーニャやバスクには，一見して，それらよりもさらに確かな現象がみられる。カタルーニャでは，カタルーニャ語をはじめとして，おもに文化に関するいくつかの主要なテーマについて，広くナショナリズム的な同意が形成されている。一方，バスクでは，内部で文化的・イデオロギー的・政治的な分裂があり，それがもとで過激派がスペイン国家と対決するという手段に出た。そして暴力が始まり，広がっていくにつれて，スペイン国家の抑圧が必須となっていった（Conversi, 1997）。

バスクでは，「バスク祖国と自由（ETA）」［左派の民族主義者が 1959 年に結成］による「自由のための戦い」が起こった。この戦いは，ヨーロッパの中では，アイルランド共和国軍暫定派の戦いと最もよく似ている。カタルーニャのナショナリズムは，過激には走らず，その文化基盤のまわりにゆるやかに統

一されていった．その一方で，カタルーニャ人は，スペイン的に表現されたアイデンティティに，はっきりとした共感を示し続けていた．何よりもそのナショナリズムは，分離主義的でなく，暴力的でもなく，マドリッドを中心としたカスティリアと地域的な関係を再び取り結ぶことを第 1 の目標にしている．これとは対照的に，バスクのナショナリストたちの運動は，最初から分裂していたために，不可避的に暴力を伴うものであったとコンヴェルシは論じる．

　統一的で首尾一貫したナショナリストのイデオロギー，都市化の影響をものともしない文化の力，バスク地方のエリートのカスティリア化，そして移民の影響，こういったものがなかったために，バスクの文化空間は，複合的で分散的になっていった．バスク・ナショナリズムにとって言語は相変わらず重要であるものの，バスク語は衰えつつある．バスク語は，ヨーロッパの中でもとくに異質で不可解な言語の 1 つであった．その一方でカタルーニャ語は，ヨーロッパにおける最もダイナミックな地域言語の 1 つであり，カタルーニャの文化再生のシンボルとして重用されている．バスク・ナショナリストには，同様のナショナリズム的再生プログラムを案出する動きが欠如していたのであり，それは，軍事行動－制圧－軍事行動という応酬の中で，「バスク祖国と自由」が暴力化していく傾向にも見出すことができる．そして圧力と暴力を受けたスペイン国家は，それを糧にして，混乱の中から共通のアイデンティティを固めることができたのだ．

　バスクにおける「バスク祖国と自由」の武装闘争は，はっきりとスペインからの分離を目指しているが，EU 内部にさえ，独立のための支援を行おうとする地域はほとんどない．カタルーニャ人とバスク人は，どちらも明確な文化アイデンティティの保持や地域経済の発展を望んでいる点で似ているが，どちらも甚だしく脱中心化されたスペインの中に存在しているのだ．このように最も分裂が生じている国民国家でさえ生き残っていると言うことは，このような統治体制が妥当性を持ち続けているということを示している．しかし，スペインにおける地域国家の出現の動き（スペインほど明確でないものの，ヨーロッパの他の場所にもこの動きがある）は，アイデンティティをめぐるポリティクスにおいて，場所の構築が重要であることに変わりはないことをも示しているのである．

4. おわりに

　アイルランドとフランス，そしてスペインにおける多様なナショナリズムの地理は，場所と場所の関係や，空間を横断する関係の中で，いかにしてナショナリズム的な言説が作られるかを例証している。この3つの事例はいずれも，ナショナリズムが偶発的で状況依存的な性質を帯びており，それが過去の特定の解釈や排他性の表現を身にまとっていること，しかし必然的に状況の変化を求める要望との再交渉の過程に絶えずさらされていること，を示している。そして，ナショナリズム的なアイデンティティ表現が依然として重要だという評価は，領域国家の重要性という平行した議論と常にひとくくりになっている。なぜなら領域国家とは，現在の権力の中枢に結びつけて過去を表象する直線的な物語から，正当性を引き出すものだからである。

　このような言い方は，一見，完全な国民国家が構築された所にモダニティがある，と言わんばかりに聞こえることだろう。にもかかわらず，本章のテーマの1つは，歴史的な物語に大きく規定された国家は，たとえどれほど大きく譲歩したとしても，グローバルな基準で政治的意志決定を下す第1位の権力として，影響力を持ち続けているということであった。さらにもう1つは，アイデンティティは明らかにポストモダン的に分裂しているにもかかわらず，場所をめぐって創出される帰属意識の言説は，重要であり続けているということであった。しかしそのような言説は，何よりもまずナショナリズムの地理を核として組織化されているにもかかわらず，いっそう複雑なものとなってきているのである。

　少なくともアンダーソン（Anderson, J., 1995）は，国民国家の死が強調されすぎていると考えている。第1に，たとえEUのコンテクストにおいても，領域性や主権が細分化する現象は限られた一部にしかなく，さまざまな国家活動に部分的にしか影響を及ぼしていない。経済発展のポリティクスにおいては，国家権力はグローバリゼーションに最も大きく影響される。確かに領域性は，ある分野（たとえば，金融市場など）ではあまり重要ではなくなっている。それにもかかわらず，社会や文化，そして現実には政治といった生活の多くの側面において，国家は重要な空間的枠組みであり続けている。なぜなら，とくに言語の相違がアイデンティティを構築し，維持するのを助ける力を持ち続けて

いるからだ。

　第2にアンダーソンは，EUを新しい政治形態ではあるけれど，それ自体は領域的なものであり，加盟国で行使されるにせよEU全体で行使されるにせよ，多くの点で伝統的な主権概念が優勢であり続けていると論じている。いまさらながら，欧州委員会［EUの執行機関］は，経済統合による欧州プロジェクトの中心に，文化の空洞化が生じていることを認識し始めた。1997年のアムステルダム条約では，EU内の人々それぞれの歴史や文化，伝統を尊重しながら，人々の団結を深めることが決められた。これは建前だけのレトリックかもしれないが，EUが自らの場所についての物語を求めているという点は重要である。それはおそらく，表面的にはモダニズム的な正当性の意識が，領域のポリティクスと同様に未だ有効であるからだろう（Graham and Hart, 1999）。

　このように，現代のヨーロッパにおける空間の政治的支配をめぐる再交渉は，ホールやバーバ，その他の文化論者たちが暗示している「脱」領域化に関わる事例というよりも，進行中の「再」領域化に関連する事例であろう。アイデンティティの歴史地理は，このような過程に巻き込まれているのであり，再領域化には，場所についての新しい表象，もしくは改良された表象が必要とされている。このような点についての地理学からの最も挑戦的な言及は，バーバの「第三空間」の概念をあてはめたソジャ（Soja, 1996）の研究であろう。ピート（Peet, 1998 : 224-225）が論じているように，ソジャは「ポストモダニズムかモダニズムかの一方の視角を選択するというやり方を捨て，両者の視角を有効に組み合わせるという『両方』の論理の可能性を熟考し」，「『現実』の具体的な世界に注目した第一空間の視角と，この現実が想像上の表象を通じて解釈される第二空間の視角に立脚して，現実と想像の複合的な場所という『第三空間』に達しようとしている」。本章で取り上げたアイルランドやフランス，スペインの事例は，領域的・政治的境界によって規定され続けている「第三空間」の内部でこそ，多文化主義や散種は最も首尾一貫して表象されるという主張を支持するものである。自らを非領域的であるかのように描くイスラム武装勢力のような権力でさえも，まさに国際的な地政学を組織化することによって，この舞台に参入せざるを得なくなるのである。

　私は本章を通じて，現在にとって過去がどのように資源となっているのかを論じてきた。過去はアイデンティティの構築において，さまざまな目的に供され，そしてさまざまな結果とともに生み出される。想像の共同体という文化的

構築物にとって，過去の表象はその根幹をなすものである。こういった構築物に及ぼす空間性の力が，なお強いことも議論してきた。現在，社会が多文化主義的に構成されていることや，多くの異なった方向へアイデンティティが分裂していることが強調されているのは，部分的には少し前のナショナリズム的な言説の覇権に対する反動である。しかし，アイデンティティとは，このような枠組みの中でのみ形成されたのではない。モダニズム的なアイデンティティが関わっていたものは，ナショナリズムに止まるわけではない。さらに，ポストモダン的なアイデンティティにしても，過去をめぐる寓話に必然的に依拠することになる帰属の領域的寓話と，相互に結びついたままなのである。それらは少なくとも西洋では，より多様でより細分化しているが，その重要性は変わっていない。現実と想像の複合的な場所という「第三空間」，そしてそこでの過去の物語の中で，人々は今なお，アイデンティティをめぐるポリティクスの名のもとに死んでいるのである。アイデンティティが「複合的に構築される」というホールの主張（Hall, S., 1996：4）は，おそらくいつの時代にもあてはまる。しかし，場所とその意味の複合性についても，彼のいうところの「言説・実践・立場の交差と対立」の中に，今なお位置づけることができるのである。

（山村亜希訳）

第4章　帝国主義の歴史地理

アラン・レスター(Alan Lester)

1. はじめに――地理学者と帝国主義――

　帝国主義の正確な意味や，その及んだ範囲については，さまざまな解釈があるようだが，ヨーロッパ人がヨーロッパ以外の人々に対する特権を得るために，15世紀以来用いてきた手段だ，というのが伝統的な解釈である。このような時間と空間の焦点の合わせ方自体は，ここ20年の間おおむね変わりないが，分析における強調点は変化しつつある。多くのポストコロニアルな研究は，単にヨーロッパの諸帝国が拡張する際の軍事的摩擦や経済，政治に注目するのでなく，それらの知の形態や文化の衝突ないし交流を論じているのだ。

　ポストコロニアリズムに最も関わる分野は，おそらく文学研究とカルチュラル・スタディーズである。この両分野は，ヨーロッパの芸術，とくに正統的な文学において，他者や他所（ポストコロニアル的記述では，しばしば大文字でOtherと書かれる）がいかに表象されていたか，そして今なおいかに表象されているかを検討している。しかし多くの歴史学者・社会学者・地理学者は，ヨーロッパによる他者の表象が近代世界の秩序形成の根底をなすものだとも考えている。なぜなら，他者の表象とはヨーロッパ人の「知」(ナレッジ)の特色であって，それはより広範な世界に関するものであると同時に，ヨーロッパ人自身にも関わるものだったからである。

　何らかの方法で他者を定義することは，他者に対するヨーロッパ自身の文化的アイデンティティを定義することでもあった。たとえば，非ヨーロッパ人が多かれ少なかれ野蛮(バーバリズム)や未開(サヴィジャリー)を甘受する人々として表象される一方で，ヨーロッパ人は自らを文明化したものと考えた。他者がさまざまな種類の異教徒だと定義されるなら，ヨーロッパ人はキリスト教徒であった。非ヨーロッパ人には種々の低劣なジェンダーの関係があるとみなされる一方，ヨーロッパの男女

は互いに助け合うものであった。本章で見ていくように，ポストコロニアル研究の多くは，ヨーロッパ人はそのような差異を作り出すことによって，帝国主義を特徴づけ，モダニティを形成した権力関係を，あらかじめ型として示したのだと議論している。

それゆえ，ポストコロニアルな研究者たちは，ヨーロッパ人に征服・収奪・吸収・編入・破壊された植民地の人々と，ヨーロッパ人との間の文化的な交流が，植民地を獲得・統治するための軍事・商業・宣教・外交というあからさまな手段と同じくらいに，重要なものだと認めつつある。植民地化された人々を表象し，そして理解するヨーロッパ人のやり方は，植民地的ないし帝国的言説として認識されつつあり，その分析のためだけに1つの学問領域が勃興しているほどなのである。

しかし，このように帝国主義とその言説への関心が芽生えているにもかかわらず，おもに英語圏の歴史地理学者の間では，その焦点は限定されたままである。クラッシュ（Crush, 1987）やクリストファー（Christopher, 1988）といった研究者たちが，植民地における帝国主義の諸相を取り上げてはいるが（ポストコロニアルの批判的アプローチについては第6章参照），大半の研究者が焦点を合わせているのは，母国たるヨーロッパにおいて帝国主義だとみなされていた事柄である。このことを暗示しているのが，論集『地理学と帝国』（Godlewska and Smith, 1994）である。この種の諸研究は，鋭敏でかつ洗練されており，しばしば慎重に帝国的言説に取り組んでいるのが普通であるが，それにもかかわらず，帝国的言説の存在をおおむね所与のものとみなす傾向がある。そのような研究者たちは，前提となる歴史的構造を憶測したまま，帝国的言説が個々人の主観，とくにヨーロッパ人の地理的認識に与えた影響を問うことにやっきになっているのだ。

たとえば最近の地理学の研究は，所与の帝国的文脈の中にあるヨーロッパ人，とくに旅行者や探検家が自己と他者の認識を形成した際，ジェンダーと人種と階級がいかに微妙に交差していたかを強調している（Mills, 1991; Blunt, 1994; McEwan, 1994; Gregory, 1995; Kearns, 1997）。他方，そのような文脈の中にあったヨーロッパ人地理学者が，人種としての他者や熱帯気候，植民地の景観に関して生み出した知識についても，焦点が絞られつつある（Livingstone, 1991, 1992; Driver, 1992; Driver and Rose 1992; Bell *et al.*, 1995; Barnett, 1998）。後者の研究が出現した理由は，1つには，帝国主義が

最も顕著だった時代に，地理学者と地理学が帝国権力の拡張と正当化にいかに関与したかを強調しないわけにはいかないからである。

　本章で私は，この種の研究群に寄与するよりも，むしろそれとは異なる課題を追求しようと思う。すなわち，同じ様にイギリスの帝国的言説に焦点を絞るものであるが，歴史人類学者が最初に手がけた課題である。アン・ストーラー（Stoler, 1989, 1995）やジャン・コマロフとジョン・コマロフ（Comaroff and Comaroff, 1991, 1997）は，19世紀後半〜20世紀初頭の人類学が，地理学と同様に帝国主義に荷担していたことを暴いている。しかしさらに加えて歴史人類学者たちは，かつての人類学者たちが仕事をし，そして寄与していたもっと広い文脈に関しても，私たちの理解を修正してきた。それが可能になったのは，周辺地域たる植民地から帝国の母国の官僚・入植者・宣教師に至る，さまざまな利害関係者たちを結びつけていた情報と知識の決定的な回路が明らかにされたことが大きい。この点を強調することによって，歴史人類学者は，ヨーロッパとその周辺地域たる植民地の歴史地理が，互いに結びついていたことを示したのである（Stoler and Cooper, 1997 も参照。また歴史学者の視座としては，Marks, 1990; Colley, 1992b を参照）。

　私が論じたいのは，帝国の中心部(センター)であれ周縁部(マージン)であれ，帝国主義の実践と言説を形作っていたのは，第1にはこのようなグローバルな諸関係とその中を横断していく情報の流れであるとともに，ヨーロッパとカリブ諸島・アフリカ・極東・対蹠地［オーストラリアやニュージーランド］をつなぐ人と物の流れであった，ということである。これこそが，19世紀後半の旅行者・探検家・地理学者がそれぞれの理解を形成する環境を設定したのであった。

2．植民地的／帝国的言説

　近年の植民地的言説に対する学術的関心は，エドワード・サイードの著名な『オリエンタリズム』（Said, 1978）から生じたもので，サイードの著作自体は，権力と知の本質をめぐるミシェル・フーコーの研究（Foucault, 1972, 1977）から刺激を受けている。『オリエンタリズム』が分析しているのは，とくにここ2世紀の間，西洋を居場所とする学者や小説家たちが生産した東洋に関する膨大な表象である。総体としてこれらの表象は，1つの言説を構成するものだ，とサイードは論じた。彼はこれを「1つの伝統」だと定義し，「その中から産

み出されたテクストを真に保証しているのは，テクストの著者の独創性なのではなく，この伝統が持つ実体としての存在や重みなのである」と言う（Said, 1978：94）。この「伝統」を通じて，「オリエント」なるものは，「対照をなすイメージ・観念・人格・経験」（Said, 1978：2）――ヨーロッパに対する他者として作られた場所――として，ヨーロッパ人の想像力の中に確立された。

　このような他者化は，単なる概念以上のものを意味している。サイードは，オリエントについての言説が，「オリエントを支配し，再編成し，威圧するための西洋の様式」（Said, 1978：3）を生み出したのだと主張した。ヨーロッパ人が東洋で顕示した軍事的・経済的・政治的な企てと，そこに暗示される紛争・搾取・支配のすべては，この「様式(スタイル)」に導かれ，そしてその中に陥るものだったのであり，と同時にこの「様式」の再編成に寄与するものでもあった。サイードにとって，ヨーロッパ人のオリエントに対するまなざしと認識は，オリエントの搾取に対する単に意図的な正当化ではなかった。むしろそこに含まれていた言説が，オリエントに関する「知」を形作っていたのであり，その「知」こそが，オリエントで力を行使する誘因かつ論拠となっていたのである。

　サイードの仕事は，まもなく別の文脈の帝国主義にも応用された。たとえば，ティモシー・ミッチェル（Mitchell, 1988）は，エジプト植民地化の例を分析し，オリエントについてのヨーロッパの言説を，19世紀後半のパリ万国博覧会に関連づけてみせた。博覧会は本国の公衆の教育と娯楽のために，さまざまな場所や人々，とくにフランス植民地に属すものを展示するもので，「現実世界についての大劇場，あるいは大展示」として本国の知識形成に役立ったのである。かくして展覧会は，そこで表象された対象や場所，人々に及ぼされたヨーロッパの権力を，整然と結集させることにも寄与したのである。それゆえサイードの見方と同様，ミッチェルにとっては，ヨーロッパによる非ヨーロッパ世界という「外的現実」の表象は，テクストであれ，展覧会であれ，「それ自体，権力のメカニズム」だったのである（Mitchell, 1988：19, 168）。

　しかし私は，植民地でヨーロッパが権力を行使する際，言説・表象・知が重要であることを認める一方で，サイードやミッチェルにもいくつか問題があることに注意したい。第1に，他所や他者をめぐる本国の表象がすべてに先んじているとか，ヨーロッパの行動計画が均一であるといったイメージは，解体される必要がある。「外的現実」に関する19世紀ヨーロッパの表象が単一だったわけではなく，単独の「権力のメカニズム」があったわけでもない。言説をこ

のように均質に解釈することを，フーコーが意図していたわけでもないのだ。ストーラーが指摘するように，フーコーは，他者を人種差別的に定義するような言説を論じるにあたって，「より一般的な人種差別の文法」，すなわちさまざまな集団が「共有している語彙に政治的に異なる意味を注ぎ込む」ことを許容するような「語法〈グラマー〉」に，関心を持っていた（Stoler, 1995:72）。

それゆえ，サイードの『オリエンタリズム』に対する近年の批判や，それに刺激されたいくつかの仕事は，差異化の必要性を強調している。たとえば，リサ・ロウ（Lowe, 1991）は，「オリエント」表象のフランス内部やイギリス内部での差異，そしてフランスとイギリスの差異を追求しつつ，オリエンタリズム的な言説は柔軟であり，多様な政治的事業を持続させることが可能だった，としている。オリエンタリズム的な言説やその他の植民地に関する言説には，「権力行使の計画をめぐる争いや，支配維持の戦略をめぐる争い，そして投機的事業の正当性への疑問」といったものが含まれていたのである（Stoler and Cooper, 1997:6）。

第2に，サイードのような言説分析家やその後継者たちは，植民地的・帝国的言説がヨーロッパ本国で生じたものだと思い描く傾向がある。他所と他者に関する言説は，その地を訪れた学者や著述家，芸術家，そして旅行者によって産み出されるかのようにみえるが，その基盤はヨーロッパ自体なのだ，というわけである。しかし私は，そのような人々の活動は全体の構図の中の一部分であるにすぎないとみる。後述する19世紀イギリスの植民地的言説の事例研究では，帝国全体に広がり，植民地と本国を結合していた知と権力のネットワークを掘り起こしていきたい。私としては，単に母国で構築されたものとして言説を理解するのでなく，母国と植民地の双方の集団が相互的そして偶発的に構築したものとして，言説を見ていきたいのである。その集団には，入植者や官僚，宣教師らが含まれるだけでなく，植民地化された人々自身も含まれる。なぜなら，その人々の抵抗と協力は，植民地文化に深く影響していたからである。本章ではその点を徹底的に探求していないのではあるが（第6章および Comaroff and Comaroff, 1991, 1997; Lester, 1998a を参照）。

私の考えでは，イギリスの植民地的言説には，帝国の利害関係者の間で共有され，19世紀の大英帝国を包み込んでいた「文明」という一般的な語彙が含まれている（De Kock, 1996）。たとえば，イギリスの官僚や宣教師，入植者，商人，および本国の利害関係者らは一様に，「文明」という尺度を一致して用

いることで，アフリカ人をヨーロッパ人の下位に位置づけていた。アフリカ人の「野蛮な風習(ヒーゼニズム)」は普通，遺憾なものとされるか，糾弾されるかであり，アフリカ人が「改良(インプルーヴ)」されるべきならイギリスによる何らかの介入が必要だという理解も，普通になされていた。しかし私は，この種の差異を表す語彙が，柔軟にさまざまなやり方で用いられたり，また互いに対立する経済的・政治的目標のために用いられたりすることもあったことを示してみたい。ケープ植民地の外辺においてアフリカ人を植民地化する意義や目的をめぐって，帝国・植民地の官僚やリベラルな人道主義者，資本主義的な入植者たちが繰り広げた闘いを跡づけていけば，帝国の事業——ジョン・コマロフの言い方であれば「コロニアリズムのモデル」(Comaroff, 1997:16)——の複数性が明らかとなろう。

　私はこのような「モデル」やその相互関係を分析することで，イギリスの利害関係者らが，大英帝国の諸空間を横断する形で表象を取り交わしつつ，多様な形で帝国主義を認識し，そして創出していた様を提示したい。これから示していくように，個々の多様な帝国的言説は，それぞれ異なる実質的な立場や計画に影響されていた。このことは，入植者たちの内部においても，帝国主義の経験や関わりが異質であったことを意味している。しかしさらに論じたいのは，19世紀初期において植民者の利害が人道主義者のそれよりも結果として優位に立ったことが，結局のところ19世紀後期の支配的な帝国的言説の確立を助長し，それに対して本国の旅行者や探検家，地理学者が関与していくことになった，ということなのである。

3. ケープ植民地とイギリス——官僚・人道主義者・入植者——

(1) 官僚たち

　南アフリカの先端に位置するオランダ東インド会社のケープ植民地がイギリス軍に奪取されたのは，ナポレオン戦争の最中，1806年のことで，海軍基地としての戦略的価値がその理由であった。その獲得は，ナポレオンの船団が基地とすることを阻止するためであり，ヨーロッパの政治情勢がヨーロッパから遠く離れた地に飛火したものであった。

　ケープにおけるオランダの植民地支配が確立されたのは17世紀半ばのことで，東インド会社の東南アジア基地から輸入された奴隷が使用されていた(Elphick and Giliomee, 1988; Keegan, 1996)。17世紀後期～18世紀には，

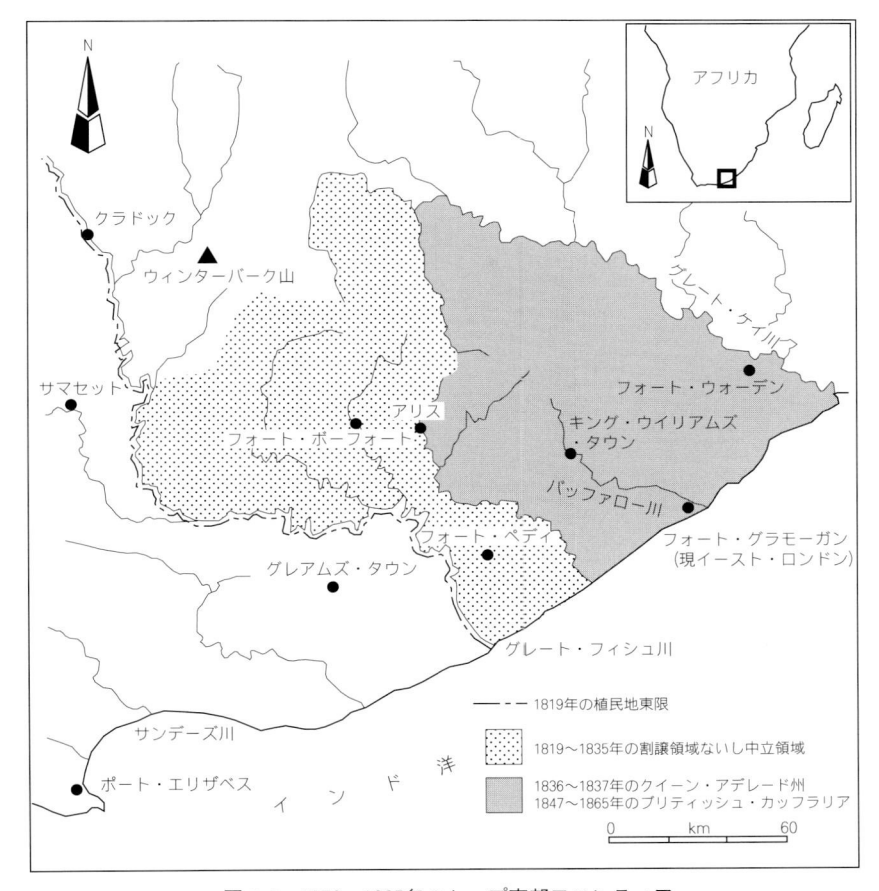

図4.1 1778〜1865年のケープ東部フロンティア

東インド会社はケープタウン港の東と北に広がる適当な領域にヨーロッパからの農場経営者を受け入れ，比較的小規模な集団からなる現地のコイサン人牧畜民や狩猟採集民は，殺害・駆逐されるか，あるいは従属民・農場労働者として同化されていった。

1806年までケープタウン周辺の植民地西部の支配は着実に安定していたが，植民地東部のフロンティアでは，海岸から約400マイルの内陸部において，入植した農場主たちがコーサ人［ホサ人，ングニ人とも。コイサン語族］の家屋敷と混ざり合う状況にあった（図4.1）。18世紀の終わりまでに，牧草地をめぐる競合によって，フロンティア戦争がすでに3回生じていたのである（Mostert, 1992）。植民地奪取の後，イギリスの戦争植民省の官僚が関心を持

っていたのは，死活的意義を持つケープ西部の港湾と，その周囲の後背地にすぎなかった。彼らはケープに派遣した軍政府総督に指示して，イギリス国庫からの最小限の支出で，騒乱にあるフロンティアの秩序維持につとめさせた (Galbraith, 1963)。

しかしイギリスの専制的な総督にとっての秩序の概念は，フロンティアの入植者やコーサ人にとっての秩序とは，異なるものであった。後者の集団は日々の基盤を労働や交易，時には性的な取引に置くとともに，互いの牛を襲撃しあって牧草地の所有権を争っていた。一方，植民地総督が望んでいたのは，植民地政府に臣従する者と独立した首長社会に属する者とを分離するための，整然と区分された境界であった。総督ジョン・クラドック卿が述べたように，「コーサ人との分離を確立することは，私たちの不変の目的であるべきだ。どちらの側が優勢な立場になったとしても，互いの交流は存続し得ないからである」(Cape Archives, CO 5807 Government Proclamation, 1810 年 8 月 21 日)。

1809 年以降，イギリス軍は境界を望みどおりに保持すべく，一連の排除活動を実行した。1812 年には最も劇的な排除が起こり，ンドラムベ人その他の少数のコーサ人首長社会がフィッシュ川以東に追い立てられた (Lester, 1997)。コーサ人の家屋敷や畑地・草地は焼き払われ，抵抗する者は射殺され，前例のないレベルの暴力がフロンティアにもたらされたのである (Maclennan, 1986)。この排除活動に続いて，報復としての牛の襲撃に直面した総督チャールズ・サマセット卿は，境界をさらに効果的に封鎖すべく，フロンティアに沿って植民集落を高密度に配置した。1820 年にイギリス本国から約 4,000 人の入植者が送り込まれた背景には，このような戦略が存在したのである。

(2) 人道主義者たち

貴族的・軍人的な植民地総督は，植民地秩序を脅かす苛立たしい前線としてフロンティアを見る傾向があったが，イギリス中流階級の人道主義者の多くはそれをまったく異なった角度から受け止め，キリスト教と「文明」を拡張する機会だと考えていた。ケープ植民地のフロンティアにおける人道主義者のアプローチを理解するために，イギリスや大英帝国全体の展開を簡単に検討しておく必要がある。

イギリス社会は，劇的な変革を経験していた。産業革命の勢いは増しており，19 世紀初期には強力な中流階級もしくはブルジョワジーが形成されていた。

この変革に関わっていたのが，中流階級における福音主義の影響力の高まりである。18世紀後期には，非国教徒的な福音主義［低教会派］がブルジョワジーの間で現れ，貴族的な高教会派の国教会主義に対抗する新たな文化的中心となった。当初，エリートたちは福音主義を用心深く観察していた。福音主義における人類の普遍的性質の強調が，上流階級の特権の侵食を脅かすものであったためである。しかしナポレオン戦争が継続するにつれ，福音主義は支配階級自身にも承認されるようになった。福音主義は，今や横暴なフランス・カトリックに対する敬虔なプロテスタントの闘いだと言われるようになった戦争に際して，「下層階級」の忠誠心を確保し，勢力を盛り返すための有効な契機となったのである（Colley, 1992a; Thorne, 1997）。戦争の余波の中で，上流階級は何らかの形でブルジョワジーとの同盟を継続する必要を認め，有産階級は労働者階級の急進主義をものともせず，共に一丸となって好都合で安定的な階級制度を確保しようとした（Thompson, 1980）。かくして1820年代に，中流階級の福音主義者や他の改革者らは，権力に接近する梃子を与えられたのである（Elbourne, 1991; Stoler and Cooper, 1997）。

　これを背景とした植民地の宣教師たちは，イギリスにおけるブルジョワジーの改革運動と強力な人道主義的同盟を結ぶことができた。植民地の人道主義者は，帝国に属する異教徒の「魂の救済」や，大西洋の奴隷貿易ひいては奴隷制自体の廃止に取り組み，その一方で本国の改革者は，中流階級の選挙権確立や自由貿易の制限撤廃，工場の状態の規制，貧民救済の慣習化といった国内問題に焦点を当てた。植民地の人道主義者と本国の人道主義者は，共に市民権の門戸を拡げるための政治改革に関わり，さらに自由貿易・自由労働を旨とする市場規制（強制労働もその1つである）の政治改革を思い描いていた点で，互いに補完的だったようである（Lee, 1994; Evans, 1996; Keegan, 1996）。1820〜30年代の間，奴隷制廃止キャンペーンは頂点に達し，植民地と本国の改革者は一定の政治と言説の一貫性を保つことができていた（Davis, 1975）。改革者たちは大英帝国を覆う強力なネットワークを作り上げたのである。その結節点はロンドンにあり，トーマス・ファウエル・バクストンのような影響力を持つ議員が政治的戦略を組み立てていた。イギリス各地および遠隔の植民地の改革者とこの結節点は，意思疎通と情報交換・意見交換のラインで結ばれていたのである（Lester, 1998a, 1998b）。

　改革者のキャンペーンが頂点に達したころ，奴隷廃止派の宣教師とその協力

者たちは、「本国社会の想像力に浸透していた」アフリカ人奴隷の「人種差別的イメジャリー」の型を定式化するに至った（Stoler and Cooper, 1997:28）。これは、すでに奴隷商人や旅行者が作り出していた奴隷の未開性（サヴィジャリー）という観念の打破を意図したものであったが、にもかかわらず、このイメジャリーは、ヨーロッパ人、とくに富裕のヨーロッパ人を頂点とする文明のヒエラルキーという仮説によって適格性を与えられた。

奴隷はあたかも子どものように、何もわからぬまま残虐なヨーロッパ人の犠牲になったものと描写されたが、その一方、後進的な文化にある奴隷が自らを向上させるには、優れたヨーロッパ人のみが手本となる、ということも当然のように思われていた。自由となった奴隷は、イギリスの労働者階級と同様、ブルジョワジーが考える「道徳」的な人間に転換されねばならないものとされた。すなわち権威を重んじ、几帳面に日課をこなし、風景として整えられた住まいと農地を造り、女性を家庭に閉じこめなくてはならない、とされたのである（Davidoff and Hall, 1987; Comaroff, 1997）。解放奴隷は、イギリスの労働者と同じく、「自己の利益を追求する自由があるが、何が自己の利益なのかを規定している文化的状況を否定する自由はない。社会的な位置を移動していく機会はあるものの、それは本来の居場所に馴染んでから後にのみ許される」のである（Holt, 1992:53）。かくして、イギリス政府がついに1834年に全植民地の奴隷を解放した際、解放奴隷は自由に責任を負う準備をすべく、「徒弟」として主人のもとにさらに4年間止められた。

ケープに拠点をおく人道主義者、とくにロンドン宣教師協会（London Missionary Society）理事のジョン・フィリップと、その女婿で新聞編集者のジョン・フェアベーンは、帝国における人道主義ネットワークの中核的人物であった。1820年代後半の反奴隷キャンペーンの動きに乗りつつ、彼らはケープ植民地で続いているコイサン人の窮状に関心を集めることができた（Botha, 1984; Ross, 1986）。フィリップとイギリス議会内の協力者、とくにバクストンは、1828年にケープ政府とイギリス政府に制令第50号を承認させることに成功した。この法令は、オランダと初期のイギリス植民地政府が定めたコイサン人の移動制限法を廃止し、コイサン人を入植者に奉仕する法的義務から解放し、コイサン人自身の土地への権利を明記するものであった。人道主義者にとって制令第50号は、コイサン人の自由憲章の表れであったが、しかしコイサン人の労働力に依存していた入植者にとっては、社会的特権を直ちに脅かすものだ

った。

　はっきりと入植者の背後に押しやられていたコイサン人が「解放」されると，1830年代前半のフィリップとフェアベーンは，ケープ東部のフロンティアとコーサ人の情勢にも批判的な眼を向けていった。彼らは本国において，奴隷解放論者が奴隷を描写していたのと同じような言い方で，コーサ人を表象した。たとえば，「ユストゥス」［ラテン語で公正の意］という筆名を持つビヴァリー・マッケンジーの考えでは，コーサ人の「寛容の気質や親切な感情……異邦人や訪問者に対する温厚な対応，友愛に応える素早い感謝，そしてとくに穏和な気性」('Justus', 1837:59) を尊重することが，イギリス人にとって重要であった。しかしその時期まで，同様に無垢な奴隷がヨーロッパ人に虐待されていたように，コーサ人もまた虐待を受けていた。「ユストゥス」氏によれば，

> 福音の持つ安らかな変革の力を未開部族（バーバリアン・トライブ）にもたらすために，われわれが何も成し遂げられなかった——政府が文明を発展させ，植民地の先住民の状況を改良することが一切なかった——ことが，30年間の統治の後に証明されたならば，われわれは天秤で重みを量られて，何が欠けているか明らかとなるだろう。しかしわれわれが，それ以上の行為に手を染め，われわれのキリスト教的統治が略奪や悪業，残虐な行為のために利用されたことを証明してしまったならば，どんな言葉でわれわれの罪悪と堕落を表現することができようか (xii-xiii)。

　このような植民地における「罪悪と堕落」こそが，フィリップとフェアベーンが本国の聴衆に語りかけた事柄であった。一連の植民地総督が専念した諸戦略を，彼らは正面から非難したのである。フィリップやフェアベーン，その他植民地の人道主義者の証言を用いることで，母国にいた彼らの同志は，1809年以来実施された一連のコーサ人排除を糾弾していった。その主張は，「正義はフロンティアに対する防壁であり，略奪がもたらす谷間よりも強い。高潔な国家は千の砲門と十万の兵に値するのだ」('Justus', 1837:129-130) ということにあった。

(3) 入植者たち

　1820年，サマーセット総督の要望により，イギリスからの4,000人の入植者が，緩衝帯の役割を果たすべくフロンティアに到着した。一集団となった入

植者たちは，まさにイギリス社会全体を代表するものだった。出身地はイングランド，スコットランド，ウェールズ，アイルランドにまたがり，社会階級は大地主である郷紳や，専門職についている中流階級，熟練した職人階級，貧困な労働者，貧窮者といった社会全体に及ぶものであった。さらに入植者たちは，初期の一般的な植民集落よりもバランスのとれた性比を構成しており，男性36％，女性20％，子ども44％となっていた（Lester, 1998c）。

新たな入植地では，それまでの階級とは無関係に，すべての入植者が真っ先に深刻な労働力不足に直面した。そのため入植者たちは，この植民地で長らく展開してきた人種という社会階層の意義を直ちに認め，廉価なコイサン人労働力を集落建設とその防衛に用いるようになった。人道主義者らは，このような労働力への依存を保証する通行規制その他の規制からコイサン人を自由にすることを訴えていたが，それは入植者の脆弱な財産に対する差し迫った脅威を意味していた。トーマス・スタッブズは入植者の多数意見を代弁して，人道主義者の介入は「不愉快きわまりない偽りの慈善であって，コイサン人を自由にしても破滅するだけだ。……コイサン人は，コイサン人自身の利益のためにも，公民のためにも，支配を必要とする人々であり，この土地にいるなら奴隷も同然だ」と述べた（Maxwell and McGeogh, 1978:71）。

入植者たちがコーサ人に関して意見の一致をみるまでには，かなりの時間がかかった。というのも，フロンティアを横断する交易から利益を得た者はよい面を強調し，教養ある郷紳は，しばしば古代ギリシャやローマの高貴な印象を重ね合わせ，資本主義や産業主義の悪徳に侵されていない人々として描写したからである（Lester, 1998c）。しかし入植者の多くが最終的にどんな見解に到達することになるのかは，フロンティアに直接面した土地を持つ農場主にとっては，1820年代初頭の時点ではっきりしていた。入植者たちはグレアムズタウン（図4.2）の周辺地区で占有を続けたが，結局はンドラムベ・コーサ人に追い出されるに至った。驚くようなことではなかったのだが，農場主たちが報復的襲撃の犠牲者となったことに気づいた時には，数カ月の間に，ほとんどすべての家畜が連れ去られていた。

入植者の間では，フロンティアで長く任務あった軍事官僚が抱くコーサ人像と同じようにステレオタイプなコーサ人像が，すぐさま広まっていった。ある者は，コーサ人は「狡猾で……そして危険な敵」以外の何ものでもない，と述べた（Cape Archives, A 602/2 Journal of S. H. Hudson, 1821年，月日不

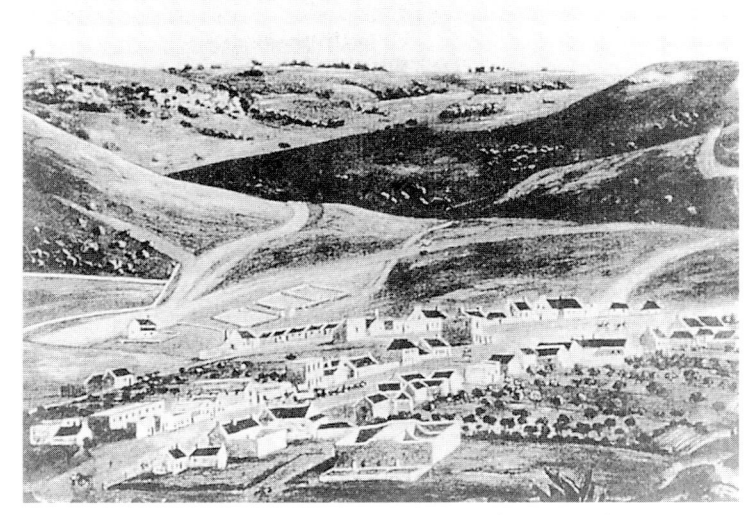

図 4.2　植民の拠点グレアムズタウン（19世紀初期）

詳）。1830 年代のはじめには，さらに多くの入植者集団が，襲撃にさらされた農場主によって作り上げられたコーサ人像を共有するようになった。ケープ東部における羊繁殖成功の見込みと，イギリスでの羊毛需要の非常な増大が，共に揃って現実化したために，出身階級の多様な入植者たちは，羊毛産業がコーサ人の領域内にも拡張されねばならないと思い込んでいたのである。入植者にとっての「進歩」の見通しは，ロバート・ゴドロントンの入植地新聞「グレアムズタウン・ジャーナル」によって整えられ，資本家の拡張とそれに伴うコーサ人からの土地強奪とに分かちがたく結びつくようになった。それに応じて同ジャーナルへの寄稿者たちは，近隣の土地からのコーサ人の駆逐を正当化すべく，入植地に対するコーサ人の「略奪」を強調したのである（Keegan, 1996; Lester, 1998a）。

　1834 年 12 月，フロンティアにおいて，何度も一族を元の土地から追い立てられていたコーサ人の首長たち（図 4.3）は，共同して入植地に反撃を加え，数時間のうちに 24 人の入植者を殺害した。この攻撃は戦争の幕開けとなり，翌年，植民地軍が勝利した。イギリス人入植者のアイデンティティは驚くべきほどに統合され，階級や地域，民族の区分を越えて，コーサ人の軍事的抵抗の勃発に脅かされているすべての人々を 1 つにまとめ上げた。このアイデンティティは，何よりも 2 つの問題に対抗して定義されていた。1 つはコーサ人自身，

図 4.3　マクォマ　1834年、植民地に対するコーサ人の攻撃を指揮した.

そして 2 つ目はコーサ人に共感を抱く人道主義者である。

1834～35 年の戦争の後，グレアムズタウンでは，戦闘で得られたコーサ人の頭蓋骨を標本とする骨相学の講演会が催され，予想もせぬほどの入植者の人気を得た。南アフリカ史研究のアンドリュー・バンクが指摘しているように，この種の人種差別的「科学」は，頭蓋骨の寸法を比較研究に基づきつつ，アフリカ人は生まれつき劣等だという推測に固執し，それを詳細に論じるもので，「フロンティアで紛争を経験し，『未開人(サヴェッジ)』という敵に対する反感を抱いた人々」(Bank, 1996:402-403) に強く訴えかけたのである。

19 世紀初期のオーストラリアやニュージーランドにおいても，やはり入植者が資本主義的な農本主義を新天地に強引に導入し，絶え間なく抵抗を被っていたが，ここでも骨相学が人気であった。骨相学が植民地社会に受け入れられると，ヨーロッパ本国においてもこの類の科学的人種差別への興味関心があおられた。さらに 19 世紀初期から中期のヨーロッパの科学者には，この研究課題のための原資料として，さまざまなフロンティアの紛争で「獲得」された頭蓋骨が安定して供給されるという事態が生じたのである（Bank, 1995)。

戦況が入植者の有利になると，イギリス軍は，新たに征服したコーサ人の領域，すなわちクィーンアデレード州と名づけられた領域を確保するよう指令を受けた。ケープの総督ベンジャミン・ダーバン卿は機先を制するべく，コーサ人首長の影響力は弱まっており「コーサ人の活動域の内部や周辺には……陸軍が駐屯している。いかなる深刻な抵抗をも鎮圧しうる手段を手元に温存し続けていく」と述べた (Cape Archives, A 519 D'Urban to Smith, 1835 年 9 月 17 日)。入植者の大半は，官僚と入植者の各々の今後の方針が一致したとみて，これを歓迎した。コーサを植民地化しようとするダーバンの計画からは，この

地の羊毛産業の繁栄を可能とするに足るほどに，土地払い下げが著しく増加することが見込まれたため，ダーバンはどのイギリス人入植地でも祝宴を受けた。コーサ人を州内から完全に駆逐することは軍事的には不可能であったが，入植者たちは，コーサ人を植民地化し，空間的に閉じ込めておくことが次善の策だと判断したのである（Lester, 1998d）。

　結局のところ，入植者と官僚は共に同じ現実に直面して1つにまとまり，本国政府からの大きな自立を入植者は勝ち取ることになる。ただしその実現は，ケープとイギリスを結ぶ人道主義を相手とした政治と言説の闘いに勝利した後のことであったが。

4. 植民地的言説を構築する

　フィリップとフェアベーン，そして他の植民地の人道主義者らは，戦争の惹起と植民地政策に関して，ダーバン総督とはまるきり意見が合わなかった。フィリップは，ロンドンに拠点を持つ人道主義者に宛てた書簡の中で，戦争の原因は一連のコーサ人排除と，コーサ人の領域内での農場獲得を意図した入植者の挑発によって引き起こされた，とする見解を明らかにした。加えて，入植者に反抗した罰としてコーサ人を徹底的に支配すればよいという見方は，言語道断なことであった（Ross, 1986）。

　1820～30年代にかけて，入植者たちが帝国の周縁部で自立と勢力増大のために格闘していたころ，先述のようにイギリスでは，「敬虔な公衆」たるブルジョワジーたちが，植民地政策についての人道主義的立場からの表象の高まりに直面していた（Thorne, 1997：239）。1836年の植民地大臣は，奴隷廃止論者ウィリアム・ウィルバーフォース率いる福音主義者「クラパム派」が支持していた人道主義者，グレネルグ卿であった。グレネルグは植民地における経費削減という政府方針に従うだけでなく，植民地政策に平明な人道主義を効果的に注入することを決意していた。彼はケープとイギリス両側の人道主義者に力づけられて，ダーバン総督に書簡を送り，コーサ人は植民者の迫害の束縛にながらく苦しんでおり，「あえて攻撃に打って出る無条件の権利」を持つと述べた（Cape Archives, GH 1/107 Glenelg to D'Urban, 1835年12月26日）。ケープ・フロンティアのダーバン総督そしてイギリス人入植者の大多数にとっては無念きわまりないことに，1836年12月，クィーンアデレード州植民地化の枠

組みは破棄され，総督自身もロンドンに召還されたのである（Lester, 1998b）。

　しかし戦争の余韻さめやらぬ間に，入植者のスポークスマンを自認するロバート・ゴドロントンは，入植者側の主張を支持する「ザ・タイムズ」以上にイギリスで重きを置かれることを狙って，フロンティアに関する記事や少部数の「グレアムズタウン・ジャーナル」——本国の官僚や商人の間では広く回覧されていた——を執筆していた。彼の『異教徒の群れの侵略についての物語』（Godlonton, 1836）は，入植事業の不撓と団結の歴史を物語るものであった。ゴドロントンの解説の中では，入植者の最初の階級差や地域差，解消されないジェンダーの不平等といった点は曖昧となっていた。代わりに入植者たちは，荒々しく人を寄せつけないフロンティアにおいて，文明社会と生産的景観の建設をお互いに試み——そして「教化更正しようもない」コーサ人の故なき恐怖によって空しく破壊された，と描写されたのである。その勤勉な労働の成果は単に破壊されただけではなく，さらに同胞たるイギリス人，すなわち人道主義者によって非難されるという憂き目にあっていると，ゴドロントンはつけ加えた（Godlonton, 1836）。

　コーサ人が，入植者によって生物学的に未開性を持つ者として構築される一方で，その人道主義的擁護者は「無節操な不埒者」だと述べたてられていた（Maxwell and McGeogh, 1978:112）。入植者の不満をホールデン・バウカーは簡潔に表現している。人道主義者たちは「悪魔も羨むほどの勤勉さで，われわれが共感と援助を求めた相手であるわれらが同胞に，われわれが極悪人だと思い込ませる目論見を実現した」と彼は書いたのである（Bowker, 1864:2）。1830年代の母国では，入植者の表象は人道主義者の影響力の前に無力であったが，次の10年間が過ぎる頃には，ゴドロントンやバウカーらのプロパガンダが結果を出し始めた。ゴドロントンの次なる試みは，入植者の悲運をイギリスで公表することであり，1844年の著作『南アフリカにおけるイギリス人入植者の思い出』（Godlonton, 1844）は，ヴィクトリア女王自身が購入するという結果を得た。

　ケープの入植者が継続して行ったまさに政治と言説の闘いを通じて，19世紀半ばには人種の差異をめぐる帝国の合意が確立されようとしていた。それは，レトリックを正当化する面を保持していたものの，実質的に19世紀初期の人道主義者の「感傷（センチメント）」に影を落とすものであった。さらに明確な帝国的言説が19世紀後期に作られたことを理解するためには，あらためて焦点を広げ，ケ

ープの闘いを他の植民地や本国の闘いとともに位置づけ，これらのさまざまな場所の集団の間にあった「知」の流れを示していかなければならない。

　帝国における植民地化された他者をめぐって，人道主義者の見方に対する幻滅がイギリスで広がったのは，奴隷制廃止それ自体の実施からであった。解放された奴隷は，とくに西インド諸島では自らの自立を主張したが，解放奴隷が人道主義者の期待した「美徳」——絶えまず勤勉にプランテーション作業に従事し，真面目にキリスト教に帰依する——を発揮することはなく，その「生まれつき」の人種的特徴が，農園経営者や強力な本国の後援者から非難された（本国に拠点を置く農園経営者の研究例としては，Seymour et al., 1998）。農園経営者のプロパガンダは，議会やロンドンの出版物を通じて徐々に知れ渡り，植民地そして帝国全体にとって「最もよいこと」と，プランテーションの繁栄を，うまく関連づけるに至った。自由を得た奴隷があっという間に市民としての責任を身につけるだろうという人道主義者の意見は，無邪気にすぎたことがわかったのである。

　1846年までには（この年，ケープではコーサ人の首長社会が再び土地略奪に戦いをいどんでいた），西インド諸島の農園は砂糖生産が減少して破綻し，ヘンリー・テイラーのような本国の奴隷廃止論者でさえ，「ニグロは子どもと同じように，落ち着きある行動ができて，他人の利害に配慮ができるような訓練が必要だ」と考えるに至った（Holt, 1992：285）。ホールトが明らかにしたように，1840年代の末には，有名な文筆家トーマス・カーライルが，ジャマイカの農園経営者が抱く次のような元奴隷のイメジャリーを，ロンドンの読者に効果的に流し込んでいたのである（Holt, 1992：280）。「カボチャ頭に，耳まで届くほどの見事な鼻をして，まわりのさとうきびを立ち腐れにしたまま……座り込んでいる」。

　しかし広範に拡大した先住民の暴力的抵抗に関して，周辺地域における解釈は本国における権力の基盤の変動と相互に影響し合い，1850〜60年代になると決定的となった。パーマストン首相の中国での戦争［第2次アヘン戦争］は，イギリスで増加した堅実なブルジョワジー選挙民らが，積極的な帝国主義でもって周辺の資本家を支援しようとした意志の表れであり，翌1857年の「セポイの反乱」はそれを決定づけるものであった。インドの行政官や入植者は母国との間に発達した通信を常に享受しており，インドが帝国内部での重要性を高めるにつれ，文化的差異と植民地政府をめぐるイギリス人の議論の中にインド

が大きく立ち現れたのである（Stokes, 1959; Mehta, 1997）。反乱が与えた衝撃は本国において「熱狂的な人種憎悪」を広め，「インド人を改良するのは不可能だ」という断定的な見方が一般化した（Porter, 1996: 37, 44）。

1860年代のはじめには，マオリ戦争によって，先住民は矯正できないという本国の考えが強固になった。ジェームズ・ベリッチが指摘しているように，ニュージーランドで広く宣伝された「救出可能性」という人道主義者の主張は，

> マオリ人はヨーロッパ的な商売や農業，読み書きや宗教のやり方なら受け入れるはずだ，ということがその根拠の1つであった。……抵抗運動はこのような趨勢をひっくり返したのであり，文明化という使命が失敗した，あるいは失敗する運命にある証拠だ，とみなされた（Belich, 1986: 328）。

1865年，ジャマイカのモラント湾で反乱が生じ，総督エドワード・エアが残虐な対応で報いると，ジョン・スチュアート・ミルを含む本国の人道主義者らは，高まるイギリス人の人種差別を是正する機会とみて，先駆者たる奴隷廃止論者から継承した同化主義的原則を，断固として主張した（Hall, C., 1996 b）。しかしカーライルやチャールズ・ディケンズ，アルフレッド・テニソンといった大物に阻まれた結果，イギリスに召還されたエアが見出したのは「人種差別的な憂慮が公衆の支持を得た」ということであった。ホールトが述べているように，「モラント湾の余波を受け，最大の帝国主義的な冒険的事業を直前に控え，イギリス公民の世論はミルでなくエアやカーライル側に同意した」のである（Holt, 1992: 305, 307）。

南北戦争期のアメリカでは，奴隷所有者のプロパガンダが，人種的な他者表象の潮流と一体化した。これは，1830年代以降のケープと同様，植民地の資本家や入植者たちが母国に流し込んでいたものであり（Young, 1995a），カーライルの説得的な著作や論文，パーマストンの国会論戦，ゴドロントンやバウカーによる入植記録の出版，「ザ・タイムズ」のような大衆の報道機関を通じて，流れた潮流であった。19世紀後半を通じて，帝国の周辺地域で作り上げられた人種という論理構成は，両義的な形を取りながらも，広告（Pieterse, 1992; McClintock, 1995）や音楽会（Crowhurst, 1997），また第5章でパシャウスカが示す学校教育といった種々の手段を経由して，支配階級を越えて流され，大衆文化を構成していった（MacKenzie, 1984）。

議論は続いていたものの，19世紀末期までには，植民地の入植者が作り上

げたような生まれながらの人種間の不均一性という観念が，本国における学問諸分野の全域で確立された。そこには，すでに触れたように地理学も含まれていた（Livingstone, 1992）。帝国周縁部の入植者や農園経営者から発せられた人種的表象の流れが蓄積されることで，科学的人種差別は名声を高め，その研究課題は刺激され，植民地においても母国においても，よりいっそう普遍的な社会的相互作用のモデルとして確立されたのである（Stepan, 1982; Gilman, 1985; Goldberg, 1990; Dubow, 1995; Stoler, 1995; Young, 1995）。

　それゆえ，周辺地域の入植者や帝国の外部，さらには入植者に共感的な旅行者からもたらされたイメージは，人道主義者の議論を非難するものとなり，1830年代よりも効果的な反駁が1860年代には表明されるようになった。「教化更正しようもない未開人（サヴェッジ）」とともに生活することの危険だとか，ヨーロッパ人の「文明化という使命」に対する先住民の抵抗の背後には，根深い生物学的な意味があるのだといったことを，植民者たちは母国の人々にうまく説得したのである。植民者たちの表象には持続力と圧倒的な量があり，資本家の事業にとっても有益であり，さらに技術革新によって通信の速度が速くなった結果，言説のうえでの植民者の圧倒的な優位は確固たるものとなった。

　しかし，入植者のイメジャリーが母国において勝利したことには，国内のブルジョアジーの関心との連関によって大きく支えられる面もあった。1860年代までには，入植者の持つ「教化更正しようもない未開人」に似た観念が，いまや経済的にも政治的にも安泰なブルジョワジーによって利用されるようになり，そこには功利主義的な自由主義者も含まれていた。そして，帝国内の人種的他者と，「わが国（ホーム）」に破滅的脅威をもたらす者とが，密接に関連づけられていったのである。19世紀初期の改革期においてさえ，アフリカ人の「後進性」がイギリスの貧困労働者の「後進性」のアナロジーとして表象されていたことは，すでに見てきた通りである。今やイギリスのブルジョアジーは，社会的・経済的・政治的な覇権を得て，自らの優位を支えてきた普遍的な人間性や改革，同化といった言説をかなぐり捨て，代わりにさまざまな脅威——社会主義化するかもしれない労働者を含め——に対抗し得るだけの地位の強化に専念することができるようになった。

　生まれながらにして人が差異を持つという入植者の論理構成は，暴力が支配する帝国のフロンティアで何十年もかけて生じたものであったが，これに後押しされる面もあったにちがいない。ストーラーが指摘したように，結局のとこ

ろ入植者たちは，1つの社会の内部から健全さと福利が脅かされているという見方をイメージとして固定したうえで，そこには「いかに生きるか」という倫理がなく，ゆえに自らを統治する能力も欠落していると考えたのであった（Stoler, 1995：127）。同様の論理構成によって，イギリスの男性ブルジョワジーは，とくに女性・アイルランド人・貧困者・精神病者・犯罪者に対する支配を正当化することができた（Hall, C., 1992b）。19世紀が終わるまでに，植民地の入植者とイギリスのブルジョワジーは，手を携えて中心と周辺地域を結びつけ，そして「市民権や階級所属，性的役割分担の適性を明示する」ような言説を展開し，それぞれの社会的特性と生得的な差異を，明確にあるいは曖昧に，関連づけたのである（Stoler, 1995：128；McClintock, 1995 も参照）。

5．帝国的言説とコーサ人

　ケープのフロンティアでは，1844年にはすでにバウカーが，コーサ人に対する土地収奪を本国が支援してくれるものと確信を深めていた。「何百万もの文明人に幸福をもたらすだろう土地に，残酷で役立たずの数千の未開人(サヴェッジ)が悪夢のように居座っているではないか」と問いかけていた彼は，「いや，天はそれを許し賜わず」との返答が本国の同胞から届くことを確信していた（Bowker, 1864：125）。バウカーがイギリスの聴衆に訴えかける際には，ステレオタイプな西インドの解放奴隷像「クァーシー」［クレオール語の誕生日名の1つ］の性格についてのカーライルの記述——それはカーライルがジャマイカの農園主のプロパガンダからやはり造形したものだった——をしばしば引用していたことには，注意しておきたい（Holt, 1992：280-281）。バウカーは，ケープ東部の植民地拡張を正当化するにあたって，西インド諸島からロンドンに至る帝国全体のアフリカ人を言説として構築し，それをケープ・フロンティアにおいて戦略的に前進・後退させていたのである。結局のところ，この種の「知」の円環こそが，植民地の入植者や本国のブルジョワジーが，強力で帝国的な先住民排除の言説を相互に作り上げることができた理由だったのである。

　19世紀後期の帝国における新たな経済的・知的・倫理的な風潮の中で，ケープの入植者は他の植民地と同じく，代議制政府のもとでの一定の自治を許された。再構築されたコーサ人の他者性に助けられ，すでにイギリス軍・植民地軍は，1846～47年の新たなコーサ人の抵抗を粉砕し，1850～52年にはコーサ

人・コイサン人労働者の暴動を鎮圧した。コーサ人の領域は今や，入植者の農園や「居住指定地区(ロケーション)」へと切り分けられていた。そこでは，かたくななコーサ人の居住が，やむなく認められていたのである。残された土地を死守したものの，さらに多くのコーサ人が，税制その他の方法によって，入植者の農園で労働するように仕向けられた。大英帝国は，土地の亡失，飢餓，離散，報われない労苦といったものを押しつけながら，フロンティアのコーサ人に「文明」をもたらすという入植者の見通しを――決して十分に達成されることはなかったが――押し進めていったのである (Peires, 1982; Lester, 1996)。

6．おわりに

19世紀の初期，植民地官僚と人道主義者や宣教師は，コーサ人が相対的に「後進的」だという点で意見が一致していたが，コーサ人に対してはまったく異なった戦略を展望していた。官僚は軍事的排除を提案し，人道主義者はあからさまなキリスト教的慈悲と経済的抱擁を，入植した資本家は土地収奪と征服を，といったようにである。これら植民地の集団はお互いに対しても，母国の人々に対してもさまざまな表象を発したが，そのいずれもが両義的な帝国主義の言説で満たされていた。「教化更正しようもない未開人(サヴェッジ)」の抵抗が資本主義の発展を阻害している，という植民地入植者の語りは，相互の救済と文明化という人道主義者の語りを上回る力を最後には得た。植民地におけるこの結末は，ブルジョワジーの覇権強化によって改革派の事業が薄められ，その覇権を脅かす人種的・ジェンダー的・階級的に規定された他者が「科学的」に排除されるという，イギリスの権力構造に生じた変動を映し出すものであった。

　人道主義者の見通しが幻滅を迎えて周縁化され，官僚と入植者の要望が一致をみて，植民地においてもイギリスにおいても排除の戦略が政治的に勝利すると，19世紀半ばには帝国的言説の論争に用いられる概念は変化していった。この変化は「1つの言説が終わり，次の言説が登場した」ことを意味していたわけではない。フーコーが指摘したように，言説とはむしろ揺れ動くものなのである。「言説は，さまざまなレベルで作用する。それはさまざまな政治的事業の間を移動するのみならず……新たな政治的目標に向かってさまざまな要素をわがものとしていくのだ」(Stoler, 1995: 72に引用されたもの)。これらの「政治的事業」は，多様で時には相いれない「要素」を人種という論理構成に

組み込みつつも，闘争の現実という各地域の状況に根ざすものであった。しかし「政治的事業」が母国と植民地の間だけでなく，周辺地域たるさまざまな植民地の間で互いに関わることで，知の生産・競合・伝達が試される1つの帝国的な領野が産み出されたのである。

ロウは，現代の言語的な言説とは，「さまざまな位置や場所から繰り返し生み出される表現」の中にあるという（Lowe, 1991:15）。同じことが，帝国主義者の多様な言説にも当てはまる。今日，帝国主義のメカニズムは表面的には破棄されつつあるが，「位置」や「場所」をつないでいる，多様化しつつも互いに結合した空間的ネットワークは，今なお存在しており，人種やその他の文化的論理構成が，本国の住民に向けて形成され，再構築され，届けられている。西洋にとっての他者，その現在最大の脅威がイスラム原理主義者として認定されているが，それを「既知」のものとするグローバルな円環によって，帝国主義の形態は生き延びているのである。

(米家泰作訳)

第5章　地理と帝国の歴史

テリーサ・パシャウスカ（Teresa Ploszajska）

1. はじめに

　本章では，大衆の地理的言説と帝国的言説の関係について，丁寧かつ文脈に即した批判的再評価を提示する。その際，強調しておきたいのは，かつて起こった出来事にしても，全体を見渡す視座にしても，それは決して普遍的で唯一のものではないということである。私たちはやっと最近になって，地理と帝国主義の互いに絡み合った歴史が，複雑で，移ろいやすく，複合的なものであったことに，そしてその遺産もまた同様であることに，気づき始めた。

　こういった課題を探求するにあたっては，植民地化された世界とその人々に関して特定の思想と姿勢が広まった際に地理教育が果たした役割に関して，事例研究を提示するべく3つの異なった節を用意した。

　第1に，地理と帝国主義の密接な関係をめぐって収斂した近年の学際的関心を史的に概観しつつ，互いに絡み合った文化的言説として帝国主義と地理を理解するのが最も生産的だ，という幅広い共通認識を追求していく。

　第2に，教科書という媒体に焦点を当て，そのような学問や知識の生産というものは（実のところすべて）主観的で偶発的であることを強調する。19世紀後半から20世紀前半の教科書が表象した帝国の景観と人々——そのイメージは今なお根強く残っていることがある——の一例として，オーストラリアとオーストラリア人についての記述を取り上げるつもりである。

　第3に私が取り組むのは，視覚的イメジャリーの使用が，地理的な「知」を促し，帝国をめぐる特定の心象地理を育むための手段であったということである。教科書に頻出する図解類を広く大まかに概観したうえで，具体的な事例として，ごく普通の言語と視覚による教科書叙述について考察する。このような面に議論を広げるのは，地理の授業で教師が補助的に用いる視覚教材の幅が広

がっていたことを捉えるためである。そして結局のところ,「正確」な可視化のもたらす力を感じ取ることが,地理教育ならびに市民教育の両者をめぐる議論の中で,しばしば中心的な役割を果たしていた,ということを示すためである。

2. 地理と帝国主義

(1) コンテクスト

　伝統的にイギリスの地理学は,全国的な学会の成立や大学の学問分野としての確立について,関心を払ってきた。一般的な解説としては,学会創立何十周年かの記念出版物があり,1830 年創立の王立地理学協会（Royal Geographical Society）,1893 年創立の地理協会（Geographical Association）,1933 年創立のイギリス地理学会（Institute of British Geographers）の例がある（Cameron, 1980; Balchin, 1993; Steel, 1984）。

　このような学会史は無批判な叙述を提供し,学会の進歩的な発展の編年史となっているのが,慣例である。地理学史にしても,こういう組織への焦点を反映する傾向があった。たとえば,オックスフォード大学やケンブリッジ大学における地理学の確立（多くの人にとって,この国の近代地理学の誕生を意味する）に関する議論は,この分野に対する認知と敬意を獲得するための勇壮な戦いとして描かれているが,そこでは王立地理学協会に抜群の役割が与えられている（Scargill, 1976; Stoddart, 1989）。

　リヴィングストン（Livingstone, 1992：4）が指摘したように,このような記述は,「地理学界の業界人用に,殻に閉じこもって分野の発展を回顧したもの」である。その結果,イギリスの地理学史においては,偉人や英雄,勇壮な出来事の物語が,後の世代の研究者によって無批判に再生産されてきた。簡単に言えば,学史として受容された知識についての因習的な共通認識が,地理学的知識の集積体の中に埋め込まれることとなったのである。このことは,地理学者たちがつい最近まで,自分たちの分野と帝国主義の関係をまったく自覚せず,問いただすことも少なかったという点に,はっきりと表れている。

　19 世紀後半から 20 世紀前半のヨーロッパで生じた「新たな地理学」の勃興と「新たな帝国主義」の衝動に関して,両者の時期的なつながりと物的なつながりを初めて関連づけたのは,ハドソン（Hudson, 1977）である。彼の研究

は，地理学者が自分たちの分野の系譜を批判的・文脈論的に省察するための触媒としての役割を果たした。たとえばピート（Peet, 1985）は，環境決定論を例として，地理学が帝国主義的イデオロギーに対して科学的正当性を貸し与えたという見解を詳細に展開した。後にリヴィングストン（Livingstone, 1991）は，あまり物的な枠組を採用していないものの，過去の地理学における気候に関する言説の道徳的側面について検討している。他にも経済的な焦点を保持したまま，ヨーロッパの領土拡張が前資本主義社会に与えた物質的な影響を検討した諸研究がある。たとえばブリトン（Britton, 1980）は，フィジーにおける都心の成長と交通路の発達が，植民地からの輸出の必要性の産物以外の何ものでもないことを論じた。本来ブリトンは，「第三世界」の物理的・経済的景観に対する植民地主義の影響に関心を寄せていたのであるが，経済的な過程が社会関係に対してどんな影響を与え，そしてその中で使い果たされるかを，確認あるいは探求することになったのである。

　次第に多くの歴史地理学者が，ヴィクトリア時代［1837年～1901年］およびエドワード時代［1901年～1910年］の地理（学）と帝国主義におけるレトリックと実践——文化的・知的・イデオロギー的な現れ方——との間の，複雑で多様な相互作用について，省察を始めた（たとえばGodlewska and Smith, 1994; Bell et al., 1995）。とくに広範な注目を集めてきたのは，植民都市の空間的発展が持つ象徴的・経験的な意義である。分析の焦点は，（国内・海外両方の）おもな行政的・商業的中心地からインドのヒル・ステーション［丘陵上の居留地］まで，多岐にわたっている。これらの文脈においてはすべて，植民する側と植民される側の居住地分離が，権力関係と「差異」の観念を押しつけて保持するための決定的な手段であり，それが帝国主義の基盤となっていたことが，今や理解されている（Mitchell, 1988; Duncan, 1989; Christopher, 1997）。

　より最近では，イデオロギー的なレトリックと実践が母国の中枢で絶えず作り上げられ，そして広がっていたとする仮説に対して，帝国の周縁部に関する歴史地理学研究が挑戦しつつある。さまざまな植民地周辺部で構築された人種差別的な他者性（アザネス）とその維持に関する調査によれば，母国の思考と行動が形作られる際には，外地の言説と経験が，共に等しく重要な役割を果たしたことが明らかとなっている。レスター（Lester, 1998b; 第4章も参照）が南アフリカのコンテクストにおいて結論づけたように，差異をめぐる母国の言説と外地の

言説は，互いに競合し，影響を与え合っており，多様なやり方で時空を超えて交渉され，そして経験されていった。彼の結論に反映しているのは，帝国主義とは単一で，必然的で，予測可能な歴史地理を伴った一枚岩のメタ物語ではない，という認識の高まりである（Driver, 1992）。加えて，帝国主義に関する純粋に歴史学的な分析が，概してその幅を広げていることの反響でもあるのだ。歴史学の関心は——比較的最近まで——帝国主義の経済的・政治的側面にのみ限られていたのである。

　過去20年間ほどの間に，歴史学者たちは帝国主義に関して，経済的利害や領域獲得，政治的野心以上のものがそこに含まれていたと考えるようになってきた。歴史学者や人類学者，文学批評家，社会学者やその他の学者らの分野を越えた研究は，帝国主義を定義する条件を広げつつある。大方の議論は，何にもまして文化的な過程として解釈するのが最も正確で実りあることだろう，というところに達しているのだ。その結果，関心の矛先は，お役所的な発想から大衆の姿勢・信念・実践へと移りつつあり，今やそれこそが帝国の拡張において決定的だったとみられている。その考え方によれば，海外領土の獲得と保持には，大衆の感情と世論の支持が動力源として利用されねばならなかった。

　イギリスの場合，歴史家のジョン・マッケンジーが示唆したように（MacKenzie, 1984），帝国主義的な情操は，娯楽，広告と買物，若者の流行，子ども向けの空想小説といった実に多様なものを媒介として，社会のさまざまな階層に伝えられ，そして支えられていた。マッケンジーが考える帝国主義とは，世界の中の残余の部分に対する文化的な姿勢が，組み合わさって広く普及・持続したものであり，それは1880年から1960年まで，イギリスの文化と社会の中心でイデオロギー的な役割を演じていた。

　1980年代中頃以降，マッケンジーや他の研究者たちは，それぞれ多彩な分野の視座を代表しつつ，情緒的かつ帝国主義的な情操がさまざまな文化形態を取って表現され，普及したことを検討してきた（MacKenzie, 1986; Bristow, 1991）。大衆文化は，物質的な人工物の単純な組み合わせと考えるよりも，個人や集団の持つ考えが構築されたり議論されたりする協同的実践の枠組みとして考えたほうが，問題の解明につながることが明らかになってきたのである。帝国主義の歴史（そして後述のように，帝国主義の歴史地理）に対するこのような解釈の影響は多大なものがあった。専門的研究の量が増加したり幅が広がったりしただけでなく，経済的な方向を向いていた従来の歴史叙述が，文化的

な視座の影響を受けて大幅に改められるに至ったのである（たとえば Hyam, 1993）。

　「文化的」と称しうる方向転換が，帝国主義に関する近年の歴史研究の特色となっているが，これは同時に，帝国を対象とした歴史地理学にも等しく影響を与えてきた。しかしそのことに触れる前に，「帝国的プロパガンダ」の多くが意識的に子どもを標的としていた事実を，簡単に検討しておくのが適当だろう（MacKenzie, 1984）。少年少女の楽しみには，キプリングやヘンティ，シャーロット・ヤングの帝国主義的な空想小説を読むことや，ボーイスカウトや青年教練協会（Lad's Drill Association）[体育教育における軍事教練の振興を目的として1899年に設立]，ガールガイド[1910年設立のイギリスの少女団体]のメンバーになること，そして帝国記念日のパレードで聖ジョージ[イングランドの守護聖人]やブリタニア[大英帝国を象徴する女性像]，メイ・クイーンに扮することがあった，と広く想定して間違いない。これらの行為は究極のところでは，教育的なものであることが期待されていた。正規の教育とそうでない教育とされるものの境界は，常に不鮮明でぼやけたものである。しかしヴィクトリア時代・エドワード時代のイギリスにおいては，あらゆる種類の学校で，勉強と活動の通常プログラムが，ジェンダーと階級に即した帝国主義的な目的に覆い尽くされていた，と示唆する歴史学者が増えている（MacKenzie, 1984 ; Mangan, 1988 ; Davin, 1989）。

　加えて，イギリスの旧領土と植民地の学校におけるイデオロギー教化に関する分析が，より一般的に行われるようになってきた（Mangan, 1993）。今日，世界そして世界の中で生徒の住む場所について理解させるのは，通常，地理学の仕事とされている。しかし何とも逆説的なことに，教育と帝国主義の関係をめぐる歴史学の研究は，歴史のカリキュラムに焦点を置きがちであった。領土支配に向けて繁栄するイギリスの驚異と栄光の姿を子どもに教え込むのは歴史の授業であるという主張と，地球を支配することがイギリス人という「人種」の生まれながらの権利だという信念は，四半世紀以上にわたってほとんど修正されないままだったのである（Chancellor, 1970）。地理学史の研究者による帝国主義の取り扱いといえば，思想（たとえば環境や民族に関する）の役割だとか，学校以外の組織（王立地理学協会や大学が最も顕著）にほとんど限定されていた。

　ごく最近になって，帝国主義の広範なイデオロギー的言説の中に地理教育が

どの程度巻き込まれていたか，あるいはその外部にあったのか，という詳細な考察がなされるようになった。その視座に影響を与えているのが，「地理的知」を定義する概念的基準を，いまさらであるが拡大しようとする画期的な動きであり，そして「地理的知」の歴史的解釈を修正していくアプローチが芽生えたことである（Driver and Rose, 1992）。もはや「地理（学）」は，学者の著作の中にだけ埋め込まれたものとは考えられていない。むしろ，地理的知の複雑な多様性やその大衆への影響については，公式的あるいは非公式的な社会的実践や物質文化をいっそう広く考慮する形で，探求が開始されつつある。それらもまた地理的言説に関わっていたことが，ついに認められるようになったのである（Driver, 1995；Matless, 1995a）。

かくして，帝国主義の歴史をめぐる文化的な方向転換は，地理（学）の歴史にも同様の影響を与えつつある。地理（学）の歴史そして帝国主義の歴史に対する修正派は，さまざまの繊細な視座を取り込んで幅を広げた社会・文化・文学理論から刺激を受けている。たとえば，フェミニズム理論に刺激を受けたドモシュ（Domosh, 1990）とローズ（Rose, 1993）は，地理学の過去に関する議論では，焦点が白人男性に対して排他的に絞られがちであり，地理学の営みにはジェンダー的な特質が組み込まれたまま残存していると批判した。地理的「知」が偶発的な特質を持つことを認めて，それに応じて私たちの概念を広げていくならば，周縁化されていた集団や個人は，自分たちにも注目を受ける資格があったことに気づくだろう，と2人は主張した。

さらに学会組織の研究によって，地理学史の中で長らく周縁に追いやられていた側面に焦点が当てられている。たとえばマッケンジー（MacKenzie, 1992）は，地方の地理学会の発展と活動を探求することによって視座を方向転換し，首都に焦点を絞るという因習的なやり方から離れた。エリートの学術機関から離れて注目点を定めることは，学術機関での成果が当然のように滞りなく教員養成校で流布され，最後は学校に「ふさわしいように単純化された」形をとってたどり着く，という伝統的な信念への挑戦となるのである。一方，写真（Ryan, 1997）のような文化的実践や，児童文学（Phillips, 1996），「ナショナル・ジオグラフィック」（Lutz and Collins, 1993）のような一般向け読み物が，地理的言説の重要な構成要素であるという認識ができつつある。

地理（学）の過去をめぐるこのような批判的・文脈的再評価の中で，最も頻繁に取り上げられる主題の1つは，地理的知の歴史と帝国主義の歴史の複雑で

緊密な関係である。その時期的な一致と物的な連関に関するハドソンの先駆的業績（Hudson, 1977）以来，新たな視座や，理論に裏打ちされたより丁寧な解釈が，私たちの理解を著しく高めてくれた。要するに，帝国主義とは「その真髄において地理的な事業」であり，それは実用的な意味でも観念的な意味においても帝国主義的な刺激を提供するものだった，というスミスとゴドレフスカ（Smith and Godlewska, 1994:2）の主張は，地理学者にとっても歴史学家にとっても，拒否することが難しくなってきたのである。

> 地理学者たちは――アマチュアの探検家も，大学に籍を置く研究者も――ヨーロッパの帝国主義が誕生する際に，なくてはならない産婆の役を果たした。彼らは，海外の征服と植民地化に必要な実用的な情報を提供しただけでなく，地政学について，あるいは気候や環境という要因がそれぞれの人種の発展に与える影響について，ますます精緻で「理論的」な著作を行うことによって，拡張を知的に正当化した（Bell *et al.*, 1995:6）。

実際の所，ヨーロッパの領土拡張が依拠していたのは探検であり，最終的には地球の彼方への植民である。地理学者の最も得意とする道具，すなわち地図は，それゆえに強力な帝国主義の装置であった。かつて「未知」だった自然・人文環境を調査し，それを単一の秩序だった体系的なイメージに表象することによって，地理学者たちは，遠く離れた場所をヨーロッパ人にとって「既知」のものとしたのである。つまり地理学は，急に増え出した世界の情報を合理化し，秩序づけ，分類することを可能とするような，技術と見せかけの科学的客観性を提供したのである。ヨーロッパ諸国はこれに力を得て，利用価値の高い資源のありかを突き止めたり，特定の地域への入植の実現可能性を査定したりした。

とはいえ，すでに触れたように，帝国主義は物質的な支配をもたらしたばかりでなく，政治的・知的・文化的な支配をももたらした。帝国は，領土の獲得のみならず，姿勢と思想によっても，構築され，維持されたのである。帝国の事業の中で，このようなあまり実体のない要素をめぐって地理学が果たした役割については，大いに批判の眼を向けてよいという認識が次第に強まっている。その結果，歴史地理学および社会科学全般において，地理学と帝国が相互に結びついた文化に対して，関心が収斂している。地理学と帝国主義の結合ないし接合を検討せずに放っておくならば，私たちはみな，強大で軋轢に満ちた文化

的な神話の絶えまぬ再循環に巻き込まれることになるのである。

エドワード・サイード (Said, 1993:18) が大いに論じたように，帝国主義的なイデオロギーは現代の西洋文化の核心に残存しており，「過去は，過去そのものよりも……それが現在の文化的な姿勢に関わっているということが重要なのである」(第4章も参照のこと)。サイードの視座から見れば，地理学と帝国主義の文化は，解きほぐせないほど絡み合っていることになる。心象地理的な「知」は，(「母国(ホーム)」においても国外においても) 帝国支配の維持において中核を担い，ヨーロッパの内外において文化的アイデンティティの形成に決定的役割を果たした。ホールは「西洋と西洋以外」式の言説という言い方をしたが (Hall, S. 1992)，そのような言説における地理的な分離を強調した言葉遣いは，差異の観念を強化するものであった。イギリスに関する「知」やイギリス人意識の概念にしても，「他者」なる地域や人々の特徴として想定されたものに対して，正面から対立させる形で構築されたのである。

これらの心象地理が創出され，流布される際の多種多様な手段について，歴史地理学者たちは次第に注意を向けるようになった。写真 (Ryan, 1997) や少年期の読書 (Phillips, 1996) といったさまざまな余暇活動，動物園 (Anderson, K., 1995) や博物館 (Haraway, 1989)，そして展覧会 (Driver, 1994) の見学に関する諸研究によって，より丁寧な理解ができるようになってきた。しかし，正規の教育を通じて子どもに吸収される地理的「知」については，注目に値する例外が若干あるものの，批判的再評価の取り組みの中では，周縁に追いやられたままである。したがって，地理の歴史とその帝国主義との関係について，私たちの理解は一部分に止まっており，エリート主義的なままであるのだ。

以下では地理教育に光を当てて，大衆が育ち盛りの時期に心に抱いた地理――それは地理的言説においても，帝国的言説においても，最も経験的には重要で，イデオロギー的には強力な側面だったことは確かである――を検討しよう。

(2) 大衆の地理教育と帝国の心象地理

すでにみたように，「地理的知」を定義づける条件は，近年，著しく拡大されてきた。もはや地理学が，アカデミズムの内側で排他的に作り出された，疑いの余地なき「事実」と理論でできた一枚岩だ，とみなされることはない。今

や地理学は，世界についての偶発的で主観的な知識と理解からなる多様なまとまり，として考えられている。それはさらに言えば，そのために印刷されたテクストだけでなく，大衆の社会的・文化的実践をも通じて構築され，伝達されるものだと認識されている。

今のところ，さまざまな地理的知が互いにどう連関しているのか，たとえばどの程度，相互に支え合ったり対立したりするのかは，ほとんど明らかにされてはいない。しかし大衆の地理教育に関する近年の研究は，帝国という心象地理の構築と浸透について，大いに光を当て始めている。たとえばマドレル（Maddrell, 1996）は，1880年から1925年に出版されたイギリスの小学校教科書を，同時期の政府の移民政策の文脈から検討している。これらの教科書は，より広範な帝国的言説の一翼を担いつつ，植民地への移民を愛国的で責任ある市民意識の表れとして誉め讃えるものであったことを，彼女は論じている。

対照的に，ある個人の生涯と教育論に関するナッシュの研究（Nash, 1996a）は，紛れもなく反帝国主義的な感性を伝達する可能性が地理教育にあったことを示す。彼女の説明によれば，アイルランドとインドで地理教育を熱く主張したジェームズ・カズンズは，秩序だった知識や神秘的な洞察，帝国主義に対する抵抗をもたらす源泉として，地理を支持していた。カズンズの主張は，地理教育こそが，階層とは無縁な差異，そして精神的な世界の調和に基づいて，市民の観念を浸透させるであろう，ということにあった。

イギリスとその旧植民地における大衆的地理教育のある側面を，批判的・文脈的な分析の対象とした歴史地理学者は，マドレルとナッシュだけにとどまらない。たとえばマットレス（Matless, 1995b）とグリフィズ（Gruffudd, 1994, 1996）は，正規なものだけに限定されない広義の「地理教育」の定義を用いて，戦間期イギリスのカントリーサイドが，愛国心と市民意識を実地で学ぶ場として使われたことを検討している。他にも，アルゼンチン・エクアドル・オーストラリア・カナダ・スウェーデン・中国・日本・ニュージーランド・フランス・南アフリカにおいて，国家的ないし帝国的アイデンティティの観念が強化される際に，地理教育がいかなる役割を果たしたかが検討されている（Lilly, 1993; Hooson, 1994; Radcliffe, 1996）。にもかかわらず，かつてのイギリスの学校における正規の地理教育については，教育史とは対照的なことに，文脈的な歴史分析がしっかりと行われたことがほとんどなかったのである。

3. 教科書研究——教科書が作り出す世界の区別？——

(1) 概観と批判

　学校の地理に関する最も初期の研究は，現代の教科書や教材の中のイデオロギー的な歪みを特定して，それを取り除こうとするものであった（たとえばHicks, 1980, 1981）。近年では，帝国主義と地理が互いに結びついた文化的言説を，より深く理解する必要があるという認識から，教科書に関する史的研究がいくつか行われている（Marsden, 1990, 1996; Butlin, 1995）。この仕事は賞賛に値するものであるが，当初は，大衆の地理的知と帝国主義の関係は直接的なものだと，無批判に認めてしまう危険性を抱えていた。しかし，もっと鋭い視座を用いて，より広い教育・学問・政治的言説と関連づけ，文脈的に地理教科書を意義づけた研究もある（Ploszajska, 1995, 1996a; Maddrell, 1996）。このような作業が，大衆的な地理と帝国主義の文化との接合について理解を深めるためには，不可欠なのである。

　同様に，教科書の選択・分析・解釈をめぐる諸問題を知っておくことも肝要である。たとえば，内容を計量的に分析する手法は，「行間を読む」余地をまったく許さない。しかしイデオロギー的な偏りを研究するには，それが不可欠となる。それは往々にして，ある情報が含まれるかどうかだけでなく，書き落とされているかどうかによって明らかになるからである。サイード（Said, 1978）やプラット（Pratt, 1992）らは，他者（アザー）に関する個人的な主張や視点を排除することが，文化的アイデンティティや地理的想像力にどう影響するかを，遺憾なく論じてきた。それゆえ，教科書がもたらす文化的影響の可能性ないし蓋然性を評価しようとするならば，量的な測定よりも読解という質的な分析が必要となる。しかし読解という行為自体が研究活動のうえで論争の的であり，今日の理論的な議論の焦点となっている（たとえばScholes, 1989を参照）。それによれば，正規に定義された模範的な読解にも幅があり，見るからに明瞭なテクストであっても多様な解釈の仕方があるからである。

　以下の議論で用いた分析は，1870年から1944年にかけてロンドンの学校で使用された地理教科書の言語的・視覚的イメジャリーに関して，綿密かつ自己回帰的に解釈学的読解を行ったものである。教科書の支配的風潮やイデオロギー的主張の意義を理解していくためには，内容のバランス（含まれていること

と書き落とされていることの両方）や，本全体あるいはシリーズ全体の体裁についての評価が必要であった。ここで引用したものは，（私の主観的な見解によらざるを得ないが）広く一般的な傾向を忠実に示すものである。

(2) 帝国の景観と人々をめぐる教科書の表象――オーストラリアの場合――

　手短に議論するにあたって，オーストラリアとオーストラリア人の表象は，とくに興味深い事例研究となるものである。なぜならそれは，しばしばイギリスとイギリス人のアンチテーゼそのものとして描かれたからである。現在，多くの研究者はこの種の差異のレトリックを，対立項との関係の中で諸国民が自己を認識するために不可欠のメカニズムだとみなしている。ここでは，オーストラリアの自然環境，植物相と動物相，先住民と入植者について，教科書の表象を論じることとし，結論として，今日もこのようなイメジャリーとそれに付随した姿勢が持続していることを省みる。

　自然環境
　ヴィクトリア時代のロンドンの児童は，オーストラリアは「完全にイギリスのものとなった広大で不毛な原生自然」だと，地理の教科書から学んでいた（Mackay, n. d.：42）。ここで議論している対象時期を終始一貫して，その危険で敵対的な環境はよく知られた主題であった。大陸内部へのヨーロッパ人たちの探検の物語を多くの執筆者が詳述したことで，測量・調査・分類というヨーロッパの正統的な「知」への服従を拒もうとする未知で未征服の大地，というイメージが普及していったのである。オーストラリアの無尽蔵であろう鉱物資源や，広大な牧草地の価値を強調する書き手もいた。

　近代の地理的知には「気候に関する道徳的言説」が隅々にまで編み込まれているとリヴィングストンが明示したように（Livingstone, 1991），オーストラリアをめぐる数多くの記述の中心となっていたのは気候であった。イギリス人の健康と活力には有益な気候だ（熱帯である北部を除く）とする解説が，次から次へと現れた。しかし後述するように，オーストラリアの気候が先住民人口を強く制限する効果をもたらしていたことは，認識されていなかった。これは，子どもたちがオーストラリアを学習する際に出くわした数多くのパラドックスの1つにすぎない。

　実際，子どもの想像力を刺激するために，この国の変わったところや正反対

な点ばかりを強調する執筆者もいたようである。たとえばグリーンの執筆したもの（Green, c.1924:14）の書き出しは，次のようなものだった。「オーストラリアは世界の正反対にあるので，私たちの国で起こることとちょうど正反対のことが起こります」。この驚くべき言い方の次に，北半球と南半球の季節や日周の違いについて説明が続いていた，わけではなかった（教科書によっては，若年者向けのものであっても，このような基礎的な地理的現象について十分理解しやすい説明を行ったものもあるが）。実に多くの執筆者が，おとぎ話のようなレトリックに力を頼り，オーストラリアを「ネバー・ネバー・ランド」（Hardingham, 1934:73），「アベコベ国」（Cameron, 1912:86），「逆さま国」や「正反対の国」（Yates, 1893:160）として述べたのである。

教師のための手引き書もまた，対蹠地の特異性を授業の説明で強調するよう指示していた。「地球上の対蹠地の人々は私たちに足を向けて歩かなければならず，頭は正反対の方向を向くことになる，と指摘せよ」（Murché, 1902:324）。オーストラリアの尋常ならざる奇妙奇天烈さ，すなわち「風変わりなもので満たされた独自の小宇宙」（Lyde, 1924:67）は，初級の教科書においても上級の教科書においても繰り返される主題であった。そしてこれが最も明快に表れていたのが，オーストラリア固有の生物や先住民をめぐる記述である。

原産種の動植物の生態

オーストラリアの動物と植物の独自性について，地理教科書の執筆者たちの見方は等しく一致していた。低学年向けの教科書が子どもたちに想像させようとしたのは，樹々に木陰がなく，犬は吠えず，動物は雌鶏のように卵を産み，花に香りなく，鳥はさえずることなく，そして「動物の多くがわが子を袋に入れて運ぶ」（Cameron, 1912:89）という不思議の国だった。高学年用の教科書は，このような特異性に対する価値判断を明白に盛り込んでおり，単調で醜くて原始的な植物相と動物相という合成イメージを創出するものとなっていた。教科書の執筆者たちはこの様子を，「魅力的というよりは奇妙なもの」（Fairgrieve and Young, 1923:104），「生きた化石」（Muir, 1924:51），「奇怪。不可思議。自然が作り出した未熟な落書き」（Herbertson and Herbertson, 1903:54）などと，さまざまに表現した。

オーストラリアは世界に対して有益な動植物を提供できない，とりわけ重要なことに帝国の食料供給や通商に貢献するところがない，という指摘も多かっ

た。イギリスの子どもたちは，イギリスの穀物畑として，あるいはイギリスの家畜の牧草地として利用できる広大な領域があるという点にこそ，むしろオーストラリアの価値があるのだと教わっていたのである。そして，「母国」の動植物が海を越えて「領有地」に移植されるにつれ，奇妙で原始的な原産種は絶滅に向かっていった。これぞ自然界の摂理にほかならないと，教科書は疑いもなく述べ立てていたのである。

先住民

　環境決定論の言説，それは19世紀末から20世紀初めの地理思想の中心をなすものであったが，学校の教科書はその影響を受けることで，オーストラリアのような不可思議で原始的な場所の先住民は，「生まれつき世界で最も下等」だと指摘していた（Lyde, 1920：108）。数え切れないほどの教科書が，人類は3つの（場合によっては5つの）「主要人種」に分けられ，その肉体的そして道徳的な特徴は肌の色と直接関係している，と子どもたちに教えたのである。当時の教科書の風潮をよくとらえているバリントン＝ウォード（Barrington Ward, 1879：45）の教科書では，このようにまとめられている。

　　白色人種は至高の人種です。白人はほぼ文明化が完了しており，黄色人種の多くもそれほど遅れてはいません。黒人は一部が文明化されていますが，圧倒的多数は未開人ないし私たちが野蛮人と呼ぶ半未開の状態にあります。

　このような人種化された理解の枠組みのもとで，オーストラリアのアボリジニは，大英帝国内の他のすべての領土に住む有色人種と常に否定的に比較された。個々の教科書においても，そして教科書総体としても，世界で最も未開で，文明化されておらず，不潔で野蛮な民族だと判定されたうえで，まったく断定的な物語が提示されたのである。このような判定の判断材料としてよく言われていたアボリジニの生活とは，定住的な住居の欠如や，穀物耕作に至っていないこと，女性に対する非人間的な扱い，裸でいる習慣といったことであった。時には，アボリジニの現在の状況と原始時代のイギリスのそれとの類似性が指摘されることもあった。

　しかし，アボリジニを動物のような存在として描くことの方が，ずっと一般的であった。子どもたちが読んでいたのは，原生自然の中をさまよいつつ，闘い，眠り，あるいは虫や木の根っこを貪り喰う部族（集団）に関することだっ

たのである。オーストラリアの「先住民」が，うらやむべきほどの狩猟と追跡の技術を持っていたこと示唆する教科書もあった。しかしこの見事な特質でさえ——それだけアボリジニが動物界に溶け込んでいる証拠だとされ——進化論的には獲物となる獣の方に近いからだとみなされた。アボリジニの手足はやせ細り，顔と体は動物のような毛皮で覆われている，というのが教科書の典型的な物言いだったのである。大概いつも，アボリジニは「ブラック・フェローズ」，つまり人間を男性と女性に区別する通常のやり方を無視して，性別づけられたレッテルで呼ばれていた［fellowは男性を含意する］。

多くの解説は結びとして，原産種の動植物と同様に，この「人種」は絶滅しつつあり，来るべき全滅は避けられないと指摘していた。その人口の変化についての説明はさまざまであるが，執筆者の多くが示唆したのは，「先住民」が自らの状況を改善して生存を持続する努力をまったく退けており，子どものようにひねくれて文明の美徳を拒否しながらも，致命的な悪徳になりかねないもの（たとえばアルコール）を身につけたということである。オーストラリア先住民人口の消滅がイギリス人の立場として痛恨事となるだろうと示唆した教科書は，ごくわずかであった。しかも表明された唯一の後悔は，結果として生じる「信頼できる安価な有色人種の労働力」の不足に関するものだけだったのである。

植民地への入植者

通俗的な児童文学の多くがそうであったように，地理の教科書は，オーストラリアのイギリス人入植者を，よく働き，自立的な人間として，そして地道な労働によって自分自身とイギリスそして大英帝国に繁栄をもたらすことを決意した個人として描いた。子どもたちはこのような同胞たちに自らを重ね，あるべき個人の資質というものを知ることになった。多くの教科書は，将来移民となる可能性を思い描くように，はっきりと子どもたちに促していた。移民は本国の人口圧力を緩和して，産業発達に必要な食糧と原料の国内自給率を高めてくれるのだ，と説明する教科書が次から次へと現れたのである。

植民地に移民することによって，イギリス人——世界史上まれにみる最高の法体系と，最高に民主的な政府をいただく「自由の国」の市民——であるまま，世界中に住むことができるのだ，と子どもたちは教えられた。帝国内の移民についての教科書の言説をもっと幅広く見れば，概してオーストラリア移民は，

第5章　地理と帝国の歴史　159

きわめて愛国的で，勤勉で，義務感にあふれた英国市民として表象されていた。その生活は，都市でも農村部いずれにおいても，富裕で文明化されたものとして描かれた。「ブラック・フェローズ」が放浪する不可思議で原始的な国という見方とはまったく対照的に，移民にとってのオーストラリアは，裸足の子どもや身なりの悪い大人はほとんど見かけない土地柄，として描写されたのである。イギリスの労働者階級の子どもに示されたオーストラリアの白人の生活とは，以上のようなバラ色のイメージだったのである。

　現在における過去のイメージ
　1995年，私はオーストラリアを訪れる道すがら，最新のガイドブックを読んだのだが，そこで目の当たりにしたのは，陳腐でもうとっくに廃れた——はずだと私が思いこんでいた——地理教科書から出てきたようなお馴染みのレトリックだった。

> 地球の片隅に据え付けられた巨大な島大陸は，文字通り隔離された世界である。多くの意味で，オーストラリアを訪れることは，不思議の国に時間旅行を行うようなものだ。……季節は逆転する。樹木は葉よりも樹皮が生え替わる。原産種の花にはほとんど薫りがない。なによりも奇妙な動物たち——よく知られているカンガルーやコアラ，カモノハシだけでなく，ウォンバットやフクロアナグマ，タスマニアデビルもいる。日の光でさえも違っているのだ。（そして）この大陸の元々の住民であるアボリジニは，古代人のような格好をしている（Robinson, 1994 : 12）。

　私は滞在期間中，旅行者向けの絵はがきが，まるでかつての地理教科書のように，オーストラリアが「天地逆さま」で「地球の裏側」だという観念をもてあそんでいることに気づいた。アボリジニを，原始的な武器を手に昆虫を平らげる裸の「ブラック・フェローズ」として，文字通りに表象した画像（写真）もあった。またあるものはオーストラリア植民史を懐古的に取り上げていた。つまり多くの面で，このようなイメージ（とりわけ世界中への流通を意図したもの）は，お馴染みのイデオロギー的なメッセージ——1世紀も前の地理教科書と同じ文化的・道徳的価値判断——を背負っていたわけである。
　加えて，今日これらが単に素朴な輸出商品以上のものであることは，あまりにも明白だった。いく度となく，先住の同胞に対するオーストラリア白人の見

方が，タクシーの運転手，旅行引率者，商店主，レストラン従業員たちとの浅薄にして善良な交流を通じて，（問いもしないのに）伝わってきた。私はアボリジニについて，いろんなこと吹き込まれたものである。「ダメ人間」。「本当に醜いったらありゃしない」。「病気持ち」。「怠け者」。「根っからの飲んだくれ」。「貪欲な詐欺師」。「嘘つき盗人」。そして「危険」。こんなことを見聞きしてみれば，民族や文化に対して受け継がれたイメージや，その相対的な魅力と価値に対する歴史的な観念が，どれほど現代の社会にも染みついたままであるかが，わかるというものだ。それは，集合的な地理的想像力の基礎を提供するとともに，アイデンティティをめぐる大衆の姿勢や感覚を作り続けているのである。

ひとえに学校の地理教科書だけがこのようなステレオタイプを作り出したのだ，と言うつもりはない。当然その執筆者たちも，広く幅を利かせていた地理的・教育的・文化的言説に影響されると同時に，そのような言説を提供する立場にもあったのである。また，児童が自由に扱うことのできる世界の情報源は，教科書に限られていたわけではない。実際，子どもたちは，限りなく増え続ける媒体（後述）を利用するよう促されていた。その多くは広範な文化的言説それ自体に属すものであったが，にもかかわらず，世界に関して別の新たな見方を提示するというよりは，むしろ教科書の見方を単に模倣したにすぎなかった。私の考えでは，学校教科書はこれら広範な諸言説の中にあって，環境決定論のようなアカデミックな理論を，大衆的でありながらも実は正確で権威的な語りへと変換する過程で，中心的役割を担ったのである。

最後に，ここに論じた教科書が帝国全土の子どもたち影響力を発揮していたことを，確認しておくことが重要だろう。たとえばオーストラリアでは1960年代まで，イギリスで出版された（あるいはそれをモデルとした）教材が，教育を支配し続けたのである。

4．世界を描くということ

ハルフォード・マッキンダーは，視覚的なイメジャリーが地理的な知や理解を深める手段となることを主張した闘士として，最もよく知られた人物だろう。マッキンダー（Mackinder, 1911）とその時代の人々の多くにとって，遠く離れた場所や人々を正確に可視化する能力は，地理学者の力の真髄を意味するも

のだった。鮮やかに，そしてリアルに視覚に訴えかけることこそが，子どもたちが自分個人の経験（たいてい非常に限定されているが）にない環境や文化の外観なり状態なりを思い描く練習をする時に，間違いなく基礎となるものだと，多くの人が信じていた。これができて初めて，イギリス人は本当に帝国の民として考え，行動し，アイデンティティを有することになるのだ，とマッキンダーは力説した。

　視覚的なイメージは，情報を明確に伝えると言われていただけではなく，それが作り出す印象はとりわけ記憶に残りやすいものと信じられていた。確かに近年の研究によれば，視覚的に伝達された地理的観念は，言語で述べられたものよりも，ずっと明瞭で持続的であることが明らかである（Wright, 1979）。スケッチ・絵画・写真・地図は，しばしば客観的で公正なものとみなされているが，画像的な表象が現実世界を中立の立場から描いてみせることはあり得ない。視覚的「現実」のある1つの見方だけをとらえ，伝えるにすぎないのだ。たとえ一瞥しただけでも，あるいは詳細に詮索したとしても，そこに描かれた内容や描かれなかった内容は，そして構成や文脈的枠組みは，著しく記号化された媒体となってイデオロギー的なメッセージを伝えるのである（Wood, 1992；Van Leeuwen and Selander, 1995；Ryan, 1997）。

(1) 教科書における視覚的イメージ

　イギリスでは1870年に政府が教育規定を定めた当初から，事実を羅列した地名辞典のようなものによって説明抜きの用語や統計を丸暗記させ，地理的知識を教えようとする教師に対して，政府視学官は非常に批判的であった。授業内容に対して子どもたちの興味を惹きつけ，それを伸ばしていくには，言語による説明だけでは不十分だと考えた視学官たちは，子どもたちの視覚能力を最大限発揮させることを強く求めたのである。その結果，ほどなく普通の学校教科書に図解が盛り込まれるのが当たり前になった。執筆者たちは銘々の教科書を出版するにあたり，図解の数や多様性，そして正確さについて特別の注意を払い，それが教科書の善し悪しの決め手だと口を揃えて主張したわけである。したがって，どのような種類のイメージが最も頻繁に採用されたか，それが本文とどのように関係していたかを考察するのが有意義である。

　ここで議論の対象とした時期を終始一貫して，イギリスとその帝国の物理的・経済的・政治的な強大さは，教科書の図解における最も一般的な主題であ

図 5.1 教科書における「未開人(サヴェッジ)」のイメジャリー
(Barrington Ward, 1879による)

った。イギリスの「領土」が赤く塗られたメルカトル図法の世界地図は，ほとんどすべての教科書で口絵として採用されていた。さまざまな土地が描き込まれたこの地図は，個々の生徒に力の感覚を感じさせて，領有というレトリックに深い意味を与えるものと考えられていた。子どもたちは，赤い区画に注意を向け，その範囲が太陽の沈まぬ帝国を意味するという地理的な「事実」を理解するまで勉強し，さらにその政治的・道徳的意味について考えをめぐらすよう指導されたのである。かくも小さな島嶼国イギリスが地球を支配しているとは驚くべきことだ，と多くの執筆者がほのめかしていた。「イギリス諸島は，地球の他の部分と比べて何と小さいのでしょうか。しかしイギリスは地球で最も重要な国の1つであり，最強国家の本土なのです」(Chamber's Twentieth Century Geographical Reader, n.d.:7)。このことは空前の出来事として描写され，ひとえにイギリスの地理的位置と，それが人々の性格に与えた影響によるものとされた。

「文明化」したヨーロッパの白人（とりわけイギリス人）と，たとえばオーストラリアの白人でない「先住民」の外見と生活に関しては，あからさまに対照的な図解がそれぞれの記述を補強するものとなっていた。典型的な図版である図5.1は，ほとんど裸の人間が見分けのつかぬほどもつれ合って，徒手ある

CIVILISED PEOPLE.

図5.2 教科書における「文明人」のイメジャリー
(Barrington Ward, 1879 による)

いは原始的な武器で戦い，威嚇するように踊りまわり，あるいは動物のように地面に身をよじらせる，という非白人についての観念を強烈に表している。「文明人」の図解はその横に並べて置かれることが多く，「地球で最も文明化した民族」(Barrington Ward, 1879：44) の一員として，非白人とはまったく異なった行動が期待されるということを，ほとんど疑問もなくイギリスの学校の子どもたちに考えさせるものとなっていた。そこでは，きちんと着飾って，規律正しく，よく躾られた家族集団が取り上げられたものである。往々にして，図5.2 にみられるように，地理的知を所有することが，「文明化」したイギリス人の際だった特徴であるように表象された。

イギリス人とその海外領土の「先住民」との関係について，教科書の視覚的イメージから読み取れることは，その言語の説明から読み取れることと同じくらいに多い。白人入植者の肉体労働は熱帯では身体的に不可能だという想定を前提として，「主人」であるイギリス人の命令と監視のもとで「先住民」が働いている絵や写真を掲載した教科書が，次から次へと登場した。さらに加えてイギリスの子どもたちが学んだのは，このような図式が熱帯地方やとくに厳しい肉体労働にのみ当てはまるわけではない，ということである。たとえば南アフリカを描いた一般的なイメージは，白人監督の注意深い監視のもとでダイアモンドを選別する黒人であった。これは，世界中の「他者」たちがイギリス人のために面倒な仕事をしてくれている，という言語による主張を裏づけるもの

であった。

> 私たちのために中国人は茶の樹から茶葉を摘み，アラブ人はコーヒーの樹から熟した実を振り落とします。黒人はサトウキビを刈り取り，綿畑から綿花を摘み取ります。多くの土地の猟師や農民が，トウモロコシや皮革，毛糸，毛皮を私たち供給すべく働いているのです（Anon., 1883:113-114）。

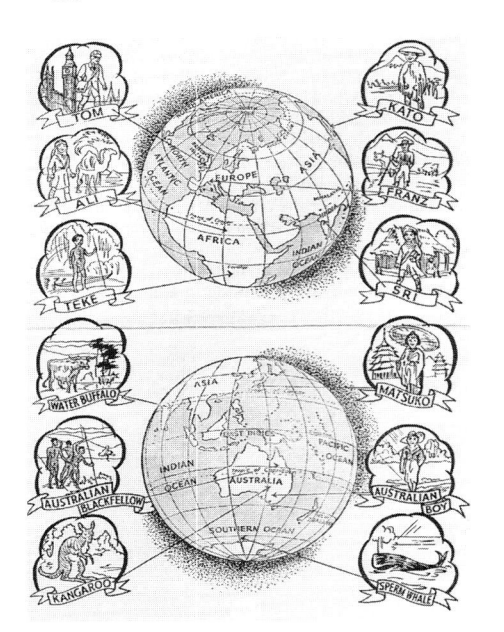

図5.3 世界各地の子どもたち
（Brooks and Finch, 1928による）

母国に貿易で奉仕するだけはない。視覚的イメージは生徒たちに，帝国の海外領土の「先住民」には，イギリス人入植者が最大限快適に過ごせるように尽くす義務が，自然に備わっているかのように教え込んだ。数え切れないほどの教科書が，仕事中であろうと余暇であろうと非白人の召使い（多くはまさに荷物運搬用の役畜のように描かれた）を従えた白人の植民者や探検家の図版を掲載したのである。

特定の人々がその地理的な居住域に「自然」に適合しているという主張は，最も広く視覚的に描かれた主題であった。図5.3がその例である。これは，段階別のシリーズとなっていた教科書の第1巻の口絵だったものであり，戦間期（とその後）を通じて授業の教科書として広く使用されたものである。つまりこれは，多くのイギリスの子どもたちにとって，地理に対する第一印象をなすものであり，そのメッセージは教科書の頁を開くごとに増強された。他の多くの初等教科書と同様（Ploszajska, 1996a），その語り口は，世界各地の子どもたちの生活と外見を比較する空想の旅へと，生徒を誘うものだったのである。

このイメージは，この時期の他の教科書においても言語的・視覚的表象の典型だったものであり，さまざまな「人種」を，それぞれ「適切」で，かつ空間的にも離れた位置ないし自然環境に配置するものであった。「南には黒い人た

ちが住んでいます。……東には褐色の人たちが住んでいます。……極東には黄色い人たちが住んでいます。……西には赤い人たちが住んでいます」(Anon., 1887:87, 102, 106, 110) といった文を生徒に復唱させることで，そういった学習をあからさまに強化した例も若干あった。図5.3のイメージは，自然環境ごとにステレオタイプな子どもが登場することで，特定の人々（とその生活様式）が特定の場所に「所属」する，という観念を伝えるものとなっていた。人々の文化的状況の指標として，環境を「読解」することが試されるようになったわけである。

たとえばイギリスの少年が国会議事堂の前に描かれたのは，彼の国の政治的・社会的組織が合理的で，公正で，安定していて，民主的であることをわかりやすく示す象徴としての意味を，それが担っていたからである。教科書を次々に読み進んだ生徒にとって，イギリスとは「自由の国」であり，その市民は他のどの国よりも大きな自由と公平な正義を満喫しているとされた。対照的に北アフリカの少年は，ピラミッドを背景として描かれた。この地域は歴史的には高度の文化の地であったものの，長きにわたる停滞の結果，さらなる進歩に失敗したのだ，という多くの教科書が示唆することが，ここに反映されている。同様に，鬱蒼とした密林に囲まれた中央アフリカの少年は，何度も何度も繰り返された言語的・視覚的なアフリカの表象，つまり未踏にして未知なる「暗黒大陸」を映し出していた。

オーストラリアの先住民文化のイメージについては，狩りを行う3人（明らかに大人である）の集団が，あたかも獣の群れのように1つの枠の中に詰め込まれていた。これは，オーストラリア先住民を人間でなく動物界と一括りにしてしまう教科書の傾向を反映したものであった。対照的に，この広大な大陸の中で白人の「オーストラリアの少年」が自信に満ちて独立独歩している場所は，荒涼たるようにはまったく見えず，人の手に馴染んだ所であった。他者的な（他者化しつつある）オーストラリアのイメージと突き合わせてみれば，ここで描かれているのは，温暖な気候に住む先住民は覇気を失って怠惰となり，自然環境に潜む開発の可能性を引き出す努力を怠っているという，多くの執筆者の主張だったことがわかる。執筆者たちは，「白人男性」（原文のまま）だけが，自然を支配し得る知性と決断力と強い性格を持っていると示唆したのであった。

ボーイスカウトのような格好をした白人オーストラリア人の子どもが表象していたのは，このイメージを見る限り，自然に対して号令をかけ，環境を服従

させることを学んだ模範的な帝国の開拓者である。この混成イメージの中で，「オーストラリアのブラック・フェロー」を別とすれば，これだけが名前を与えられていない子どもだったことは興味深い。その意図はおそらく，この子どもが自分自身であるかのようにイギリスの少年たちが想像して，自分の名前を当てはめたり，イメージした彼の特徴が自分にも該当するかのように考えたりすることにあったのだろう。

全体として，この合成イメージは，19世紀末から20世紀初めの地理教科書に頻出するいくつかの主題を描くものであった。あからさまに言えば，白人は文明化しており，知性にあふれ，工夫に富み，進歩的であるのに対し，他者(アザー)たちは文明化しておらず愚鈍だ，という見方を裏書きしていたのである。さらに，この図解は白黒の線画であったため，肌の色の濃淡をはっきりさせることができなかった。そのため世界中の人々が，文字通り黒と白とに二分されたのである。だがそれは，言語による説明の多くと同様，全体として見事に調和した印象を醸し出している。どの子どもたちも頰笑んでおり，世界の秩序の中で与えられた地位に満足しているように見える。そうしてイギリスの子どもたちは，自分達の優越性に満足すると同時に，帝国領の内部からも外部からも脅かされることはない，と思い込むことができたのである。

(2) 他の教材における視覚的イメジャリー

戦間期に入る頃には，ここまでやや詳細に考察してきたような表象が作られ，そして消費され始めていたが，地理を学ぶ生徒たちは，実に多様な素材から世界の視覚的イメージを収集していた。これは，子どもたちが地理的知の獲得に関わるようにと，教師が配慮する時に用いた1つの方法である。新聞・広告・雑誌・絵葉書・タバコの箱・切手・旅行や移民の手引書から地理的な図版を集めることも，授業内容に迫真性をもたらし，日々の生活とのつながりを感じさせるものと考えられていた。この種の作業は，戦間期に浸透していた教育政策および思想にとりわけ適合したものであったが，すでに述べてきたように，地理教育における視覚的な要素の重要性は，ずっと以前から認められてきた。1870年代以降，教育学者や地理学者はそろって，地理の授業では適切な視覚的イメージを可能な限り用いるように，教師をせきたてていたのである。とりわけスライドは効果的な媒体だとみなされていた。実際，大英帝国に関する十分にしてふさわしいスライドを確保せねばならないという切迫感こそが，地理

表5.1　地理協会の「西アフリカ・コレクション」スライド・カタログ（1903年）にみられる説明の一部

コレクション番号	観 点 の 説 明
2	シエラレオネのフリータウン．この町にはコンクリートや煉瓦の建物がうまく配置されており，道路の水はけもよく，西アフリカ第一の港町となっている．背後の山々には密林が生い茂っているが，右手にはヨーロッパ人の街ないしヒル・ステーションを見ることができよう．
8	先住民の村の様子．小屋が散在して建てられていることに注意すること．この村は森林を切り払った場所にある．前景の男性はランカシャーの産物を身にまとっている．ヤギはいたるところで見られる．
20	静まりかえった森林地帯のなかに多くの先住民の司祭がいる．これは呪医と呼ばれることもある．そして呪物崇拝の小屋のなかに一人の男性が座っている．偶像と太鼓と呼ばれている物に注意すること．
32	道路と鉄道ができる以前は，そして所によっては現在でも，ヨーロッパ人はハンモックを用いて旅をする．これはハンモックの一種である．4人のアフリカ人の頭上運搬でこれが運ばれていることがわかるだろう．

（シェフィールドの地理協会資料による）

協会（Geographical Association）の設立を促したのであった．

　地理協会は，その当初から地理教育の地位に関わる広範な問題に関わっていたが，スライドの供給は初期の活動の中心であり続けた．地理協会が一番初めに必要としたイメージは，大英帝国の全領土を赤く表示するという伝統的なやり方のメルカトル図法の世界図であった．間もなく貿易ルートや民族「類型」の世界分布を示す地図が加わり，6カ月後にはアフリカ・アジア・ヨーロッパ・南アメリカ・北アメリカを描いた地図集も用意された．それ以降，スライドのライブラリーは，その内容・利用者数ともに着実に成長を遂げ，登録した学校には利用可能な視覚教材の最新カタログが定期的に送られた．

　たとえば典型的なのが「西アフリカ・コレクション」で，当該地域の自然的・人文的事象に関する40枚のイメージから構成されていた．1903年のカタログによれば（シェフィールドの協会本部に残されている），それぞれのイメージには簡単な説明がつけられ，個々の特徴に注意を促すようになっていた（表5.1）．当時の多くの教科書にみえる言語と視覚のイマジャリーと同様に，これらのキャプションがイギリスの学校の子どもたちに与えた西アフリカの表象とは，原始的で無秩序で迷信深い先住民と，合理的で勤勉な文明化したヨーロッパ人とが，まったく対照的な家庭を持ち，厳しく住み分けていながらも，

相互の利益のために共存している地域，というものであった。つまり，この時代の支配的傾向に同調した地理協会のスライドは，イギリスの海外領土について帝国主義的な見方を提供したのであった。

　戦間期とその後を通じて，スライドは地理教師が活用できる最も有効な教育補助器具の1つだとみなされた。「教室と外の世界を直接結びつける機会を増やす」（Dempster, 1939:94）ことに努める際には，とくにそうであった。スライドは生徒の興味を刺激し，鮮やかで現実感に富み，記憶に残りやすい授業ができるという共通理解があったのである。加えて，教師はより幅広い資料から地理的な画像を集めていた。海運業者から学校に無償で提供された広告や販売促進ポスターは，とりわけ適した素材だと考えられた。しかし帝国市場委員会（Empire Marketing Board）の発行したポスターこそが，戦間期の地理の授業において最も広く知られた大判の図版であった。1926年から1933年の間，同委員会は約800点の鮮やかで人目を引くポスターを発行しており，それらは消費者が帝国の製品を好んで選択するようにと，デザインされていたのである。

　大衆に対する長期的な効果という判断から，この委員会ははっきりと子どもに狙いを定め，学校に無償で配布するためにポスターを小さめに印刷したものを用意した。この莫大な宣伝用の地理教材を，約2万7,000のイギリスの学校（国立幼児学校からイートン・カレッジに至る全学校の圧倒的多数）が，1933年までに受け取ったのである（MacKenzie, 1984; Constantine, 1986）。そこには，帝国の貿易・流通ルートを示す様式的な地図が含まれていた。イギリス本国で供給・消費される原料や食料の生産に関することも，一般的な主題であった。これらがイギリスの学校児童に示したのは，たとえばスーダンの綿収穫，南ローデシアのタバコ・プランテーション，南アフリカの果樹園といった光景であった。イギリスに日用品・贅沢品を供給すべく帝国の周縁で働く人々の生活や家庭，仕事について，これらのポスターが現実感を与えてくれると考えられていたのである。原産国の標示をつけた帝国の産物であふれかえる商店を描いたポスターもあった。これらは子どもたちの心の中に，自分の地元の食料雑貨商と帝国のはるか彼方をつなぐ結びつきを，植えつけたわけである。

　要するにほとんどの地理学者と教育者は，写実的で刺激的な市場委員会のポスターが提供するイメージが，興味関心の視野が狭いイギリスの学校児童たちを外の世界に対して有意義に結びつけることに，賛同したのであった。他の人々と文化を共感的に理解する心がポスターによって育まれるものと，多くの

人が信じたのである。

(3) 世界の中で「私たち」の場所を思い/描く
              イマジン   イメージ

　本章が論じた時代は，視覚的イメージの学習が，地理教育の授業を構成する不可欠な要素であり続けた時代である。地理学者と教育者は，生徒の興味を授業内容に惹きつけ，地理的な考えを明瞭に伝える最も効果的な手段は，視覚に訴えることだという点で意見が一致していた。このような修練を積んだ子どもたちは，自分の力で正確に観察する習慣を身につけ，自分の経験の範囲を越えたところの人々や場所のことを想像する力を伸ばすことになる，と考えられたのである。

　ハルフォード・マッキンダーや彼と同じ時代を生きた19世紀末から20世紀初めの多くの人々が，こういった能力は地理学者だけが必要とするのではなく，もっと一般にイギリス市民にとって必要なものだと考えていた。マッキンダーたちの主張によれば，帝国たる国においては，海外領土の状況を明確かつ現実的に想像することが，国民の責務なのであった。戦間期になると，視覚的イメージによって国際的な包容力と理解力を育てることが，いっそう強調されるようになった。たとえば写真は，場所の感覚を伝え，個人的によく知っているような気持ちを育むものだと考えられた。世界が互いに依存していることを生徒に実感させるために，新聞や食品の包装から最新の視覚的イメージを収集することも行われた。

　1920年代から30年代を通して，この種の作業や教科書の記述の一部は，人道的・平等主義的な世界像を促すものではあった。しかし大勢としては，視覚的イメージによって描かれた世界は，明らかに帝国主義的あるいはイギリス中心的な視座によるものであり続けたのである。すでに見たように，教科書の図解は1880年代から1940年代までの間，本質的なところではほとんど変化がなかった。確かに，この時期の終わりになると，初期の出版にみられた粗い木版画は，完全に写真へと置き換わっていた。しかし見た目の変化とはうらはらに，そこに込められたイデオロギー的なメッセージは，むしろ一定不変であり続けたのである。写真であれ，線画であれ，地図やダイヤグラムであれ，その大多数にはイギリスの覇権を当然視する考えが包み込まれたままであった。視覚的イメージに独特の教育的価値とは，きわめて記憶に残りやすいやり方で地理的な考え方を伝える力だ，と考えられていたことを思い出してほしい。そして実

際，大衆の記憶（あるいは想像力）の中では，依然として「地図の赤い部分」が，かつて学校で受けた地理の授業の強烈にして強大な象徴であり続けているのである。

　地理と視覚は緊密に結びついてはいたものの，なお多くの教育者が，視覚だけでなく他の感覚に訴えかける授業の方が効果的だと信じていた。地理模型（Ploszajska, 1996c）や野外活動（Ploszajska, 1998）は，このような信条の一例であった。互いに密接に連関したこれらの活動の軸となったのは，抽象的で理論的な観念よりも，むしろ具体的な現実や実質的な経験である。そこで生徒らは，まさに地理的な知と理解を創出するにあたって，感覚的にも，物理的にも，想像力においても，全力で関わっていく必要があったのである。しかし，肉体的・心理的な活動に加え，視覚のみならず聴覚・触覚・嗅覚・（場合によっては）味覚といった諸感覚を動員するものであったにもかかわらず，模型作成と野外活動をめぐる議論の中心には，依然として視覚的なものへの関心があった。模型作成と野外活動は，遠くの場所や人々を正確に可視化する力を伸ばすのに，非常に効果があると評価されていたのである。

　帝国市民にはこのような力を養う必要があるという認識は，当該時期の最初の数十年間，この活動が議論される際のレトリックに反映された。かくしてヴィクトリア時代・エドワード時代の地理学者と教育者は，イギリスの海外領土に関して正確で具体的な知識を子どもたちに提供する模型の価値を強調したのである。より観念的なレベルにおいては，海外領土の模型を観察して手で触れたり，作成して名前をつけたりすることが，領有観念の有意義な形成につながるものとされた。戦間期にはすでに，より共感的な世界像を作り出すのに模型が役立つということが，当たり前のこととなっていた。世界中の多様な自然・経済・文化的環境の模型を作ることが，人類の多様性に関する子どもたちの理解力と包容力を育てる，と勧められたのである。

　野外活動についての議論も，あまり明白ではないが，この時期，同様のイデオロギー的な変化を経た。野外において（農村であれ都市であれ）地理の生徒を暗に帝国の探検家になぞらえるレトリックは，興奮と冒険の科目，あるいは実地の応用がきく科目としての地理を，子どもたちに導入する手段として人気を保っていた。生徒たちは，自分が英雄的な探検家になったような気分に陥り，この分野の創始者たちの足跡をたどることで，自分たちの教科書——その多くは，地理的な知を解き明かす鍵として探検記を収録していた——を通じて慣れ

図 5.4　植民地建設ゲーム（Lewis, 1909 による）

親しんだ発想を受け継ぐように促されたのである（Ploszajska, 1996b）。

　手の込んだ野外活動を考案して，その手の言説には帝国的な側面があることを実に明瞭に示した教師もいる。たとえば，ロンドンのケンティッシュ・タウン・ロード学校の生徒たちは，ハムステッド・ヒース［ロンドン北西部の緑地］を何度も訪れ，そこで「植民地建設ゲーム」（図 5.4）に参加することで地理を学んだ。これは，かつて「未知」だった国に対する架空の征服・探検・植民・開発を行うというものであった（Lewis, 1909）。この種の野外活動は，帝国市民としての責任感と備えを身につけるための，非常に価値ある実用的訓練となったのである。

　しかし第一次世界大戦とその後の時期になると，より平等主義的な世界観を促す地理の授業を求める声が高まった。体系的な地域調査活動は，ますます多くかつ詳細に行われるようになった。このような事態が，郷土愛と愛国心，加えて市民として責任感を共有するという考えを強めることになるものと，多くの者が考えた。さらには，明らかに狭い区域でなされた野外活動であっても，世界の相互に依存しているという大事な感覚を呼び起こしていくことが可能であった。たとえば，地方の小売店の商品を学習した生徒は，世界中の人々や環境に自分たちの日用品や大切な高級品を依拠していることを自ずと理解することになる。多くの関係者が信じていたのは，これこそが人類に共通する人間性

や国際的な包容力という共感的感覚を育ててくれるということであった。

5. おわりに

　本章では，地理学と帝国主義をめぐる近年の史的研究を，大まかに概観するところから始めて，地理と帝国主義が密接に連関した文化的実践と思想の組み合わせだとみなされるに至った経緯を強調した。その結果，地理と帝国主義をめぐって互いに結びついた大衆的言説を批判的に再検討したことによって，この両者に関する私たちの理解は前進を遂げた。とくに，従来周縁に追いやられてきた人々や実践を検討の俎上に乗せることで，より丁寧な説明が生み出され，多様な経験と視座が扱われるに至ったのである。

　このような知的かつ理論的な文脈のもと，本章の主要部分では，想像力によって帝国が構築される際に，大衆的地理教育が果たした役割を検討してきた。もっぱら教科書に焦点を絞ることになったが，その際，教科書を特徴づけ，そして逆に教科書から影響を受けた広範な文化的・教育的・地理的言説との連関の中に，教科書を位置づけた。たとえば，学校の地理教科書は，植民地化された景観と人々に対する考え方や姿勢が構築されて広まった時に，多く存在していた媒体の1つにすぎないと，私は強調してきた。しかしそれを承知のうえで，帝国に関する正確で客観的だとされた物語が大衆化した際，教科書の言語的・視覚的イメジャリーが重要な役割を果たしたことを主張したわけである。これらのイメジャリーは，既述の通りイギリスの内においても外においても，階層的な影響と力を発揮したのであった（現在もなお発揮している）。

　一貫して強調したように，知識の生産が価値判断から自由となることは決してあり得ない。このことは，ここで精密に吟味した「地理的知」についても，またその結果得られた地理と帝国主義の歴史に関する「知」についても，等しく当てはまる。解釈は常に，そして必然的に，文脈に束縛され，かつ主観的なものである。本章では，所定の目的に向かって，もっぱらイギリスの帝国主義のみに注目しながら，かつての地理教育における指導と学習とを検討したにすぎない。1870年からまさに1944年までの間，疑いなく大英帝国は常に現実的な主題であるとともに，想像上の主題でもあり続けた。だがその言説は，普遍的でもなければ，単一であったわけでもない。教材における言語的・視覚的イメージは，当該の時期を通じて，イギリス以外の文化や人々の価値を切り下げ

る傾向があったが，次第に多様化した教材や教育活動は，より共感的な世界像を促す目的にも用いられていったのである。1923 年に出版されたある地理教育の手引き書は次のように述べている。

> 狭量で自己中心的な自己から脱すること。他者の見方や感じ方で物事を見たり感じたりすること。私たち自身の土地や他の土地に住んでいる多くの他者については，想像と共感によってしかその暮らしと生業を知ることができないが，その人たちの視点から，世界全体そして世界中の暮らしと生業とを見つめること。これこそ，若者であれ，老人であれ，地理が提供しうる真実の教育であり，世界の人々に関する頭脳と心の教育なのである（Welpton, 1923 : 78）。

このような考えは次第に普及して，戦間期にはかつてないほどの切迫感をもって主張されていた。しかし同じ時期に，植民省や帝国市場委員会，帝国協会（Imperial Institute）が作製した教材には人気があり，多くの教室の営みの中心には，紛れもなく帝国主義的な視座が確保されたままとなっていたのである。実際，1930 年代の試験問題と解答をみれば，帝国の地理に対する関心が，教師・生徒の双方に蘇っていたことがわかる。学校によっては，さまざまな領土が相対的に持っていた戦略的または商業的価値や，その支配や発展から生じた「諸問題」という観点から，帝国の地理を教え続けていた。たとえば，グラマースクール［11～18 歳を対象とする中等学校］の生徒が最終学年にオーストラリアの地理を学ぶ際，「有色人種の労働力」が不足した結果——と生徒は教えられた——発展が「阻害」されたという視座におおむね依拠することは，珍しいことではなかった（Shaw, 1934）。第二次世界大戦の最中にあっても，毎年の帝国記念日のお祝いや，明白に帝国主義的な青少年運動への参加を通じて，多くの子どもたちは「太陽の沈まぬ帝国」市民という地位を強く意識し続けたのである。

結局のところ，帝国に関する大衆的な地理は，公的そして私的な素材と実践が複雑に交錯するなかで構築され，取り扱われたのであった。学校教育という文脈に限れば，個々の教師は相当の権力を行使して，覇権的なイデオロギーを強化することも，あるいはそれを否定することもできた。他方で，両親の姿勢や親自身の社会的・経済的・物理的・文化的環境の特異性が，そのような教師の努力に対する子どもたちの感受性を左右していた。確かだと言えるのは，帝

国主義に関する幅広い文化的言説に占める地理教育の役割には相当の幅があって，一般化はできないということである。実際，本章のような文脈的な研究に価値があるとすれば，それは1つには，多様な経験と視座に配慮すべきだと主張したこと，そして地理と帝国主義との複雑に絡み合った歴史に対して，丁寧な説明を行ったという点なのである。

（米家泰作訳）

第6章　植民地化される側の歴史地理

ブレンダ・S・A・ヨウ（Brenda S. A. Yeoh／楊淑愛）

1. はじめに

　本章で筆者が議論するのは，「植民地化される側の歴史地理」が，「コロニアリズムの歴史地理学」と呼ばれるものの背後に置かれてきた，ということである。後者は普通，ヨーロッパによる植民地支配の過程と実践の研究だと理解されている。しかし，植民地化に対する人々の抵抗や対応，また植民地化の人々への影響が生じた場，すなわち植民地世界の「空間のポリティクス」というべきものを研究に取り込むためには，これを打破する必要がある。植民事業のイデオロギーや実践の考察から，植民地化された人々の日常の探求へと，視座を完全に方向転換しようと言うのではない。この2つの事象の交差を，空間のポリティクスに生気を与えた軋轢や共謀，そして交渉の過程に肉づけしながら検討しようというのである。

　本章では最初に，コロニアリズムの歴史地理学の標準的な見解に対する批判の展開を跡づける。次いで筆者はそれに代わる研究課題として，「コンタクト・ゾーン」，「抵抗」の多様性，「空間のポリティクス」のダイナミクスという概念を用いた研究に注目する。そして19世紀後期から20世紀初期にかけてのシンガポール植民地化事業を概観したうえで，筆者はシンガポール植民地で生じた空間のポリティクスをめぐる3つの事例を取り上げ，植民地化された空間において，支配の言説と実践がどのようにして抵抗の言説と実践に絡み合っていたか，を明らかにする。

2.「コロニアリズムの歴史地理学」vs「植民地化される側の歴史地理」

　近年，コロニアリズムに対する歴史地理学のアプローチは，ヨーロッパの植

民者と植民地化された集団が共に共有する世界の形成に関して，植民者の文化と資本の影響に排他的に焦点を合わせ，あるいはそれを特権的に扱っているとして，以前にまして批判の眼で見られている。これこそ，2つの学問的潮流が収斂し，さらには交差しようとする表れなのである。

(1) 在地(インディジェナス)という世界

その第1の潮流とは，社会科学の学術的な言説で今なお議論が続いている，「在地」化論争に基づくものである。これは1970年代初期に勢いを得た運動で，第三世界の「在地」の研究者たちが西洋の研究者と協同しつつ，「植民地時代が終わってもなお，絶えず精神を『束縛』する社会科学を教え込まれた状態に対して，自分たちの声を出す」ことに始まった（Atal, 1981：189）。その申し立てが目指したのは，「草の根」意識をはっきりさせること，「借り物」の意識を拒絶すること，そして人間社会を分析する際に，当事者の現実に対する見方を取り出し，歴史的文脈と文化的特性の価値を維持できるような新たな視座を発展させること，であった。この取り組みの中で最も困難な作業は，「外国のモデルや理論が『支配的』な状況を破壊しようという言い方」を乗り越えて，在地の世界観と経験を反映した新たな概念的枠組みやメタ理論を構築することだった（Atal, 1981：195）。たとえば，「コロニアルな知識を打ち破り，そこから完全に独立しない限り，学問的言説が『オリエンタリズム』や『オキシデンタリズム』を越えることは無理難題でしかない」（Shamsul, 1998：2）ということが理解されつつある。

コーンが論じたように（Cohn, 1996：4-5），植民地事業とは，単に領土空間を侵略・征服するだけでなく，思想体系といった在地の認識論的空間をも系統的に植民地化し，コロニアルな知識・政策・枠組みを大量に用いてこれを再編成し，あるいは置き換えていく側面を持つ。脱植民地化とともに，旧植民地は政治的領土を（場合によって一部のみ）回復しつつあるが，認識論的空間についてはほとんど回復されてはいない。このような認識論的空間の再生という目標は，サバルタン研究——どうすれば植民地の従属民の声を歪みなく表象し，聞き取ることができるのかを考察する政治・文学批判の一学派——に刺激を与えた。植民地化する側の権力を無力化する手段として，ヨーロッパのテクストに対する「抵抗」や，「新たな読み方」を求める動きも現れている。たとえばザウィア・ヤーヤは，西洋の言説を脱構築する最も効果的な方法は，「西洋自

身の批判理論という道具を，植民地支配の意味体系を分解するためだけでなく，言説の中で抑圧された人々を解放して，先住者の沈黙を明らかにするために」用いることだと論じる（Alatas, 1995：131 に引用）。歴史学者や地理学者の間では，世界を舞台としたヨーロッパ拡大の歴史を読み直していく動きがあり，たとえばウルフ（Wolf, 1982：x）は「西洋の歴史と非西洋の歴史の間にある境界を破棄し，『原始人(プリミティブ)』や小農，労働者，移民，圧迫を受けたマイノリティの活きた歴史」を再生させようとしている。またブラウト（Blaut, 1993）は，非拡散的な世界モデルを提起し，世界の歴史と地理の創造者としてのヨーロッパを脱中心化させようとしている。

地理学史をめぐる論争の中では，植民する側の権力に重点を置いて「地理学と帝国」あるいは「地理学と帝国主義」を論じることから，植民される側の複数の歴史地理を考察する方向にむかって，立場の移動が試みられている。その1つの例が，西洋の地理学的伝統としてまかり通っているものを，「他のローカルな（「在地」の）地理的知識の要素に多くを依拠し，それらをわがものとすることで，元の姿に戻ることができなくなった異種混交的な産物」としてとらえ直そうとする最近の議論である（Sidaway, 1997：76-77）。

(2) 植民地を支配する側から，植民地化される側の営為へ

新たな在地の知を求めることが，「植民地化された世界」に焦点を当てるための方向転換の1つ目だとすれば，第2の潮流が関わっているのは，支配の形態や外観を植民地化事業のライトモチーフとして特別視するコロニアルな社会・都市理論の主流に対する批判の展開である。アンソニー・キングが（彼自身の仕事は「植民地の支配と収奪の研究」の側に大きな影響を与えたが），『支配のかたち』（AlSayyad, 1992）に寄せた示唆的なエピローグの中で見出したように（King, 1992：343），

> ヨーロッパ的コロニアリズムの主眼とは，そこで語られる都市的な場と人々という歴史空間を占有することによって，2つの声を周縁化し，沈黙させてきたことにある。すなわち抵抗の声と——よい言葉が見つからないが——「土俗(バナキュラー)」の声である。

ポストコロニアルな——つまるところはコロニアルな言説が作り出すメタ物語は，「半世紀前に終わっているべき」（King, 1992：343）支配と収奪という事

業や言説とは断絶していないし，実際にはその範囲を拡大しつつある。それは皮肉なことに，「植民する側の世界モデル」(Blaut, 1993)に決定的かつ排他的に関わるものであり，そこでは「歴史は自分たちの所有物だと主張する」人々の視点からの歴史が物語られ，「歴史というものを否定されてきた人々」(Wolf, 1982：23)は，いっそう周縁化されることになる。生きられた具体的な実践とは無縁な，西洋による覇権的・均一的な言説の構築という，サイードの「オリエント」概念の系譜を引くポストコロニアル研究や文化地理学研究は，結果として植民地化された人々を描き落としているのだ(Young, 1995 b)。

「従属化を促進するために先住民を『他者』として絶えず枠にはめ，創出していく」(AlSayyad, 1992：8)際の植民地権力の政策と言説を強調し続けていく限り，植民地化する側と植民地化される側の間にあった軋轢や衝突，折衝や対話を加えるための認識と実証の空間はほとんどないのである。言い換えれば，批判的な視座はコロニアルな見方を解体はするものの，依然としてこれを中心に位置づけており，植民地化された人々をかつて追いやられていた陰の世界から引き出すことができないまま，必然的にコロニアルな支配や視線，影響を再生産することになる。

このように「植民地化される側」の営為や闘い，実践を無視した説明においては，植民地支配が生んだ進展が「投資」や「利益」を相対的にもたらしたという誤った印象が再生産されるばかりでなく，「植民地化される側」を劣った「他者」として同質化していくコロニアルな姿勢が，さらに再生産されていく。非西洋の文化と人々は，「永遠の劣等民として解釈される地位」にとどまっているのだ(Tanaka, 1993：ix)。

3. 日常の世界

筆者はすでに別のところで(Yeoh, 1996)，コロニアリズムの歴史地理学が，コロニアルな政治・文化的経済の支配論理を非西洋の時空に押しつけるようであれば，それは打破されねばならないと論じた。そのためには，日常の実践——日常生活に現れ，組み込まれ，互いに連関している行為を強調したスリフト(Thrift, 1997)の「非表象理論」——を引き戻してやらねばならない。

このアプローチにおいては，日常の生活や行為を「歴史をまさに構成するもの」として復権させた民衆史家，E・P・トムスンやジョージ・リューデが行

ったように，植民地領土の一般の人々を「後世になって恩着せがましく押しつけられた数多くのもの」から救い出すという，相当骨の折れる作業が必要である。修正主義の立場を築くべく植民地時代にアプローチする者にとって，植民地化された側の諸集団の歴史的史料は不均一で，十分にわかっていることは少ない，ということがしばしばである。しかし，新たなアプローチによって史料として扱うべきもの枠を広げるならば，従来見過ごされていた証拠を明るみに出すことができよう。

　ただしこれは，「あ・ら・ゆ・る・理論的・概念的・解釈的なものを除去して，実証主義的の探求に徹する」(Philo, 1992:143) ことを求めるものではない。公文書の鉱脈を想像力豊かに掘り進み，コロニアルな言説を「他者」のレンズを通じてあらためて見直し，そして同時に，植民地化された側の日常の営みから産み出されたが従来は無視されていたような史料を包み込む網目を広げていく，という努力を集約していくことが求められているのである。

(1) コンタクト・ゾーン

　「コロニアリズムの歴史地理学」を越えて，複数の「植民地化された側の歴史地理」を包摂していくためのもう1つの重要な試みは，競合や共犯，軋轢や共謀と関連づけながら「コンタクト・ゾーン」をあらためて概念化して，文字に書かれなかった抵抗の歴史に取り組むことである。「コンタクト・ゾーン」概念とは（ヨーロッパ拡張主義の視座に基づく「植民地フロンティア」に代わる概念として）プラット（Pratt, 1992:7）が用いたもので，「かつては地理的にも歴史的にも離れていたものの，今や互いの軌跡が交差するようになった主体の時間的・空間的な共存をとらえようとする試み」である。「コンタクト」という視点は，

> 複数の主体がいかにして互いに関係を結び，その関係の中に構成されるか，を強調するものだ。……それは，分離や隔離にでなく，共存や相互作用，連動的な理解と実践に関連するものであり，しばしば極端に不均衡な権力関係の中にあった（Pratt, 1992:7）。

　プラット（Pratt, 1992:192）は，「コンタクト・ゾーン」のダイナミクスに肉づけするにあたって，植民地化される側の主体が，コロニアルな言説に関わり，ついにはそれを作り変えていくようなやり方で自らを表象する際の，「模

倣的で文化横断的な振る舞い」を解明しようと試みている。

　横断的な意図を持ったさまざまな概念を道具として，筆者は植民地都市シンガポールの権力関係の再概念化を試み（Yeoh, 1996），規律的権力に特有の技法や，「権力関係が作動するまさにその場で形成された」（Foucault, 1980 a：142）諸々の抵抗といったものが発揮される軋轢と交渉の場として，植民地都市が分析できることを示した。筆者が指摘するように，植民地化された側の「営み」は，高度に差異化されているだけでなく，しばしば実効力を持つ。なぜならそれは，植民地支配者から自立的で，その影響をほとんど受けない明確なイデオロギーや組織的な構造，そして正当化の枠組みを，暗黙にであれ，言説としてであれ，活用していたからである。しかしそれは同時に，植民地権力の規律的な技法によって制限と修正を受けていた。「植民地化」事業と「植民地化された」世界を「互いに異なるものでありながらも重なり合い，奇妙にも相互依存の関係にある領域」（Said, 1988：viii）として扱うことによってこそ，「競合・闘争・協力の複雑な絡み合いを，物的・社会的景観の変容に正確に反映させる」（Harvey, 1984：7）ことができるのである。

(2) 抵　抗

　このような研究課題で必要とされるのは，一般的にはコロニアルな権力関係についての，個別的には抵抗という概念についての再考である。パイルとキースが述べたように（Pile and Keith, 1997：xi），「権力関係，政治的アイデンティティと空間，そしてラディカルなポリティクスをめぐる地理学者の議論の中に『抵　抗』の諸問題が現れたのは，つい最近のことである」。このような「抵抗」への関心の一部は，「文化的・権力的・社会的競合の風景を横断していくサバルタンを分析するにあたって，『抵抗と異種混交性という比喩』を用いた」近年のカルチュラル・スタディーズのアプローチから引き出されたものであり，そしてその中に重なっていくものである（Moore, 1997：87）。

　この議論に対してとくに地理学者が貢献したのは，第1には「抵抗」を空間的に理解することの意義を示すことであり，そして空間・場所・ポジショナリティといった（最近のカルチュラル・スタディーズで流行の）地理的メタファーを，特定の実践やローカルな文脈の中に根づかせることであった。近年の「抵抗」概念をめぐる地理学者の活動の複雑な軌跡をここで跡づけることはできないが，筆者は2つの大きな議論の流れを要約したい。植民地化される側の

空間のポリティクスを文脈化して読み解くためには，それが有益だからである．

日常の抵抗

　第1に，支配の戦略と技法を詳細に検討した末に行きつくのは，「抵抗」と「ポリティクス」の領域を，「英雄や英雄的な組織による英雄的行為」（Thrift, 1997：125）だけに限定してはならないということであり（そのような行為の力やポエティクスを過小視したり，日常の文脈の網目から切り離そうと言うのではないが），「日常的実践」（de Certeau, 1984）に織り込まれた抵抗の態勢や策略，戦術や戦略を内包するものとして，再構成されねばならないということである．とりわけスコットの仕事（Scott, 1985）は，「日常的な形態の抵抗」こそが「弱者の武器」だという見方を強く支持するものだった．しかしアブー＝ルゴドが，

　　抵抗をロマン化したり，あらゆる抵抗が，権力システムの無能さや，支配を拒否する人間精神の抵抗力や創造性の表れだと見てしまう傾向

に対して注意したように（Abu-Lughod, 1990：42），それに対する批判も現れた．ありとあらゆる所に「抵抗」を見出すことによって，かえって「抵抗」が矮小化されてしまうことを，私たちは警戒しなくてはならない．

　その一方で，明示的・英雄的ではない抵抗の諸形態に注目すれば，権力関係の本質がいかに流動的で不安定なものかが理解できる．それを理解することによって，植民地化する側の理解そのままの両極端なモデル——慈悲深い植民地秩序のもとでの改革と救済を「待ちこがれていた」受動的で，寡黙で，無知な人々，あるいは植民地支配・監督・管理の弛緩を求める暴力・暴動・反乱・憎悪の温床——を受け入れずに，むしろ植民地化された世界をそれ自体の言葉で描き直していくための，概念と創造の空間を作り出すことができるのだ．ヴィドラーが（異なる文脈ではあるが）指摘したように（Vidler, 1978：28），「耐えがたきものに屈服してしまうのでなく，それに対して暴力的に反乱するのでもなく，その中間において」こそ，庶民は「屋内でも，あるいは路上でも，人間としての何らかの存在意義を明確にした」のである．

地下茎的な抵抗

　このような日常の普通の抵抗は，地下茎のような存在だともいえる．ラウト

リッジ（Routledge, 1997：69）が述べるように，

> 抵抗とは流動的なプロセスであり，その出現や消滅をある時点（や地点）で固定することはできない。……地下茎のように複雑に絡まり合い，影響し合って，生成していくものなのである。……抵抗はさまざまな要素や諸関係から構成されているが，その異質性が消し去られることはないし，新たに再編成される可能性がなくなることもない。地下茎の生態と同じように，抵抗の形態は複雑であり，さまざまな方角に根を延ばし，予期せぬネットワークや結びつき，そして可能性を作り出す。新たな軌跡と形態が作られ，新たな未来と可能性が紡ぎ出され，特定の支配権力への対抗戦略となる自立の場が生まれるのだ。

抵抗の戦略は，「日常生活の素材や実践から組み立てられ」（Routledge, 1997：69），実際の空間にその容貌を目に見えるように写し出す。それは，「人々の内面的な世界において植民地化された空間」を相手に戦って，「抑圧と搾取のもとにある人々」に「内的な空間」や「新たな空間性」を生み出すことになる（Pile, 1997：3, 17）。

抵抗を「地下茎的な実践」として考えることは（この比喩が正しく意味するのは，そのような実践が地に根づき，その芽が「地上」にも「地下」にも成長する様子である），権力の帯びる不確実性に向き合うことである。そして同時に，抵抗者の側の空間をめぐる二項対立――純粋に自立的で「植民地化されていない」空間，つまり支配の及ぶ空間的限界の外部の空間ないしそこから逃れ出た空間として考えるのか，それとも，確立した支配空間の内部に封じられながらも，社会生活の「裏側」でそれに対抗する空間として考えるのか――を，「一方の側の個々の攻撃が他方の側の逆襲の梃子となる」（Foucault, 1980b：163-164）という「戦略」的な見方によって，乗り越えることができるのだ。抵抗を「地下茎」的なものとして扱うことは，「『多声音楽（ポリフォニック）的』であり，多重的であり，多くの言説の声域，多くの空間，多くの時間に作用する」主体的なものとして，抵抗の持つ創造的でえたいの知れない特質を強調することなのである（Thrift, 1997：135）。植民地化された世界においては，抵抗者の一団がさまざまな空間に生きていることを理解するだけでなく，抵抗する人々が支配の空間に結びつき，衝突や分散を遂げ，時に予期せぬやり方で変形させるさまや，支配空間の「内」と「外」をしばしば移動することに注目することが，重要な

のである。

　上述の考え方を優雅だが空疎な比喩にとどめないためには，植民地化された側の日常生活の具体的な空間の中に基礎づけることが必要である（Lefebvre, 1991）。そこで筆者は，3つの（断片的な）「抵抗」の例を叙述しようと思う。それは，拙著『空間のせめぎあい——シンガポール植民地における権力関係と都市建造環境——』（Yeoh, 1996）によるもので（若干の修正は加えた），19世紀後期から20世紀初期のシンガポールという植民地化された世界の中での，3つの異なった空間に位置づけられるものだ。これらはページ数の制約上，「鋏で切り取った」ような叙述となるが，植民地化される側の抵抗が不均一だったことを意義づけるために選んだものである。そこで提示されるのは，植民地化された世界を彩る「抵抗」の多様性と，「空間のポリティクス」のダイナミクスを作用させていた，地域的な文脈と社会的実体，そして当事者たちである。まずは，イギリス植民地で確立された植民地事業について，簡単に概観するところから始めよう。

4．シンガポールにおける植民地事業

　19世紀初期の重商主義的資本主義の世界において，ヨーロッパの帝国権力がしのぎを削っていたのは，極東貿易の利権につながる主要海路を安定的に確保することであった。1819年にイギリスが交易所をシンガポール島に設置した背景にはそのような事情があり，これがその後1世紀半続くことになるイギリス植民地のはじまりとなった。19世紀最後の四半世紀には，極東最大の集散拠点というシンガポールの地位は揺るぎないものとなっていたのである。

　1874年以降，シンガポールはイギリスがマレー半島の後背地に政治的支配を拡張する橋頭堡としても位置づけられ，それとともにヨーロッパの資本家たちが半島内部に浸透していった。シンガポール経済は急速に成長し，移民に門戸を開放する政策と相まって，とくに中国・インド・マレー諸島から大量の移民を引き寄せた。20世紀初頭には人口は25万人を超え，わずか30年後の1931年には50万人へと倍増した。植民地の人口統計によれば，その主要な「人種」は，「ヨーロッパ人」（1.5％），「ユーラシア人」［欧亜の混血］（1.2％），「中国人」（75％），「マレー人」（12％），「インド人」（9％）となっていた。

　シンガポールのような港町の繁栄は，貨物の通商と絶え間ないアジア系移民

の流入の勢いにかかっており，植民地政府は熱帯気候下のヨーロッパ人の人口動態を心配するだけでなく，アジア人の罹病率や死亡率というやっかいな問題にも取り組まなくてはならなかった。死と病を撲滅するための公衆衛生の改良キャンペーンは，すでにヴィクトリア時代には個人的に潔癖な定住者によって，あるいは公的な衛生学として進められていたが，植民地事業の一環として，とくに市政によって勢いよく展開されることになった。衛生都市というヴィジョンに，進歩的な都市，文明的な都市というイメージが重ねられていったのである（図6.1および図6.2）。

大英帝国の一大商業都市シンガポールは，その地位にふさわしい秩序と能率という近代的原理を体現していた。都市景観に秩序と規律の外観を装わせることは，植民地事業においてとくに重要な事柄であった。よく秩序づけられた都市は，植民地と都市の威信を生む客体であっただけでなく，機動性と監視を精緻化する面があったのである。植民地社会を「図画的にわかりやすく」することは，「政治と経済の計算にとって有益」なこととなったのである（Mitchell, 1988：45）。

都市の衛生化と秩序化という双子の事業は，広範な支配と監視の諸戦略を押し進めるための大きなイデオロギー的・技術的な起動力となるものであり，都市環境の形成と地域的な事柄に責任を持つ社会設計の司令者，すなわち市政諸機関の営為を通じて遂行された。これらの諸戦略は，改良や改善という言葉で言い表されていたが，日常的実践という家庭的な空間への侵入をもたらすものであった。すなわち，密接に編み込まれた都市を「開放」するための建築物の再編，「伝統的」な貯水・下水方法の破棄と市政の管理システムへの置き換え，記号的な地名の命名による土地の識別しやすさの改良，公共空間の区画化と管理，「時代遅れ」の空間・「伝統的」な空間・「聖なる」空間の消去とその「近代的」・「合理的」な活用である。

筆者は，植民都市の建造空間とは単に植民地権力の刻印を背負うものではなく，支配と抵抗の場だと論じてきた。それは一方では，概念と手段を確保しようとする支配者集団によって活用され，同時に他方では，排他的な定義と戦術に抵抗し，自らの権利を主張する被支配民の集団によっても活用されるものなのである。このことは，以下にみる植民地シンガポールにおける「抵抗」の実例から，明らかとなろう。

第 6 章　植民地化される側の歴史地理　　185

図 6.1　1930年代シンガポールの風景を比較する(1)
（National Archives of Singapore の許可を得て掲載）

この写真は植民地都市の中核を捉えたもので，左手にヴィクトリア劇場（かつて公会堂だった），右手に市庁舎，背景にはフォート・カニングの丘が写されている．

図 6.2　1930年代シンガポールの風景を比較する(2)
（National Archives of Singapore の許可を得て掲載）

チャイナタウンの街の様子である．大通り（サウス・ブリッジ通り）の両側には店舗が並び，人力車やモスキートバス，トロリーバスの動脈となっていた．

(1) 疾病管理の忌避

　市政の疾病管理をアジア人が回避しようとしたことは，偽装・忌避・隠蔽というアジア人の対抗戦略のよい表れである。1900年，市の衛生官は，伝染病を取り扱う際には，感染を隠蔽しようとする現地人の言い逃れに注意するようにと，衛生職員に警告した。「危険伝染病」の感染を報告しない者は25ドル以下の罰金に処せられたが，ある家が「危険伝染病」の発生源だと特定された場合に，住人が背負い込むことになる実際のトラブルに比べれば，この罰則はたいしたものではなかった。そうなれば，衛生検査係による家宅捜索，隔離，保菌容疑者の所有物——場合によっては当該住居——の殺菌と破壊，検疫の強制といった不便に襲われることになり，これらの手段はすべて，日々の暮らしに対する厄介な干渉だとアジア人には受け止められていた。病人を自宅から衛生病院に移動して治療することも，やはり非常に不人気であった。病院は社会からの隔離だ，性別・人種・宗教による待遇の厳密な区別がない，「比較的上流階級のアジア人の自宅」よりも混雑して劣悪な状況だ，アジア人が「自らの習慣に従って」自分達の伝統医学の治療を受けることが認められない，そういった不満の声が頻繁にあがった。

　それゆえアジア人は，伝染病の露見がもたらす結果を強く恐れて，何としてもそれを避けようとした。市の衛生官は，アジア人が伝染病感染の報告を頑としてしぶりつつ，発覚時には「自発的に」罰金を支払う様子に，困惑したと告白している。至るところで伝染病の隠蔽が行われたが，その多くが明らかとなるのは病死の後であった。しばしば伝染病感染者は密かに町はずれに運ばれ，その発生源を突き止めようと試みても，患者やその友人までもが住所を白状しないため，うまくいかないことが多かった。「アジア人が（伝染病を）隠蔽しようとする粘り強い努力や，衛生官の追跡を逃れるための意図的な虚偽」は，「アジア人社会の中で，無学な階級に限定されていたのでなく」，ヨーロッパ系の事務所で事務員や倉庫管理を勤めるような「より知的で教育ある階級にも広くみられた」。

　アジア人が発覚を回避するために用いた戦略は，次の広告に表れているように，高度な想像力が発揮されていた。

　　伝染病の存在を注意深く隠蔽します。人力車またはガリー（馬車）で，患者を内密に病院や病人収容所にお運びします。そのままでは瀕死の状態を迎

えるばかりです。死亡させた場合，あるいは路上や適当な空地に放置した場合，警察によって病院または共同墓地に運ばれることになります。当局が病人を出した家を突き止めるのを防ぐためには，家から病院への間で人力車を数回交換したり，住所を偽ったり，町に到着したばかりの患者を通りや五脚基（ベランダの現地語・後述）で乗せただけだと言い立てたりして，あらゆる手段を採ります。

1909 年，市政委員会［植民地政府の官僚および選出された非官僚委員から構成され，都市行政を担った］は強制隔離を嫌うアジア人に対抗すべく，セントジョーンズ島の隔離検疫所に送致された保菌容疑者に，隔離期間 1 日につき 15 セントを支払うことを試みた。しかしこの実験は 1 年後，伝染病の感染または感染源に関する情報をアジア人が進んで提供することには失敗した，とする衛生官の報告に基づき放棄された。

「危険伝染病」による死亡が疑われた場合，検死が実行されることになるが，これもやはり強く嫌われ，「（アジア人）社会の多様な階級が持つ宗教や感情に対する耐え難い干渉」だと見られていた。それゆえに，他の無害な原因で死亡したと偽って報告されることも頻繁に起こった。死亡届の正確さに関する 1896 年の調査では，87 例以上の伝染病死（多くはコレラと腸チフス）が 6 週間以内に別の死因で届け出されたことが示された。多くの場合（20 世紀最初の 10 年間を平均して 65 %），死因は医学的に認証されたものでなく，御座なりの死体検査と友人への質問によるものだったため，不正確な情報による露見回避が実に多かったのも必然であった。

市の衛生官によれば，これこそが市政による疾病の発見と管理における致命的な欠陥であり，「まさにその点で病因が曖昧となるのだが，これを満足に解決する方法がない。多くの症例を互いに結びつける連鎖には……多くのミッシング・リンクがあるはずだ」。それゆえに，市の衛生官の考えでは，不正確な死亡届に依拠して特定の疾病向けの「特別な手段」を導入しても役には立たず，「一般的な方針を続けつつ，他の場所で公衆衛生の維持に有効だと確認された手段を導入するぐらいしかない」とされた。

このことから，市政による監視が有効となるのは，効率よく回収した情報に基づいた予測が働いた場合に限られることがわかる。意図的に情報が妨害され，汚染され，歪曲された場合，そしてそれが非常に重視された場合，アジア人は

伝染病の発生源と原因の追跡を進んで阻止しようとするばかりでなく，衛生局がさらに厳格・厳密な管理手段を用いるのが困難となるような役割を演じたのであった（引用はすべて Yeoh, 1996:121-123 による）。

(2) 公共空間のせめぎあい——「ベランダ暴動」——

19世紀後期，ベランダ（店舗や共同住宅の並びの前面に沿って延びた屋根つきの細い歩道）の利用をめぐる市政当局とアジア人店舗経営者・実業家の対立は，1887年の市政制令第9号が承認されたことで最高潮に達した。これは，ベランダやアーケイド，街路において，道路の清掃作業や市民の通行を妨げている障害物を整理し得る市政委員らの権限を，とくに強めるものであった。

この制令が1888年年頭に施行されると，市の技官は，ベランダ障害物問題に関して何らかの行動を起こす意図があるのかどうか知らせるよう，市政委員に手短に要請した。市政委員会は，地元の英語・現地語の雑誌，さらに街中に置かれた掲示において1カ月の周知期間をおいてから，「公共の街路にせりだした開放型ベランダはすべて厳正に整理する」市政方針を示すことを決定した。市政委員長T・I・ローウェル博士は，路上の衛生のためにベランダの整理が重要であることを強調し，通行を妨げる状態にある市街のベランダは，彼の指揮のもとで12カ月以内に「著しく改良される」だろうと予想した。

アジア人社会や都市環境を秩序化する新たな動きが，改良（インプルーヴ）という言葉で表現されたことは，市政側の戦術を象徴するものである。しかしローウェル博士は，いく人かの非官僚委員，とくにトーマス・スコット——「中国人社会に大きな影響力を持つ人物」——の反対に遭った。彼は，ベランダの強制整理が個人に付与された権利の剥奪であると論じ，委員の同意なくことを進める長官の権限に異議申し立てを行った。

新聞も「ベランダ問題」を激しく論じた。「ストレイツ・タイムズ」はベランダ整理の決定に拍手喝采し，市政制令の規定が「好悪なく厳正に実施されるならば，街路の交通に利益をもたらし，歩行者にとって考えられないほどの恩恵となろう」と予想した。市政委員たちと同様，「ベランダ問題」は「公共の利益」と「個人の持ち分」の争いだと解釈するもので，ベランダを公共空間として厳密に区画し，個人所有地との境界が侵食されにくいようにして，初めて公共の秩序が回復するだろう，というわけである。ライバル日刊紙の「シンガポール・フリー・プレス」は対立する立場を取り，住居の所有者・居住者には

「長期にわたる利用」によって五脚基（five-foot-way）［ベランダを指す中国語］の権利があり，提唱されたベランダ障害物に対するキャンペーンは「乱暴で高圧的だ」とした。

　ベランダ問題をめぐって新聞の議論が続く一方，1888年2月21日，ローウェル博士の指令を受けた市の検査係が，（カンポン・グラム地区の）アラブ通り，ロコール通り，クライド・テラス市場からベランダの整理を開始した。ノース・ブリッジ通りでは，店舗経営者や実業家が市のベランダ整理令への反発を示すために店舗を閉じて対抗した。このニュースはまたたく間に広がり，ブラス・バザー運河の東部一帯の店舗経営者もこれにならって店舗をたたんだ。警察長官カーネル・S・ダンロップは，中国人店舗経営者の「粛々とした対応」を見て，あらかじめ示し合わせた行動であることは明らかだと報告している。件の法の実施に際しては，検査係が不当な乱暴や軽挙妄動を働くことはなかったとする当局の見解に反して，ある地方紙が報じたところでは，ベランダは強引に整理され，所有財産は被害を受け，日よけは引き下ろされ，店舗経営者は乱暴に追い払われた。

　その日の午後，市政委員たちは事態を検討すべく緊急に会議を催した。委員らの同意なくベランダ整理を命じた長官の権限について，選挙で選出された委員の一部から再び疑問の声があがり，ベランダ沿いに2人が横一列に通行できるだけの空間があれば市政制令の要件は満たされているとみなす動議が出され，選出委員の圧倒的な圧力のもとでこれが承認された。この動議は最初の委員長の命令を取り消したも同然であり，五脚基に沿った道路での公共の権利について，よりリベラルな定義を認めるものであった。その後，植民地総督セシル・スミス卿は，委員長を支持しなかった市政委員たちについて，「ベランダの……占拠についての限定的な介入に対する中国人の反発に，実質的に屈した」と非難した。

　市政の決定は，対立を鎮めることはできなかった。翌日（2月22日），ベランダ整理が進められたカンポン・グラムの街路だけでなく，街全体の主要な通りで暴動が発生した。店舗や市場はすべて閉鎖したままとなり，三星〔無法者・ヤクザを意味する福建語〕が群衆となって街路に集結し，営業を再開しようとする者を威圧した。この日は丸一日，投石で明け暮れ，路面電車が攻撃されて公共交通機関に損壊が出た。ヨーロッパ人その他の社会の成員には危害が加えられ，警察の全部隊が出動した。商売と交通は完全に抜き差しならない状

態に至った。午後，市政委員たちは再度集まり，委員らには厳格な措置を取る意図はなく，ベランダには幅3フィートの通路さえ整理されていればよいとした前日の決定を，周知徹底するよう指令した。2月24日の朝，タンジョン・パガーで炭坑苦力(クーリー)をしている広東人と福建人の間で，出身地単位の闘争が勃発し，街全体で突発的な暴動が続いた。しかし昼になる頃，店舗は営業を再開し，暴動は徐々におさまっていった。

暴動は，もともとの原因は公共空間のある一部分——ベランダ——の権利をめぐる市の検査係と店舗経営者の対立にあったが，街中の公共の街路や空間の管理をめぐる全面的闘争へと急速に加速していった。いくつかの街路の店舗経営者だけの不服従行為であったものが，中国人社会の喧嘩好きな側面を巻き込んで拡大し，新聞の言う「土地法に対する組織化された暴動」になっていったのである。他の都市暴動の例に鑑みれば，比較的小さな集団同士の軋轢や衝突であっても，アジア人社会に通底する大きなネットワークや忠誠心を巻き込むことで，公的な暴力という側面を急速に帯びるものである。数日間にわたって群衆は公共空間を押さえて譲歩を迫り，一時的ではあったが街を静止状態に追い込むことができた。日常的な活動は混乱に陥ったが，都市の社会空間は短時間で再生した。暴動が終息するにあたって市政委員たちは，本来の意図よりずっと厳格ではない定義を公共の街路の権利について定めることを余儀なくされ，その結果，ベランダの権利放棄を拒否するアジア人店舗経営者や実業家に対して，かなりの譲歩をすることになった。

「ベランダ暴動」は「公共」空間の利用をめぐる軋轢の中で，最も暴力的な側面を代表するものであるが，それ自体孤立した出来事だったのではない。1887年後半から1888年の最初の数カ月に施行された一連の不人気な法案が創出した権限に対して，病的な感情が高まるなかで煽られたものであった。とくに，8月から9月のサムバーヤン・ハントゥ（餓鬼の祭礼）の時季に，死者へのお供え物とする紙細工を燃やしたり，ワヤン（路上劇）を催したりするために，ベランダや公共のストリートの両側を利用する中国人の慣行的な権利が，潮州人大工・蔡阿続(チョー・アーショク)による華民護衛司ウィリアム・ピカリング殺害未遂に対する報復として，取り消されるということがあった。政府の解釈では，この事件は「ながらく中国人社会の友人にして恩人であった」護衛司その人に対する単に卑劣な犯罪なのではなく，より深刻な「公共の秩序に対する重大な犯罪」だったのである。そのため，共同体全体に公的な罰が与えられ，共同体の

側に公的な贖罪が求められた。選ばれた罰の方式，すなわち共同体の祭礼のために公的な空間を使用する「特権」の抹消は，この犯罪の持つ公的な性質を強めるように計算されていたのである。さらに政府は，その気があれば中国人には，この暴行をけしかけた人物を特定しうる情報が提供できるはずだと断定し，情報を隠蔽するのであれば犯罪の責任は共同体全体にあるとした。中国人たちは，公的な正義と秩序の回復に協力するまでに，公共空間を自身のために用いるすべての権利を没収されたのである。

　この年の6月に女王の在位50年祝賀があり，市政委員会は，装飾のため公共の街路に自由に柱を立てる許可をすべての住民に与えたばかりであったが，その後にこの禁令がこれに続いたのは皮肉であった。中国人社会の中でも発言力ある人物にとっては，その皮肉が消えることはなかった。祝賀の間，中国人たちは「最も目立つ役どころ」を果たし，ストリートの端から端まである「巨大な龍」と共に「提灯行列」を行ったり，「壮麗な装飾と照明」とワヤンを街中に繰り広げたりした。新聞に寄稿したその中国人は，「街路の装飾の壮麗さや女王陛下を祝賀する人々の忠誠心を書きたてるインク」も，「このイベントを記念すべきものにしようと奮闘した人々の額の汗」も共に，同じ街路を自らの祝祭のために用いる中国人の権利がわずか2カ月後に取り消されるまでは乾くことがなかった，と書いた。

　サムバーヤン・ハントゥの時節には大きな事件は生じなかったが，6カ月後にはベランダ整理が行われ，都市環境，とくに自らの目的に合わせた公共空間の秩序化と利用，という中国人が慣習的権利と考える権利が禁令によって侵害された。当局に対して高まった憤懣を背景として，「他者」の犯した悪業という信念に引きずられることで，ささいな騒動が大がかりな暴動へと急速に加速したわけである。「ベランダ暴動」は，特殊なタイプの都市空間をめぐる争いによって引き金を引かれたもののように見えるが，それが急速に多方面に展開した事実は，公的な環境についての中国人の慣行的権利が徐々に脅かされつつあるという恐怖が広がっていたことを示すものだったのである（引用はすべてYeoh, 1996 : 250-253 による）。

(3) 中国人墓地をめぐる論争

　1887年8月，都市中心部における土地利用の合理化と都市計画促進のため，埋葬と墓地の許可・規制・査察を制度化する法案が立法参事会［総督を補佐す

る立法府]に提案された。審議が進むにつれ，埋葬法案と呼ばれた法案が，とくに中国人社会に多大の動揺と関心をもたらした。立法参事会の中国人メンバー佘連城（シー・リャンシー）は，法案は「中国人社会，とくに社会的地位ある多くの人々の利害に深刻な影響を与える」として，第二読会[本会議の審議前に法案を検討する場]を延期して吟味の時間を増やすように要求した。彼は，とりわけ法案の目的が「個人的な墓地の抑圧」にあり，「中国人上流階級で非常に大事にされてきた慣習に大きく影響」する手段となることに気づいていたのである。

植民長官は延期を許諾し，法案は「中国人の感情に充分配慮して」作成されたもので，中国人の「感情や宗教的心情」に介入する意図はないと立法参事会に対して断言した。しかし彼は，中国人の慣習が容認されるのは，「相応の制限のもと，共同体の利益を損なわない場合」であることを明らかにした。

> 共同体の一部分（中国人）の願望で，たとえば小さな丘のすべてを確保して，地域の良家のためだけにあつらえられた場所としたり，単に一個人の家系の名誉や個人的な虚栄の記念碑として永遠に占拠することによって，他のすべての階級が犠牲となるのは正しいことではない。

中国人の立場からみれば，埋葬法案は中国人の慣習的儀式への攻撃であり，中国人の聖地の管理が侵食されることを意味していた。当初，暴動の噂や暴力沙汰のおそれがあったが，すぐに法案反対派は合法的なやり方を取ることを決定した。その理由は，法案に影響される主な者とは，個人的な墓地を持つ余裕があって，家族の墓地となる広い土地を確保する責任をもっぱら負う，中国人社会でも裕福で有力な者だったからである。それゆえ，共同体の指導者で法制度に明るく，法制度下での中国人の権利や特権にも精通している者が，法案反対を指揮することになった。法案反対の手段として採用されたのは，新聞社への手紙の送付や，支持を集めるための公的な集会，駐在参事官や総督への嘆願，といったことであった。この最後の手段が立法参事会の審議進行を止めることに失敗すると，中国人たちは自らの言い分を訴えた嘆願書をロンドンの植民地大臣 H・T・ホランド卿に送付した。

概して中国人の間では，土地占術の理論によって好都合な墓所を選ぶ自由が，政府の干渉で損なわれるならば，祖先崇拝，とくに墓地崇拝が不完全なものとなることが論じられた。外的な媒介によって墓地が管理されるという観念は，中国人には無縁の観念だったのである。中国の土地占術，すなわち風水は，中

国人の信仰の中心だと考えられていた。なぜなら，嘆願者らが主張したように，墓所の位置は景観の配置と水流への近接によって決めることができ，それによって大地から吉運を引き出して，死者の子孫にもたらすことが可能だと信じられていたためである。いったん占術の理論によって位置が決定されれば，墓と墓地の境界は「不可侵」のものと考えられており，これに干渉すれば風水の効果は失われ，生きている子孫の安寧と繁栄は脅かされるものとみなされていた。

　要するに墓地は聖地であるがゆえに，政府の支配や外的な干渉を免れねばならなかった。嘆願者らが論じたところでは，ローマ法がそうであるように，「権利ある者が死者を埋葬した土地は，それ自体宗教的な存在であり，個人の所有物であることを止める。売買されたり，譲渡されたり，使用されることはない。それは永遠に死者に捧げられ，あらゆる現世の使用から保護され，亡き人を追憶する神聖なものであるべき」なのであった。それゆえ風水の吟味は，社会と自然景観の調和を保つべきであるなら，墓地（やその他の建造物）の位置選定に際して慎重に行われなくてはならなかった。

　どちらの側も，自らの側に有利なように議論を巧みに整えていった。中国人は中国の聖人の言葉を引用し，あるいは中国人の間に土地占術の原則がどれほど深く定着し，神聖なものとなっているかを無数の例をあげて示し，またあらゆる人種の宗教的心情を正当に尊重すべきことを規定した帝国勅許状［植民地設置時に植民地の条件や権利を示したもの］に訴えかけた。その言説は，宗教的な理想主義の言葉で戦略的に表現された。なぜなら，これに関する宗教や聖地は，世俗の政府の及ぶ領域を越えた存在だという特権を主張しうるからである。

　丘陵斜面の墓地は不衛生であり，都市の上水道を汚染する疑いがあるという攻撃に対しても，中国人たちはすばやく反論した。マレー人やヨーロッパ人のものとは違って中国人の墓は著しく奥行きがあり，大量の生石灰で充塡されているので，丘陵の水流を汚染することはあり得ない，と論じたのである。裕福な中国人の墓は「頑丈に建造」され，「周囲には灌木が多額の費用をかけて植えられ」ており，定期的に訪問と世話が行われ，さらに棺桶は「入手しうるなかで最も固い材木で作られ，十分塗装され」ているので，「完全に密封・防水」されている，という主張も繰り返された。

　植民地大臣に送られた嘆願書は，こうした主張を要約したうえで，2点の要望を提案するものだった。第1に，現地政府は中国人の宗教的慣習は尊重され

ると請け合っているものの，嘆願者は墓地制令によって墓地が「押収され，他の目的に転用される」可能性ないし見通しが生じることを恐れていた。嘆願者の一番の要望は，すでに存在している墓地を「予想される冒瀆」から保護してほしい，ということであった。第2の要望は，「祖先崇拝という宗教的信条」に従い，「聖人孔子・孟子の教えに示されている通り」に，市街地から半径2マイル以上離れたところに墓地を選ぶ自由，であった。

　一方，現地政府と英語の新聞は，土地不足や衛生設備，公的な利益に言及し，さらに中国人が大いに自慢している特異な宗教は中国の官僚(マンダリン)にはまったく尊重されておらず，彼らは「国家の目的とあれば何の痛痒もなく，墓地であれ，聖地であれ，転用することを躊躇しない」ことを示して，中国人の議論に反論を試みた。植民長官は墓地法案を擁護すべく，中国では国家事業のためとあらば先祖代々の聖堂でもあっさりと破壊されるという例を示し，「中国人は墓を移転しても実際には何も感じてはいない」と主張した。事実，彼は上海総領事から，中国人は「都合のよい時季にある場所から別の場所へと移動させるため，先祖の遺骸を壺に安置するのを習慣としている」という「信用できる情報を得て」いたのである。要するに，裕福な中国人は「実際」には不満があるわけでなく，宗教的心情を装いつつ，あざとく既得権益にしがみついているのであり，公共の健康を守り，公共の利益を促進しようとはしないのだ，というわけである。

　市街地から半径2マイル以上離れたところに墓地を選ぶことを認めよという中国人の要望は，「不法な特権」を求めるに等しいとして，総督によって却下された。さらに華民護衛司ピカリングは，この問題を2組の優先順位の問題だと整理した。「死者の埋葬と崇拝をめぐる（中国人の）慣習は，生者の一般社会の衛生福祉と共存しうるだろうか。そして，土地を購入してその中でも最上の土地を個人の霊廟とする行為は，土地税収入の適切な増大，そして植民地の発展と繁栄という点で市政の利害に適うだろうか」。彼の考えでは，その解答は争う余地なく明快であった。生者の主張は死者のそれより優先されるべきであり，都市の発展と土地税収入を考えるならば慣習は許容されるべきでなく，個人の利益は「一般的な公共の福利という，より上位の規範」には従うべきであった。かくして墓地問題は，生者か死者か，発展か慣習か，公共か個人か，というまったく正反対の選択肢の優先順位の問題へと二極化したのである。

　中国人の嘆願書を受け取った植民地大臣ホランドは，墓地制令実施の延期を

決定した。そして総督に対して，制令を撤回したうえで，中国人の心情に配慮した修正をほどこし，あらためて制定するよう指示した。制令は正式に撤回され，続く8年の間，墓地問題を法制化しようとする動きが起こることはなかったのである（引用はすべてYeoh, 1996：289-293による）。

5．植民地空間の歴史地理とポリティクス

　以上の事例は，「植民地化される側の歴史地理」とは「抵抗の歴史地理」だと言わんとしたものではない。コロニアリズムによって独自の空間が生み出される一方（Lefebvre, 1991），そのような空間の生産が，空間を支配する側とその中で生きる者との間の対立や妥協なくしては進まない，ということを議論したものであり，どちらの側も共に「同じ歴史の軌跡に参加する者」として見られなくてはならない。「コンタクト・ゾーン，すなわち異なる文化が，しばしば支配と従属というきわめて非対称的な関係において，互いに出会い，衝突し，格闘する社会空間」（Pratt, 1992：4）を緻密に吟味することによってこそ，強大な他者に踏みつけられ，コロニアリズムのイメージの中だけで作られた，受動的で打ちのめされた世界を記述することから離れて，植民地化される側の歴史地理学的理解を構築する可能性が開けるのである。

　植民地世界の多様な様相が接触する交差点，そして植民地化された世界を複合的に構成する諸要素は，さまざまな役割を演じ，そしてさまざまな空間を占めている。それは日常生活という織物を縫うように進み，時に均衡が危機に陥る発火点に達する。20世紀初期，シンガポール植民地に到着した中国系の苦力（クーリー）移民は，さまざまな姿をした権力の手先が担う植民地市政権力に出くわしていた。木賃宿には部屋を解体するように命令する衛生検査係がやってくる。借家では，市の小使が借家人の長に石灰散布を通知する。人力車を引けば乗り物登記係が許可証を問題にしてくる。公共の場所に障害物をおいた罪があるとして警察官に逮捕される。死体となっても，市の薬剤師が伝染病の症状を検査する。市の認めた区画に埋葬されたかどうか墓地検査係が確認にくる，といった調子で。

　鏡を別の面から見ても，同じように複雑なものが見えるものである。植民地権力が取り組まねばならなかったのは，無数の個人の言い逃れと不服従という止むことない隠然とした戦略や，別の選択肢を提唱する中国人指導者の影響力

ある発言，ときに大群衆を暴力的な反発へと引き集める中国人社会の（コロニアルな視点からみて）「隠れた」ネットワーク，といったものであった。個々の苦力指導者や群衆の「営為」が協調し合うことはほとんどなく，一致することは決してなかった。しかしその「営為」を持続させていた同族中心主義的な文化経済は，生活と仕事および健康と死をめぐる固有のイデオロギーに支配され，そして一族が所有する聖堂や診察所，療養所，墓地，学校，木賃宿，店舗，ビジネスのネットワークという景観に可視的に刻印されていたのである。

　アーノルド（Arnold, 1987：56）が論じたように，植民地化された人々と植民地国家の出会いが弁証法的性質を帯びていることを認識してはじめて，大衆は「受動的」だとか「運命論者」だといった前提を回避することが可能となる。植民地化される側の歴史地理に必要なのは，植民地支配の規範や形態を腑分けするだけでなく，抵抗の戦略と空間の多様な理解を通じて，この弁証法的な出会いを把握することなのである。

　関連する多様な事例を本章で抽出して示したように，植民地化される側は，排他的な定義に抵抗するために，また官僚制権力の押しつけがましいメカニズムを払いのけるために，そして自身の主張を通すために，さまざまな戦略を用いた。たとえば英語教育を受けた中国人社会の指導者は，さまざまの政府委員会や嘆願書，請願書，新聞への投書で表現していくことで，「神聖この上ない」中国人墓地を守ることができた。中国人たちは，中国式土地占術として具現した環境管理に基づく新たな言説を活用することで，西洋的な都市計画思想と衛生科学に挑戦を試みたのである。植民地支配者たちは，植民地化される側の一部分を支配権力の構造に取り込まずしては効果的な統治を行うことができなかった。それゆえに，社会的仲介者として機能した人々の意見は，植民地政府の意志決定に組み込まれるほどの十分な重みづけを自らに与えるよう要求するものとなった。時には，表明された意見を受け入れるように政策が抑制されたが（1887年の墓地法案の例のように），政策が変更された場合も，代替案についてのアジア人の言説が正当だと認められることはほとんどなかった。

　墓地の法制化導入から始まった議論は，宗教的行為の権利や墓地の意義をめぐる対立としては，良い形で公にされ，自由に議論された側面を表すものであったが，それは墓所をめぐるポリティクスが展開した数多くの「コンタクト・ゾーン」の1つにすぎない。合法的な手段や媒体が提供する言説空間での議論に対して，「地上」では自らの埋葬権の保護に同じく関心を持つ中国人労働者

階級——裕福な同郷人が固執する風水的に優れた地点を確保することはできないが——が，小規模ながら広く内密に不法な埋葬や墓の発掘行為を行っていた。実際，日常の営みのレベルや日常生活の空間こそが，しばしば権力の力が再交渉や反撃を受ける場だったのである。都市における伝染病を感知して，押さえ込む監視手段の網の目から，植民地化された人々が逃れようとする戦略の数々をみれば，そのことは明確であろう。

　フーコー（Foucault, 1979：139）の概念によれば，規律的な機関は権力の「微細な物理学（マイクロフィジクス）」を具体化すべく綿密・細密な技法を用いるがゆえに，規律の対象となる者たちは「ちまちました狡猾な行為」を行う能力を持ち，「伝播という物凄い力を賦与」される。アジア系の人々が用いた諸戦略はもっぱら自己救済の手段であり，植民地化された側を規定する支配と従属というより大きな象徴的秩序を覆すことはできなかった（それが直接の目的ではなかった）が，自らの影響力が奪い取られることはなかった。それはしばしば，特定の政策の履行を妨害するほど十分に広まって，日常生活の中の植民地支配を屈折させたのである。

　これらの諸戦略が（しばしば植民地諸機関がそうだと述べたように）単なる特異な事柄だったとか，妨害行為であったとか，非合理的なものだったのではないことにも，注意が必要である。実際，たとえば都市における疾病管理が履行される際に，アジア人の側には「協力」というものが欠落していたが，それは1つには，疾病や感染に関して異なる考えを持ち，自前の医療システムに拠る適切な治癒術に身を任せていたがために，生じたことであった。このような文脈においてこそ，都市の衛生化しようとするコロニアルなキャンペーンが，しばしば政治的・文化的・倫理的な押しつけとして受け取られ，あらゆる時間と場所で「消極的な抵抗」（人々の反応を記述した諸機関の文言）が生じたのである。

　さらに注意すべきことは，植民地化された空間の内部においては，抵抗の空間的実践が対抗戦略を通じて可視的な形態をとり（すなわち疾病の監視に対抗したありとあらゆる忌避と不服従），支配機構に対して反応していたが，その一方で，支配的な権力関係の「外部」に位置する，植民地化を被っていない別の内面的な空間（すなわちコロニアルな論理と支配を免れるための「民族的」な医療の地理）をしばしば活用していたということである。換言すれば，植民地化された世界には，コロニアリズムの地理では必ずしも掌握あるいは感知で

きない独自の権力の空間性があるということだ。「抵抗の地理は，必ずしも支配の地理を逆さまにしたり，ひっくり返したり，裏返した鏡像となるのではない」とパイル（Pile, 1997:2）が指摘する通りなのである。

　シンガポール植民地では，革命的な蜂起はその歴史を通じてあまり大きな存在ではなかったが，1888年2月の「ベランダ暴動」は，植民地化された側の長期にわたる随所の緊張が頂点に達した時に，日常のリズムがいかに破られてしまうかをよく示している。見かけのうえは，街のある一区画で，店舗経営者集団と障害物たるベランダを整理する検査係とが局地的に反目することから始まったものであるが，他の実業家や行商人，人力車を引く苦力，暗黒街の不満分子，同族集団，警察官らを巻き込みこむことで，暴動は全面的な蜂起へと駆り立てられたのであり，加えてこの危機には，市政の亀裂や，2つの英語新聞のライバル関係から発展したという面もあった。ラウトリッジ（Routledge, 1997）が見出したように，抵抗という行為は，たとえ一時的にせよ，「数え切れないほどの諸要素と諸関係」を統合してしまうのである。

　植民地化された世界における抵抗の行為は，ありとあらゆる形態をとる流動的なプロセスであるばかりでなく，予想もつかない形で「地下茎的な実践」となって互いに結びついている。大規模な暴力的衝突が日常に基盤を持つ小さな口論の蓄積から生じるように，発火点は日常的な攻撃の中に沈殿しているのであろう。ベランダ暴動の帰結は，「公共空間」はいかに定義され使用されるべきかという問いに，満足できる解決をもたらすものではなかった。その代わりに，ベランダをめぐるせめぎ合いは日常的な領域へと再び回帰し，一方では常に市政の改良の及ぶ対象となり，他方では店舗経営者や実業家，行商人による再植民地化の場となったのである。抵抗の持つ偶発的な性質もまた，銘記されねばならない。その出現や解体は，特定の文脈に分かちがたく絡まっているからである。サムバーヤン・ハントゥの時節に，共同体の祭礼のために公共空間を用いる慣習的な特権が取り上げられた後，ただちに中国人社会から可視的な反応が引き起こされたわけではなかった。しかしその数カ月後，ベランダ暴動へと発展する扇動となって，明確に表面化したのである。

　現在，ポストコロニアル的な批判が議論しつつあるのは，コロニアリズムとは一枚岩でも不変のものでもない，ということである。コロニアリズムの語りが詳細な吟味や精緻化を余儀なくされてきたのと同じように，植民地化された側の説明もまた，「植民地化された側」を1つの範疇として同質化や本質化す

ることを回避しなくてはならない。コロニアリズムにしても，植民地化された側にしても，いずれも他者の影響を被らない単一の存在なのではない。「支配」や「抵抗」それ自体もまた，閉じられた完全な円環であるわけがない。ラウトリッジ（Routledge, 1997：70）が指摘するように，「抵抗の実践は，支配の実践から切り離すことはできない。両者はつねに何らかの形態をとって互いに絡まり合っている。それが異種混交的な実践である以上，少なくとも一方は常に他方の敷き写しとなり，他方は一方を汚し，滅ぼそうとする」。支配の言説と実践，そして抵抗の言説と実践との絡み合いをさらに詳しく記述し，それが抽象的な理論でなく，植民地化された空間における社会の具体性の中で形を得たときに，植民地化される側の歴史地理の価値は高まることになろう。

（米家泰作訳）